LO QUE OTROS HAN DICHO

«Este excelente libro tie... potencial de transformar la visión que tenemos de la adoración, llevándonos a centrarla más en Dios y en Su Palabra, por medio de Jesucristo, nuestro Salvador y Señor. Nos motivará a revisar y enfocar mejor el rol del ministerio de adoración en la iglesia, y aun las relaciones personales de quienes lo componen. Bob Kauflin escribe a partir de su vasto conocimiento y creatividad musical, y de muchos años de llevar a otros a adorar a Dios a través del canto y la música. El libro brota de un corazón que ha sido informado, instruido y transformado por la Palabra de Dios y el evangelio de Jesucristo. De manera clara y sencilla, pero abundante en verdades bíblicas y contenido práctico, Bob explica por qué la adoración importa, de qué se trata y cómo es un llamado para todo creyente y no solo para los músicos.

Además, este libro es una herramienta útil para cualquier ministerio de adoración y música, ya que aporta valiosos principios eficaces para poner en práctica. Con mucha sabiduría y sensibilidad, el autor nos recuerda que "lo que cantamos no define nuestra adoración; lo importante es cómo vivimos nuestra vida". Esta es una verdad que nos confronta. Precisamente por esto, doy muchas gracias a Dios por permitirme conocer y ver de cerca cómo Bob vive cuando no está dirigiendo la adoración en la iglesia, tocando el piano, orando, cantando, enseñando o hablando en público.

Puedo recomendar este libro porque conozco al autor, quien tiene credibilidad y autoridad para escribir cada palabra. Es un hombre que reconoce su necesidad de Cristo y Su sacrificio en la cruz para vivir y servir cada día. Bob es un hombre piadoso y devoto que anhela conocer más y más a Dios. Tiene un corazón sencillo, humilde y vulnerable, y puede identificarse con muchas luchas internas que músicos, cantantes, líderes y pastores enfrentamos a diario. Es un gran ejemplo como esposo, padre y abuelo; un buen amigo y compañero de ministerio; y un siervo leal que honra a Dios y a Su pueblo. Además, es sumamente ordenado, competente, disciplinado y diligente. Es evidente que su motivación, deseo y compromiso es hacer todo para la gloria de Jesucristo y el avance de Su reino.

Si eres músico, vocalista, sonidista, líder, director o pastor y has sido llamado a servir a Dios a través del ministerio de adoración en tu iglesia, toda la congregación te agradecerá que leas y apliques este libro a tu vida y a tu ministerio. Será de gran bendición y Dios será exaltado como el único digno de recibir la gloria y la honra».

Luis Núñez,
Pastor de adoración de la Iglesia Bautista Internacional (La IBI),
Director de proyectos musicales, Ministerios Integridad & Sabiduría

«Este libro es una gran herramienta para aquellos que desean crecer como líderes de adoración, y modela cómo debe vivir un adorador. Como líder de adoración, he descubierto que este libro es un excelente manual para compartir con otros líderes de adoración y equipos de alabanza. ¡Gracias Bob, por darnos una perspectiva tan acertada de cómo *Nuestra adoración importa*!».

Job González
Director de alabanza/ Pastor de música
Iglesia Lakewood en Houston, TX

«Bob es decididamente uno de los líderes de adoración que más ha influenciado mi vida y ministerio con su evidente amor por Dios, Su Palabra, el evangelio y la iglesia de Jesucristo. *Nuestra adoración importa* es sin duda uno de los mejores libros acerca de la adoración que he leído, y me llena de gozo que ahora esté en español, disponible para toda Latinoamérica. Su contenido es altamente bíblico, integral y a la vez muy práctico. Estoy seguro de que será una maravillosa herramienta que ayudará a líderes de adoración, músicos y creyentes en general para impulsarlos a pensar seriamente en algo que Dios considera de suma importancia: Su adoración. ¡Lo recomiendo con todo mi corazón!».

Jonathan Jerez
Director de adoración
Iglesia Bautista Internacional, Santo Domingo, RD

«Este libro fue escrito para ayudar a los líderes de adoración a entender y practicar su ministerio no solo con eficacia, sino también de manera que glorifique al Dios que adoramos. Es una guía básica y profunda de lo que significa el ministerio de "conducir a otros a encontrarse con la grandeza de Dios". Al leerlo, verán que Bob sabe de qué está hablando, pues sus décadas de experiencia y dedicación avalan su capacidad para instruir sobre el tema. Pero quiero principalmente recomendarles a mi amigo Bob como hombre, hijo de Dios y líder espiritual. Bob es un verdadero adorador que se deleita en adorar a su Redentor, tanto en lo privado como en público. Es un hombre de carácter retador, pues te desafía con su humildad e integridad genuinas, con su gozo desbordante e invariable, con su celo teológico y su conocimiento de la verdad, con su sencillez encantadora combinada con un talento extraordinario, con su corazón de fe y amor genuino por la iglesia de Jesucristo y con el testimonio de su hermosa familia. Sin embargo, además de ser músico y una gran persona, Bob es un pastor ejemplar; y me atrevo a decir que Dios lo ha llamado a pastorear líderes de adoración. Su corazón es el de un pastor deseoso de servir a la gran asamblea de los redimidos mediante su cuidado, aliento e instrucción para aquellos que tienen el gran llamado de guiar a otros a encontrarse con la grandeza y la presencia de Dios. La adoración de la Iglesia importa muchísimo, porque es la adoración a aquel que merece toda nuestra devoción. Por eso, Bob escribió este libro y creo que es muy importante que lo leas».

Carlos Contreras
Pastor
Iglesia Gracia Soberana de Ciudad Juárez, MX

«En español, tenemos libros que hablan de la adoración a Dios, las alabanzas y la música; sin embargo, no conozco uno que sea tan bíblico, teológico, real, sincero, pastoral o tan práctico como este».

Otto Sánchez
Pastor
Iglesia Bautista Ozama, República Dominicana

NUESTRA
ADORACIÓN
IMPORTA

TGC | RECURSO

NUESTRA ADORACIÓN IMPORTA

Guiando a otros a encontrarse con Dios

Bob Kauflin

Adaptado por Jairo Namnún

Prólogo por el Dr. Miguel Núñez

ESPAÑOL
NASHVILLE, TENNESSEE

Nuestra adoración importa: Guiando a otros a encontrarse con Dios
© 2015 por Bob Kauflin
Todos los derechos reservados
Derechos internacionales registrados
B&H Publishing Group
Nashville, TN 37234

Nuestra adoración importa es una adaptación del libro publicado originalmente en inglés por Crossway Books, Wheaton, Illinois, con el título *Worship Matters: Leading Others to Encounter the Greatness of God* © 2008 por Sovereign Grace Ministries. ISBN: 978-1-5813-4824-8.

Traducción al español: Annabella Valverde
Adaptación por: Jairo Namnún
Diseño y tipografía: 2K/Denmark

ISBN: 978-1-4336-8969-7

Impreso en EE.UU.

5 6 7 8 9 10 * 26 25 24 23 22

TABLA DE CONTENIDOS

Parte tres: Tensiones saludables

Parte cuatro: Relaciones correctas

PRÓLOGO

Es un gran gozo que el libro *Worship Matters* [Nuestra adoración importa] haya sido traducido al español. A lo largo de los años, se han escrito varios libros sobre este tema; la mayoría en inglés. Algunos se enfocan en la teología de la adoración y otros, en la práctica de la adoración corporativa de la iglesia. Pero rara vez vemos un libro que ayude a la iglesia, al equipo de adoración y aun a los líderes de alabanza a entender realmente la adoración privada y pública, le de importancia a la enseñanza bíblica, a la vida del adorador y muestre cómo la ortodoxia bíblica (la teoría correcta) tiene que convertirse en ortopraxis (la práctica correcta).

La adoración es importante porque le importa a Dios, y ese es el tema de esta obra. Dios no necesita ser adorado; sin embargo, en la adoración procuramos dar a Dios lo que solo Él merece. La adoración es la respuesta de todo lo que el hombre es a todo lo que Dios es. Pero aún así, no podemos expresar plenamente Su gloria. Dios sabe que si el hombre no adora al único Dios verdadero, terminará adorando a dioses ajenos. Pero también sabe que, mientras la adoración al Dios Creador del cielo y de la Tierra nos devuelve todo lo que Adán perdió, la adoración a los ídolos de nuestro corazón nos roba lo poco que le quedó a Adán después de caer. Por eso, el salmista afirma: «Los ídolos de ellos son plata y oro, obra de manos de hombre. Tienen boca, y no hablan; tienen ojos, y no ven; tienen oídos, y no oyen; tienen nariz, y no huelen; tienen manos, y no palpan; tienen pies, y no caminan; no emiten sonido alguno con su garganta. Se volverán como ellos, los que los hacen, y todos los que en ellos confían» (Salmo 115:4-8). El hombre que adora el placer se vuelve un esclavo de sus impulsos; el que adora el poder se vuelve controlador, y el que adora el dinero adopta una personalidad materialista. Pero el hombre que adora a Dios encuentra libertad, significado, propósito para vivir y aun para sufrir. Dios merece adoración y por eso la rendimos. No obstante, nosotros necesitamos adorar para poder disfrutar de todo lo que en verdad deseamos, pero que no necesariamente buscamos en el Señor.

Con todo esto, quiero explicar por qué este es un libro necesario para la iglesia de hoy. La combinación de tópicos tratados en este libro es sumamente peculiar. Entre las primeras cosas que el autor aborda, está la importancia de lo que amamos de verdad. Reconocemos que la Biblia nos llama a amar a Dios con todo nuestro corazón, nuestra alma y nuestra mente, pero el autor nos ayuda a ver que, muchas veces, no rendimos todo a Dios justamente porque en nuestro interior, todavía nos amamos más a nosotros mismos y a nuestros ídolos que al único y sabio Dios.

Por otro lado, este libro ayudará al lector a ver que no podemos adorar como se debe a Aquel que no conocemos bíblicamente. Muchos no ven la relación entre la teología y la vida de adoración, ya sea en el ámbito personal o de la iglesia. Cristo nos enseñó la importancia de adorar en Espíritu y en verdad porque busca esta clase de adoradores. Una adoración nutrida por la Palabra, centrada en la persona de Cristo, y dirigida por Su Espíritu para la honra y gloria de nuestro Dios. El resultado de esa combinación de elementos termina produciendo líderes y equipos de adoración que cantan la Palabra y aprecian la presencia de Dios.

Este libro será recordado durante mucho tiempo entre nosotros porque fue escrito por alguien que pone en práctica lo que aquí enseña. Bob Kauflin es un hombre que ama a Dios con una vida llena de Su Espíritu. Eso se traduce en una adoración llena de gozo que es evidente en su rostro y en sus palabras. Bob nos permite ver, en su vida y en la manera en que dirige la alabanza, lo que es una adoración bíblicamente informada, con emociones genuinas y, a la vez, ortodoxa en la práctica. Además, el autor nos da pinceladas de su propio testimonio en el área de la adoración, lo que enriquece el contenido de la obra escrita.

En un momento en que Dios está haciendo algo nuevo e importante en Latinoamérica, no es de extrañar que la adoración haya comenzado a ser transformada. Cada vez que Dios ha renovado Su iglesia, ese nuevo mover fue acompañado de una renovación de la adoración. Y en el proceso, las vidas de los creyentes son transformadas, porque Dios abre sus ojos a un mejor entendimiento de Su revelación. Ese nuevo entendimiento resulta en una nueva y muchas veces mejor composición musical, como expresión de lo que está ocurriendo en el interior del adorador. Es sumamente alentador presenciar este cambio en nuestra región.

Nos llena de entusiasmo tener un libro tan instructivo como este, lleno de sabiduría bíblica, cuando Dios está obrando de manera nueva. Sin lugar a dudas, el contenido de esta obra enriquecerá a la iglesia en gran manera. Si te importa la adoración como a Dios le importa, entonces necesitas leer este libro. Si eres líder de adoración o incluso miembro de tu iglesia, estoy convencido de que, si te expones al contenido de esta obra, no quedarás igual.

Si no deseas cambiar, este libro no es para ti; pero si buscas crecer en entendimiento bíblico, en cercanía e intimidad con Dios, tienes en tus manos un poderoso instrumento que el Señor puede usar para transformarte. Sigue leyendo, apreciado lector. Descubrirás cuánto lo necesitabas.

Dr. Miguel Núñez
Pastor, Iglesia Bautista Internacional
Presidente, Ministerios Integridad y Sabiduría

Parte uno

EL LÍDER

Capítulo 1

LAS COSAS IMPORTANTES

Era el trabajo de mis sueños. Recién había comenzado como director de desarrollo de asuntos relacionados con la adoración para *Ministerios Gracia Soberana*. Después de estar en el pastorado durante doce años, ahora estaba estudiando sobre la adoración y capacitando a líderes de adoración a tiempo completo.

Estaba dirigiendo la adoración en una conferencia y se suponía que estuviera entusiasmado. Después de orar con el grupo de alabanza me dirigí hacia las escaleras para comenzar la reunión. El lugar estaba que desbordaba, la atmósfera era electrizante. Cada corazón estaba listo para alabar a Dios.

Bueno, casi. A juzgar por las apariencias, nadie podría decir lo que yo estaba pensando. Y era bueno que no lo supieran.

De pronto, mientras me acercaba a la plataforma, me encontré a mí mismo luchando, con dudas.

¿Qué diferencia hará esta noche? ¿Tendrá algún valor eterno? Las personas cantarán, levantarán sus manos, se emocionarán... y se irán a casa. Y yo haré esto una y otra vez, por el resto de mi vida.

Repentinamente todo me pareció vacío, árido, sin sentido.

¿Alguna vez te has sentido así? ¿Te has preguntado dónde está el gozo o si lo que haces realmente importa?

Un amigo me confió que una de sus grandes batallas en dirigir la adoración era luchar contra el sentimiento de tener que "pararse y hacerlo de nuevo" por duocentésima vez. Él tenía que resistirse a hacerlo de manera mecánica y simplemente "salir del paso".

No creo que él sea el único.

¿EN QUÉ ME METÍ?

No me malinterpretes. Pienso que guiar al pueblo de Dios en la adoración es uno de los trabajos más gratificantes, placenteros, apasionantes, solemnes y transformadores sobre el planeta. Nosotros estamos ayudando a las personas a conectarse con el propósito para el cual fueron creadas: glorificar al Dios viviente. Nosotros orientamos sus corazones hacia el Único Soberano que es más grande que nuestras pruebas y mucho más bueno de lo que pudiéramos imaginar. Nosotros mostramos al incomparable Salvador que murió en nuestro lugar y que en el proceso conquistó el pecado, la muerte y el infierno.

Vemos con asombro cómo el Espíritu de Dios transforma vidas y da a las personas un nuevo encuentro con la fidelidad, el amor y el poder de Dios.

En tiempos como estos pensamos, "no puedo creer que yo estoy haciendo esto". (Y si eres empleado de alguna iglesia, podrías añadir, "no puedo creer que me paguen por hacer esto").

Pero vienen los tiempos cuando nos gustaría pagarle a alguien más por hacerlo. Porque...

• El vocalista principal está enfermo, el bajista está de viaje, y el tecladista se quedó dormido. Y nadie llamó para encontrar quién los sustituyera.

• Un grupo pequeño pero influyente en la iglesia le ha dicho al pastor que no les gustan las canciones que has estado enseñando.

• Después de dos años en tu nueva iglesia, todavía no encontraste un baterista que pueda mantener un ritmo constante.

• Tu mejor cantante te acaba de informar que no vendrá al próximo ensayo de esta semana a menos que le toque el solo.

• Por quinta semana consecutiva, tu pastor te envió un correo electrónico para decirte que la música se extendió demasiado y que hablaste mucho.

• Momentos como estos te hacen pensar que dirigir la adoración sería un gozo si no implicara trabajar con otros.

• Además, a menudo luchamos con nuestros propios corazones:

• Nadie parece apreciar o incluso notar que además de las obligaciones de un trabajo a tiempo completo, le dedicas horas y horas cada semana al grupo de alabanza.

• La última vez que enseñaste una nueva canción fue hace ocho meses.

• Has estado posponiendo el confrontar a un guitarrista al que nada le gusta y cuya actitud arrogante está afectando a todo el grupo.

• No puedes recordar la última vez que oraste más de cinco minutos, y te sientes un hipócrita cuando diriges los domingos.

• Nunca tienes suficientes horas para planear, preparar, estudiar, practicar o trabajar con el grupo de música. Esto hace que te preguntes qué estás haciendo con tu tiempo.

Y, sin embargo…

A pesar de estas y otras dificultades, crees que el gozo de dirigir la adoración supera con creces los retos. No pensarías en renunciar.

Solo que quisieras hacerlo mejor, con más efectividad, habilidad y fidelidad.

Me imagino que por esa razón estás leyendo este libro. Espero que así sea porque por eso lo escribí.

Pero tengo que confesarte algo.

No escribí este libro solamente para ayudarte a ser un mejor líder de adoración. Hay mucho más en juego aquí.

Después de treinta años de dirigir la adoración, me he dado cuenta de que la adoración no solamente representa una oportunidad para usar mi talento musical. Es más que una experiencia emocional intensa o una forma de ganarse la vida. Es mucho más de lo que hacemos los domingos por la mañana.

La adoración es acerca de lo que nosotros amamos. Aquello por lo que vivimos.

Es acerca de quiénes somos delante de Dios.

Este libro está lleno de ideas prácticas para dirigir la adoración. Pero no empezaremos por ahí. Estos capítulos iniciales hablan sobre la manera en que pensamos y vivimos. Yo quiero desafiarte, animarte e inspirarte a que vivas toda tu vida para la gloria y la alabanza de Jesucristo. Es la única clase de vida que tiene sentido.

Pero primero, un poco de historia.

CÓMO LLEGUÉ AQUÍ

Mi primera experiencia con la música en un contexto eclesiástico lo tuve como católico, tocando el órgano para misas, bodas y funerales. No había mucho de "liderazgo". Solamente tocaba lo que se me indicaba.

A principios de los setenta, estudié piano en la *Temple University* en Filadelfia. Me convertí al Señor durante mi primer año y comencé a visitar una iglesia bautista en el campus. Cuando mis amigos y yo notamos que éramos los únicos en la iglesia menores de sesenta años, tratamos de comenzar nuestra propia iglesia en la residencia estudiantil. Eso duró dos reuniones.

Entonces alguien nos invitó a una iglesia carismática en el centro de Filadelfia. Escuchamos que las reuniones eran muy alegres. Ayudé con el grupo de alabanza y finalmente me pidieron que dirigiera.

Entre mi penúltimo y último año en la universidad, conocí a un pequeño y modesto grupo de cristianos que afirmaban que la Escritura era su única doctrina. Las mujeres se cubrían la cabeza, los hombres tenían barba y cantaban sin instrumentos.

Mi perspectiva de la adoración se iba diversificando.

Después de casarme y graduarme en la universidad en 1976, mi esposa, Julie, y yo estuvimos durante ocho años con el grupo de música cristiana GLAD. Viajamos a través de los Estados Unidos, aprendiendo lo que significaba adoración para bautistas, asambleas de Dios, católicos, metodistas, luteranos, episcopales, presbiterianos y una multitud de iglesias no denominacionales.

Algunas iglesias practicaban liturgias que tenían siglos de historia detrás. Otras estaban "llenas del Espíritu" y buscaban que Dios se les manifestara a través de palabras proféticas, lenguas o algún otro acontecimiento espontáneo.

En demasiadas iglesias detectamos una separación entre el Dios que adoraban los domingos y el que parecían seguir durante el resto de la semana.

Yo seguí dirigiendo la adoración en mi iglesia local cuando no viajábamos. Pero en 1984 le dije adiós a mi vida en la carretera. Pensé que podría estar llamado a servir como pastor.

Al año siguiente me uní al personal de una iglesia relacionada con *Ministerios Gracia Soberana*, dirigida por C. J. Mahaney. Dirigí el grupo de alabanza durante seis años, luego ayudé a fundar la iglesia que ahora es *Crossway Community Church* en Carolina del Norte. Experimenté de primera mano desafíos y alegrías de dirigir un grupo de alabanza en una nueva iglesia.

En 1997, C. J. Mahaney me invitó a incorporarme a *Covenant Life Church*, una congregación de más de 3000 miembros cerca de Washington, D. C., para servir en mi rol actual. Como puedes imaginarte, dirigir la adoración en una congregación grande es diferente de la experiencia de plantar una iglesia. Hay más personas a las cuales organizar, más canciones que aprender, más reuniones, más equipo que manejar y más problemas potenciales.

Pero las cosas importantes no han cambiado.

Este libro es acerca de las cosas importantes.

¿QUÉ ES LO REALMENTE IMPORTANTE?

Es posible que estés comenzando como un líder de adoración o piensas que Dios quiere que seas uno. Tal vez has estado en el ministerio de música por décadas y te sientes un poco cansado. Quizá seas parte de un grupo de música o de un comité que planifica la alabanza. Tal vez eres un pastor y quieres entender más claramente cómo debería ser la adoración en tu iglesia. O, tal vez eres la clase de persona que quiere involucrarse con cualquier cosa que alimente su amor por Dios.

Cualquiera sea tu situación, quiero ayudarte a que no pases por lo que describí al principio de este capítulo, cuando asumí la responsabilidad de dirigir la adoración, y todo me parecía vacío, árido y sin sentido. No lo es.

Pero el Señor gentilmente me lo recordó, "eso es exactamente lo que sería sin mí: no tendría sentido".

La adoración es importante. Es importante para Dios porque Él es digno de toda adoración. Es importante para nosotros porque adorar a Dios es la razón para la cual fuimos creados. Y es importante para cada líder de adoración, porque no hay privilegio más grande que guiar a otros a encontrarse con la grandeza de Dios. Por esta razón es tan importante pensar cuidadosamente acerca de lo que hacemos y por qué lo hacemos.

Descubrir lo esencial en la adoración es una travesía en la que he estado por treinta años, y en la que estaré por el resto de mi vida. Estoy contento de que hayas decidido acompañarme.

Y si no te sientes adecuado para la tarea… estás en el lugar correcto para que Dios te use.

Capítulo 2

MI CORAZÓN:
¿QUÉ ES LO QUE AMO?

¿Cuál es el desafío más grande que enfrentas como líder de adoración? Tal vez pienses que se trata de decidir qué canciones cantar, cómo llevarte bien con tu pastor, recibir las reacciones de los miembros de tu iglesia o dirigir a un grupo desorganizado e independiente de músicos.

Pues no. Tu desafío más grande es lo que tú mismo traes a la plataforma cada domingo.

Tu corazón.

Seguro has escuchado o experimentado las "guerras de adoración". Son estos conflictos que se originan por diferencias sobre estilos musicales, la selección de canciones y, tal vez el mayor ofensor, la batería. Pero los conflictos que se generan dentro de nosotros son mucho más significativos. Todo el tiempo nos enfrentamos a una feroz batalla interna con respecto a lo que más amamos: sea Dios, o sea alguna otra cosa.

Cada vez que amamos o servimos a alguna otra cosa en lugar de Dios, estamos cayendo en idolatría. Nosotros amamos a nuestros ídolos porque pensamos que ellos nos proporcionarán el gozo que viene de Dios solamente. Pensamos que ellos llenarán nuestras necesidades. Pensamos que son dignos de nuestra adoración.

Por supuesto, estamos equivocados.

A través de la Escritura, la idolatría es la trampa más grande que enfrenta el pueblo de Dios. Él aborrece que vayamos detrás de otros dioses, que en verdad no son dioses. Los ídolos nos esclavizan y nos avergüenzan

(Isa. 45:16; Sal. 106:36). El apóstol Juan advirtió a sus lectores y a nosotros, "Hijos, aléjense de los ídolos" (1 Jn. 5:21). Los ídolos no tienen poder para ayudarnos, y terminan haciéndonos a su propia imagen (Sal. 115:8). Igual que David, debemos aborrecer a los ídolos y a quienes los adoran (Sal. 31:6). Sin embargo, con demasiada frecuencia, nosotros mismos somos idólatras.

Cuando alguno de nosotros escucha la palabra idolatría, nos imaginamos a tribus de hombres primitivos inclinándose ante estatuas de madera, metal o piedra. O, pensamos en países como India donde los templos hinduistas están por todos lados. Pero, la adoración de ídolos es un rito cotidiano en nuestros países también. Solo que es más sutil, y por consiguiente más peligroso.

Los ídolos están a nuestro alrededor. ¿Los notas? Vienen en diversas formas y tamaños: comodidades materiales, seguridad económica y placeres sensuales, entre otros. Los músicos tienen sus propios ídolos: Nuevos equipos, artefactos electrónicos, vestir a la moda. Los ídolos más poderosos son los que no podemos ver. Cosas como la reputación, el poder y el control.

Como cristianos somos algunas veces semejantes a las personas descritas en 2 Reyes 17:33: "Temían al Señor pero servían a sus dioses". Nosotros tememos al Señor externamente, haciendo las cosas correctas los domingos por la mañana: cantando, rasgueando una guitarra, levantando nuestras manos. Sin embargo, activamente servimos a otros dioses durante la semana. Profesamos amar al Dios verdadero pero realmente amamos falsos ídolos. Esta es una condición que Dios, en Su misericordia, está comprometido a cambiar.

Y es una lección que aprendí de manera difícil.

LOS ÍDOLOS Y YO

Pasé la mayor parte de mis primeros años buscando mi propia gloria. Popularidad, música y excelencia académica fueron los ídolos que escogí, y gasté la mayoría de mis años de adolescencia yendo tras ellos. Cuando Dios me salvó a la edad de diecisiete años, mis pecados fueron completamente perdonados. Pero mis patrones pecaminosos estaban profundamente enraizados y no iban a morir fácilmente.

Después de llegar a ser pastor, asumí que mi trabajo era servir a otros con toda mi gran sabiduría y discernimiento. Mi orgullo fue expuesto unas pocas veces, y amigos pacientes trataron de ayudarme para que viera lo que estaba pasando en mi corazón. Pero yo era tardo para oír.

Cuando nos mudamos a Carolina del Norte para ayudar a comenzar una iglesia, mi ansia de controlar y de ser admirado fue desafiada constantemente. A algunas personas no les gustó la manera en que estábamos dirigiendo la iglesia y se fueron. Unos pocos padres insatisfechos expresaron su desacuerdo con nuestro ministerio juvenil. Los recién llegados hacían recomendaciones sobre maneras en que la iglesia podría servirles mejor. Una situación de consejería se tornó en algo desagradable cuando un hombre fue descubierto en inmoralidad y afirmó que yo carecía de compasión y que me había enojado con él.

Nadie lo sabía en ese momento, pero Dios estaba usando estas situaciones y otras más para sacar a la luz viejos pecados de idolatría en mi corazón. Yo quería que todos los que estaban a mi alrededor compartieran la buena opinión que tenía sobre mí mismo. Mi vida era un intento de atraer la atención hacia mis dones, habilidades y mis esfuerzos. Pero no estaba funcionando. No tenía la alabanza que deseaba, y eso estaba afectando mi alma. Cada vez más luchaba con sentimientos de ansiedad, temor y confusión. Sentía como si mi vida estuviera a punto de derrumbarse.

Eso mismo sucedió una noche de enero de 1994.

Una familia en la iglesia nos había invitado a cenar a Julie y a mí. Entre bocados y mientras conversábamos, perdí contacto con la realidad. No podría explicar cómo sucedió, pero en un instante me sentí completamente desconectado. Resistiéndome a la urgencia súbita de saltar de la mesa y gritar, me excusé, fui al cuarto de baño y cerré la puerta.

¡Oh Dios mío! ¿Qué me está pasando? ¿Dónde estás? ¿Quién soy yo? No obtuve ninguna respuesta.

Esa noche comencé una travesía de santificación que duraría cerca de tres años. Dios quería enseñarme unas cuantas cosas acerca de lo que yo amaba y a quién adoraba.

SIN ESPERANZA, PERO NO LO SUFICIENTE

En los próximos meses experimenté una variedad de síntomas: vaciedad y estrechez en mi pecho, como un zumbido en mi cara, constantes pensamientos de muerte, comezón en mis brazos, ataques de pánico, falta de sueño y falta de aire.

Me despertaba cada mañana con este pensamiento: *has perdido completamente toda esperanza.* Y las cosas solo empeoraron de allí en adelante.

Decidí no buscar un psicólogo o psiquiatra, pero estoy seguro de que me habrían clasificado como alguien que estaba teniendo un colapso nervioso. Hice una cita con el médico familiar para un examen físico completo, quien dijo que estaba bien. Al menos, eso era lo que mostraban las pruebas.

Pero estas pruebas no podían medir lo que estaba sucediendo en mi corazón. Yo estaba compitiendo con Dios por Su gloria.

Cerca de un año después de que aparecieran estos síntomas, Julie y yo asistimos a una conferencia sobre liderazgo y compartimos una comida con nuestros buenos amigos Gary y Betsy Ricucci. Yo sabía que Gary era un hombre sabio y un pastor muy comprensivo. También sabía que yo necesitaba ayuda. Al principio de nuestra conversación le confesé, "Gary, no sé qué hacer. Me siento sin esperanza, completamente sin esperanza".

Yo esperaba que Gary dijera algo como: "Estarás bien, Bob. Dios es fiel. Él está haciendo que todas las cosas obren para tu bien". En lugar de eso, me miró con compasión y me dijo: "No creo que hayas llegado al punto más bajo de tu desesperanza".

No sé qué mostraba mi cara, pero internamente me estaba levantando del piso.

Gary sonrió. "Si realmente te sientes sin esperanza, dejarías de confiar en ti mismo y en lo que puedes hacer y comenzarías a confiar en lo que Jesús llevó a cabo por ti en la cruz".

Las palabras flotaron en mi cabeza como la niebla densa de la mañana sobre el campo.

Conforme consideraba la respuesta de Gary durante las semanas siguientes, la niebla comenzó a levantarse. Comencé a ver una realidad que dominaba mi vida: mis deseos pecaminosos. Mis problemas emocionales, físicos y otros, eran consecuencia de mis batallas internas. Sí, yo quería que Dios fuera exaltado a través de mi vida, pero otros planes gobernaban mi corazón. Yo quería que las personas me aprobaran, me admiraran, me aplaudieran.

Para ser honesto, yo quería que la gente me adorara. Tenía una pasión incesante por robar la gloria de Dios. Era un amador de mí mismo más que un amador de Dios (2 Tim. 3:2,4). Y me estaba matando. El conflicto no resuelto en mi corazón estaba filtrándose a mi mente y mi cuerpo y me llevó eventualmente a aquella fatídica noche de enero de 1994.

DESTRUIR EL COLAPSO NERVIOSO

Entonces, ¿qué me sucedió? Muchos lo llamarían un colapso nervioso. He aprendido que fue algo mucho más simple que eso. Y mucho más serio.

Estaba experimentando las consecuencias de mi orgullo. Un colapso pecaminoso. Dios en Su bondad me humilló de manera misericordiosa y me mostró lo que sería la vida sin Él.

Yo había estado en una búsqueda incansable de gloria. Disfrutaba escuchar que se mencionara mi nombre, leer mi nombre impreso, ser elogiado por otros debido a mi sabiduría, mis dones musicales, mis habilidades paternales y mi cariño. Incluso disfrutaba que alabaran mi humildad. Cada vez más me sentía ofendido cuando las personas encontraban alguna falta en cualquier cosa que hiciera. Me resentía cuando alguien cuestionaba mi integridad, talento o preparación. Traté de evitar cualquier clase de crítica y trabajaba duro para persuadir a otros de que yo era un excepcional (pero humilde) cristiano, pastor y líder de adoración.

Algunas personas caracterizarían mi condición como la de una persona que siempre quiere complacer a todo mundo. Una descripción más adecuada sería la de un adorador de personas. Me esforzaba por ganar la aprobación de aquellos cuya anuencia no tenía significado eterno. Había fracasado en ver que la única aprobación que importa, la de Dios, es imposible de ganar sino que se ofrece como un regalo a través del evangelio.

Y fue el evangelio lo que me liberó.

Gary estaba en lo cierto. Yo me sentía sin esperanza, pero no lo suficiente. Sabía que Jesús murió en la cruz para salvar a los pecadores de la ira de Dios, padeciendo en nuestro lugar el castigo que nosotros merecíamos. Entendí que no podía salvarme a mí mismo. Solamente que no pensé de mí mismo como un gran pecador. Lo que significó que no necesitaba un gran Salvador.

Cuando busqué la gloria para mí mismo, la alabanza por mis logros, y el crédito por mi crecimiento, yo no estaba dependiendo de mi Salvador: yo estaba buscando una audiencia.

Dios usó a muchas personas y medios para transformar mi corazón. Sé que mi esposa recibirá importantes recompensas en el día final por su apoyo, corrección y amor durante esa época. Mis amigos me proveyeron consejos profundos y pacientes. El libro escrito por Jerry Bridges, *The Discipline of Grace* [La disciplina de la gracia] y los tratados escritos por John Owen sobre el pecado y la tentación también fueron significativos canales de gracia a través de los cuales el Espíritu animó mi alma cansada por el pecado.

Hoy, el evangelio que con frecuencia asumí y con frecuencia fallé en aplicar es el centro y fundamento de mi vida diaria. Sigo aprendiendo acerca del poder penetrante del pecado y del poder mucho más grande de Jesucristo para rescatarnos. Amo a Jesús más de lo que alguna vez pensé que podría.

¿Por qué te he compartido todo esto? Porque quiero dejar en claro desde el principio que la adoración no es principalmente acerca de música, técnicas, liturgias, canciones o metodologías. Es acerca de nuestros corazones, es acerca de qué y a quién nosotros amamos más.

Este es mi sobrio descubrimiento. Aprendí que podía guiar a otros en la adoración a Dios y yo estar adorando otra cosa en mi corazón. Pero, por la gracia de Dios, comencé a entender de qué se trata la adoración.

AMOR Y ADORACIÓN

Por mi orgullo perdí de vista lo que realmente importa. Pasé por alto lo que era claro en la Escritura. Jesús dijo que el más grande de los mandamientos es este: Amarás *al Señor tu Dios con todo tu* corazón, *y con toda tu alma, y con toda tu mente* (Mat. 22:37 énfasis añadido). Mientras es simplista decir que la adoración es amor, es un hecho que lo que nosotros amamos determinará lo que genuinamente adoramos.

Dios quiere que lo amemos más a Él que a nuestros instrumentos y a la música. Más que a nuestras posesiones, alimentos y ministerio. Más que a nuestra esposa e hijos. Más que a nuestras propias vidas.

¿Cómo sé qué es lo que más amo? Solo hay que ver mi vida fuera de lo que hago los domingos por la mañana. ¿En qué encuentro más gozo? ¿En qué empleo la mayoría de mi tiempo? ¿En qué se entretiene mi mente? ¿Qué me apasiona? ¿En qué gasto mi dinero? ¿Qué me enoja cuando no lo obtengo? El vivir sin estas cosas ¿me hace sentir triste? ¿Qué es lo que más temo perder?

Nuestras respuestas a estas preguntas nos llevarán directo a Dios o a los dioses que amamos y adoramos.

Por eso nuestra principal preocupación como líderes de adoración no puede ser la preparación de canciones, los arreglos creativos o el equipo más sensacional. Nuestra principal preocupación tiene que ver con la condición de nuestros corazones.

Isaac Watts, el gran escritor de himnos, dijo:

> El gran Dios no valora el servicio de los hombres, si el corazón no está en ello: El Señor ve y juzga el corazón; Él no estima las formas externas de adoración, si no hay una adoración interna, si no hay afecto piadoso empleado en ello. Es por lo tanto un asunto de infinita importancia, tener incondicionalmente el corazón completo dedicado a Dios[1].

Es un asunto de infinita importancia.

¿Es de infinita importancia para ti?

Indiscutiblemente lo es para Dios. Y, cuando se convierte en un asunto de infinita importancia para nosotros, estamos comenzando a comprender la esencia de dirigir la adoración.

Capítulo 3

MI MENTE: ¿QUÉ ES LO QUE CREO?

Supongamos que tú y yo nos encontramos en una cafetería, y comienzas a decirme cuánto disfrutaste conocer a mi hijo, Jordan.

Yo estoy encantado.

Entonces comienzas a describirlo como un saxofonista de baja estatura, que le gusta cocinar comida italiana y jugar *cricket*.

Hmm. "Creo que estás pensando en otra persona. Jordan es un baterista que mide más de un metro ochenta, a quien le gusta *comer* –no *cocinar*– comida italiana. Y, aunque sobresale en muchos deportes, el *cricket* no es uno de ellos".

Por más maravillas que cuentes de mi hijo el saxofonista, los elogios no tendrían importancia porque estarían basados en información incorrecta.

Tu "doctrina sobre Jordan" estaría equivocada. Aunque creo que te encantaría conocer bien a Jordan.

Es similar con respecto a nosotros y Dios. Él no solo nos llama a amarlo sino también a "amar la verdad" acerca de Él (2 Tes. 2:10). Nosotros adoramos al único Dios quien afirma que Él es la verdad y que nos dice, "la verdad los hará libres" (Juan 14:6; Juan 8:32). Dios quiere que todos "vengan al conocimiento de la verdad" (1 Tim. 2:4). Y Él revela su ira contra aquellos que "con injusticia restringen la verdad" (Rom. 1:18). Jesús dijo que Él enviaría al "Espíritu de verdad", y le ruega a Dios que santifique a

Sus discípulos "en la verdad", la cual identifica como la Palabra de Dios (Juan 16:13; 17:17).

Mientras más y mejor (es decir, con mayor exactitud) conocemos a Dios a través de Su Palabra, más genuina será nuestra adoración. De hecho, en el momento en que nos desviamos de lo que es verdad acerca de Dios, estamos involucrándonos en idolatría.

No importa lo que pensemos o sintamos, no hay una adoración auténtica sin un conocimiento correcto de Dios.

TEOLOGÍA Y DOCTRINA

¿Dónde encontramos un conocimiento correcto acerca de Dios? En la verdad revelada de la Escritura. Un líder de adoración que apenas conoce la Biblia no puede ser un líder de adoración fiel.

Aquí vienen dos palabras con las cuales muchos cristianos se sienten incómodos: teología y doctrina. Aunque no sean muy populares, la adoración bíblica es imposible sin ellas.

Teología significa literalmente "el estudio de Dios". Incluye nuestro concepto de Dios como resultado de ese estudio (o como falta de ese estudio). Por tanto, todo cristiano es un teólogo. La pregunta es, ¿soy un buen teólogo o soy uno malo?

Somos buenos teólogos si lo que decimos y pensamos acerca de Dios coincide con lo que la Escritura dice y afirma.

Somos malos teólogos si nuestra noción acerca de Dios es vaga, no bíblica, distorsionada o basada en nuestras propias opiniones.

Doctrina significa "lo que se enseña". La doctrina es todo lo que la Biblia enseña sobre un asunto en particular, tal como la adoración, o la santidad, o la iglesia, o los dones espirituales. Pablo le dijo a Tito que un líder en la iglesia "*Debe* retener la palabra fiel que es conforme a la enseñanza, para que sea capaz también de exhortar con sana doctrina y refutar a los que contradicen" (Tito 1:9).

El estudio de la doctrina no se opone al estudio de la Biblia; es estudiar la Biblia. Es la manera en que descubrimos cómo es Dios, qué quiere que creamos, cómo quiere que lo adoremos.

Esto significa que necesitamos leer. Necesitamos estudiar. Estaremos aprendiendo acerca de Dios durante el resto de nuestras vidas.

NECESITAMOS AYUDA

En una carta escrita desde la prisión, Pablo le pide a Timoteo que le lleve "los libros" (2 Tim. 4:13). Charles Spurgeon, el "príncipe de los predicadores" del siglo XIX, expresó asombro ante tal petición de Pablo:

> Él es guiado por Dios para escribir libros sagrados, sin embargo, ¡él quiere libros! Él ha visto al Señor, sin embargo, ¡él quiere libros! Él ha tenido una experiencia más amplia que la mayoría de los hombres, sin embargo, ¡él quiere libros! Él fue arrebatado hasta el tercer cielo, y había escuchado palabras inefables que un hombre no puede pronunciar, sin embargo, ¡él quiere libros! Él ha escrito una gran parte del Nuevo Testamento, sin embargo, ¡él quiere libros!

He convivido suficiente tiempo con líderes de adoración y músicos cristianos como para decir lo siguiente: pocas veces leemos libros de teología.

Sé que es una declaración general, y he conocido algunas excepciones dignas de alabanza. Pero, a menudo, cuando le pregunto a líderes de adoración qué están leyendo, es algún *best seller* en negocios, novelas, revistas sobre música, biografías, o libros acerca de historia o deportes. Por supuesto, podemos aprender al leer esta clase de libros. Pero no se comparan con aquellos que nos ayudan a entender lo que Dios ha dicho acerca de sí mismo en Su Palabra. Libros como *Engaging with* [En la presencia de Dios], por David Peterson, *The Cross of Christ* [La cruz de Cristo], por John Stott, o *Knowing God* [El conocimiento del Dios santo], por J. I. Packer.

Los autores de libros como estos pueden ofrecer ayuda invaluable para entender las enseñanzas de la Escritura. Es por esto que debemos apartar tiempo no solo para estudiar la Biblia, sino también para aprender de escritores cuyos libros nos desafíen y nos ayuden a extraer las riquezas de la Palabra de Dios.

ERRORES COMUNES

Al hablar con músicos y líderes de adoración, a través de los años he hallado ideas equivocadas muy comunes y que nos alejan de seguir a Dios con nuestras mentes.

Error # 1: Estudiar no debería ser tan difícil

Estudiar doctrina y teología es difícil. Convertirse en un buen teólogo es más difícil que aprender un *riff* nuevo, y al principio no es igual de divertido.

Conocer a Dios consume tiempo. Vivimos en una época en la que todo es instantáneo. Queremos un devocional que nos transforme la vida, pero en quince minutos o menos. Abrimos nuestras Biblias y nos aburrimos si nada nos cautiva después de dos párrafos. Queremos todo resumido, simplificado, y en la jerga de hoy, así no tenemos que pensar mucho o examinar nuestras vidas muy de cerca.

Estas actitudes son inaceptables si queremos mostrar las glorias de Dios por medio del canto cada domingo. Teniendo en cuenta nuestras mentes insignificantes, nuestra absoluta dependencia de la verdad revelada, y la inmensidad de Dios, ¿cómo podemos pensar que hay un camino fácil para conocer al Dios que adoramos?

No hay atajos. Es una búsqueda de por vida, motivada por la gracia de Dios, de aquel que nos creó y nos redimió para Su gloria.

Error # 2: Conocemos mejor a Dios a través de la música que a través de las palabras

Como yo, probablemente has tenido encuentros profundos con Dios durante la adoración musical. Así como el rey Saúl experimentaba alivio cuando David tocaba el arpa (1 Sam.16:23), así nosotros experimentamos una paz inusual o sentimos la cercanía de Dios de una manera inesperada. Inadvertidamente podemos comenzar a asumir que las palabras restringen y limitan la obra del Espíritu, mientras que la música expande el alma y nos abre nuevas formas en las que podemos experimentar poderosamente a Dios.

Pero ser conmovido emocionalmente no es lo mismo que ser cambiado espiritualmente. La música afecta y nos ayuda en muchas maneras, pero no sustituye la verdad acerca de Dios. La música por sí misma nunca puede ayudarnos a entender el significado de la aseidad de Dios, la naturaleza de la encarnación o el sacrificio sustitutorio de Cristo. Los instrumentos musicales no nos dicen cómo funciona la música en la adoración a Dios. Necesitamos leer nuestras Biblias. Y para saber lo que la Biblia dice necesitamos la teología. Buena teología.

Error # 3: La teología y la doctrina causan problemas

Un líder de adoración me dijo que no estaba interesado en la teología porque solamente causaba divisiones. Él decía que su teología era Jesús.

Aunque aprecio la sencilla devoción a Cristo detrás de este comentario, me surgen unas preguntas. Cuando guiamos a otros en adoración, ¿cómo dejaremos claro quién es Jesús? ¿Es un Jesús "dócil y apacible" que nunca levanta la voz? O, ¿es el Jesús santo y celoso que sacó a los cambistas del templo con ira justa cuando vio que usaban el templo para un propósito completamente distinto del de Dios? ¿Adoramos a Jesús como un libertador de los gobiernos opresivos, como un genio que cumple todos nuestros deseos, o como el Salvador del mundo?

Cuando evadimos la responsabilidad en cuanto a nuestra propia teología, realmente estamos diciendo que queremos nuestro propio Jesús. Pero nuestra adoración no está fundamentada en las opiniones, las ideas o las mejores suposiciones de los hombres acerca de Jesús. Tampoco debemos fundamentar nuestra comprensión de Él en las experiencias individuales de alguien. Él tiene un nombre, una historia propia y un cuerpo de enseñanza específicamente revelado. Dios tiene teología, ¿afinaremos nuestra propia comprensión bíblica para descubrir cuál es? ¿Adoraremos al Hijo de Dios, el Redentor, la segunda persona de la Trinidad, el Alfa y Omega, nuestro Sumo Sacerdote, santificador e intercesor, y buscaremos entender qué significa todo esto?

Alguien dirá, "¿Acaso la doctrina no divide la iglesia?".

Sí y no. A menudo los cristianos disentimos en asuntos doctrinales de importancia secundaria. Dado el grado de pecado que todavía permanece con nosotros, y el deseo del enemigo de separarnos, no debería sorprendernos. Sin embargo, las divisiones también han protegido a la iglesia. El Nuevo Testamento nos advierte acerca de los falsos profetas y maestros que se infiltrarían en las filas de la iglesia (Hech. 20:29-30; 2 Cor. 11:13; 2 Ped. 2:1). Muchas de las más preciosas verdades por las cuales vivimos fueron más claramente definidas como una respuesta a la herejía. El resultado ha sido claridad y acuerdo sobre verdades fundamentales de la Palabra de Dios que la iglesia ha valorado durante siglos. La verdad ha sido frecuentemente puesta a prueba y confirmada en los fuegos de la controversia y el conflicto.

¿Acaso estudiar doctrina no hace a la gente orgullosa?

No debería. Para comenzar, nuestro conocimiento de Dios está limitado por lo que Él nos ha revelado (1 Cor. 2:11-12). Cuando entendemos una verdad, es porque el Espíritu de Dios ha abierto nuestros ojos y corazones (Ef. 1:17-19).

Y cuando estudiamos acerca de Dios, nos damos cuenta de que lo que conocemos es infinitamente poco en relación a lo que no conocemos (Rom. 11:33-36).

Si somos arrogantes porque usamos grandes términos teológicos o hemos memorizado más versículos que nuestros amigos, hemos perdido de vista al Dios que afirmamos conocer. Como Pablo nos lo recuerda, esa clase de conocimiento "envanece, pero el amor edifica. Si alguien cree que sabe algo, no ha aprendido todavía como debe saber" (1 Cor. 8:1-2). Los buenos teólogos se sienten indignos y sorprendidos ante el Dios que ellos estudian.

MENTE Y CORAZÓN JUNTOS

Somos engañados si pensamos que podemos tener deseos apasionados por Dios sin reflexionar y estudiar quién es Él. La mente y el corazón son el uno para el otro, se pertenecen, van juntos.

Mi oración por cada líder de adoración y por mí mismo es que lleguemos a estar familiarizados con la Palabra de Verdad de la misma manera que lo estamos con nuestros instrumentos. O aún más. Si así fuera, hay una fuerte posibilidad de que las personas se marchen de nuestras reuniones más asombradas por nuestro Dios que por nuestra música.

Y eso sería muy, muy bueno.

Capítulo 4

MIS MANOS: ¿QUÉ ES LO QUE PRACTICO?

Te presento a José, el nuevo líder de adoración para la Iglesia Camino de Salvación.

José trabaja nueve horas al día como ingeniero en informática, pero emplea entre cinco y diez horas preparándose para las mañanas de los domingos. Mucho de ese tiempo lo emplea en la lectura de la Escritura, en estudiar sus anotaciones del último mensaje del pastor, y en orar por la iglesia. Y los sábados a la noche lo encontrarás practicando las canciones del día siguiente.

José de veras quiere ser usado por Dios para ayudar a las personas a crecer en su amor por Él.

Sin embargo, las cosas no han ido muy bien. El domingo pasado, olvidó afinar su guitarra... otra vez. Después de dos estrofas sonaba tan mal que el pastor se acercó y pidió al grupo que comenzara de nuevo. Durante la tercera canción, José recordó que el grupo no había practicado pasar del estribillo a la estrofa. Después del pequeño desastre, el pianista finalmente logró sacarlos por buen camino.

Cada semana José trastea los acordes, no entra en tiempo, olvida palabras. Cuando otros sugieren que él podría mejorar sus habilidades musicales, José agita su cabeza y sonríe. Él está seguro de que la adoración es un asunto del *corazón*, y no es un asunto de hacer todo a la perfección.

Piensa que amar a Dios y conocerlo a través de Su Palabra es todo lo que él necesita.

La congregación no está de acuerdo. Ellos piensan que José necesita destreza. Y la adoración hacia Dios está siendo estorbada por esto.

Una destreza es la capacidad o facilidad de hacer algo. Se relaciona con cualidades como experiencia y competencia. Tendemos a subestimarla, como José, o idolatrarla, como sucede con los músicos profesionales y los atletas. Pero correctamente entendida y buscada, la destreza puede marcar una diferencia entre ineficacia y productividad al dirigir la adoración. Puede contribuir o estorbar a que las personas se encuentren con Dios. Por eso debe ser una prioridad.

Aunque Dios puede usarnos a pesar de nuestros errores, incompetencia y falta de preparación, Él aprecia la destreza y la usa para Su gloria. Cuando Moisés buscó a hombres que supervisaran la construcción del tabernáculo, él no pasó una lista para que se inscribieran los que quisiesen. Él escogió artesanos a quienes Dios les había dado "sabiduría e inteligencia" (Ex. 36:1). Cuando David buscó a un levita para dirigir el canto, escogió a Quenanías "porque era hábil" (1 Crón. 15:22). Con la guía de Dios, David escribió alabanzas y los músicos debían hacerlo "con voz de júbilo" (Sal. 33:3), y el mismo David, como rey sobre el pueblo, "los guió con la destreza de sus manos" (Sal. 78:72). En el Nuevo Testamento, Pablo hace referencia de sí mismo como "sabio arquitecto" (1 Cor. 3:10).

La destreza le importa a Dios. Debería importarnos a nosotros también.

CINCO COSAS PARA RECORDAR ACERCA DE LA DESTREZA
La destreza es un don de Dios, para Su gloria

Ninguno de nosotros puede exigir algún crédito por nuestras destrezas. Pablo escribió a los corintios, "Porque ¿quién te distingue? ¿Qué tienes que no recibiste? Y si lo recibiste, ¿por qué te jactas como si no lo hubieras recibido?" (1 Cor. 4:7).

Recuerdo a un músico en la universidad que tenía problema para entender por qué Dios debía recibir toda la gloria por sus dones (los del músico). Él razonaba que Dios no era el que estaba sentado en el cuarto de ensayo por horas y horas. Este hombre no entendía la gracia, la cual provee no solamente nuestros dones, sino la habilidad y la resistencia para desarrollarlos. Como dice mi buen amigo, C. J. Mahaney: "Todos los dones de Dios tienen la intención de dirigir nuestra atención hacia Él y generar un nuevo afecto por Él".[2]

La destreza debe desarrollarse

Leemos en 1 Crónicas 25:7 que los músicos ministraban en el tabernáculo donde eran "instruidos en el canto al Señor, con sus parientes, todos los que eran hábiles". La habilidad debe desarrollarse.

Los mejores músicos han demostrado que la excelencia viene no solamente por tener el don, sino también por practicar duro, por practicar más tiempo y por hacerlo de una forma más exhaustiva que otros. Los músicos más grandes ponen un número incontable de horas para perfeccionar su talento, al saber que su habilidad debe cultivarse.

Cuando ingresé a la Universidad para especializarme en piano, mi meta era practicar lo suficiente para poder tocar cualquier pieza que quisiera al terminar la escuela. En los próximos cuatro años practiqué un promedio de cuatro horas diarias, siete días a la semana. Y no era el que más practicaba de mis amigos.

A veces la gente me dice: "quisiera poder tocar el piano como usted". Mi respuesta estándar es: "¡Sí, puede! Solamente toma un poco de talento y practicar cuatro horas diarias durante cuatro años".

¿Quién tiene tiempo para practicar cuatro horas diarias? Ningún líder de adoración que yo conozca. Pero si tú quieres crecer en tu oficio, tienes que desarrollar tu destreza. Incluso si solamente le dedicas quince minutos al día o una hora a la semana, esto hará una diferencia a largo plazo.

La destreza no hace a la adoración más aceptable delante de Dios

Aunque Dios valora la destreza, Él no acepta nuestra adoración sobre esa base. Aun si puedo tocar la más compleja progresión armónica, escribir las mejores canciones o tocar una pieza impecablemente, todavía necesito la obra redentora del Salvador para perfeccionar mi ofrenda de adoración (1 Ped. 2:5).

Nosotros, los líderes de adoración, podemos luchar contra el desánimo cuando no entramos a tiempo, cuando tocamos un acorde equivocado o cuando olvidamos la letra de una canción. Podemos sentirnos eufóricos cuando todo va bien. Pero Dios no está escuchando el sonido de nuestra música o la calidad de nuestra ejecución. Él está escuchando el sonido de nuestros corazones.

Hace muchos años escuché a un pastor decir: "Dios no anda buscando algo brillante; Él anda buscando algo quebrantado". Nosotros nunca impresionaremos a Dios con nuestra experiencia musical o sofisticación. Lo que impresiona a Dios es un "corazón contrito y humillado" (Sal. 51:17) que reconoce su debilidad y pone su fe en la obra terminada de Cristo.

La destreza debe ser evaluada por otros

Aun después de treinta años de dirigir la adoración, no siempre puedo saber si lo que estoy haciendo es útil, o dónde debo crecer. Necesito los ojos y los oídos de aquellos a quienes estoy sirviendo.

Las reacciones que recibo de mi equipo y de otros durante los ensayos y después de las reuniones son invaluables. ¿Está funcionando ese arreglo? ¿Canté ese estribillo demasiadas veces? ¿Fui claro? ¿Toqué demasiado? Es aleccionador y útil escuchar a la gente en quien confío. Sé que me dirán la verdad, especialmente mi pastor.

Por cierto, no les des mucha importancia a los comentarios de quienes semana tras semana te dicen cuán "bendecidos" fueron por tu ministerio. Su ánimo, aunque sincero, no necesariamente te ayudará a crecer.

La destreza no es el fin

Valorar mucho una destreza puede producir frutos desagradables. Puede convertirse en un ídolo. Por nuestro orgullo, pensamos que la adoración en nuestra iglesia es mejor que en la iglesia de la otra calle. Ensayamos más de lo necesario y nos impacientamos cuando otros cometen errores. Reducimos la preparación espiritual y nos dedicamos enteramente a los asuntos musicales. Evaluamos el fracaso o el éxito únicamente por los compases correctos, las voces en tono y los arreglos bien ejecutados. Nos enorgullecemos por nuestra pulida ejecución en lugar de sentirnos humillados por la misericordia de Dios.

Después de un tiempo de adoración con la comunidad de creyentes, siempre estoy un poco desalentado cuando alguien dice: "¡Me gustó cómo toqué el teclado!". No quiero que las personas se enfoquen en mi ejecución, salvo que esto les ayude a ver más claramente el carácter y las obras de Dios mientras cantamos.

Dios quiere que sepamos que la razón de nuestra práctica no es recibir la alabanza de otros. Es glorificar a Dios.

PARA LO QUE LA DESTREZA SÍ SIRVE

La destreza nos ayuda a centrarnos en Dios

Me han preguntado numerosas veces: "¿Cómo puedes concentrarte en adorar a Dios mientras diriges a otros?".

Llegar a ser más diestro es parte de la respuesta. Mientras más cómodo me sienta con ciertos aspectos prácticos de la dirección, más puedo pensar en Aquel a quien le estoy cantando. Me enfoco en desarrollar la destreza de modo que sea capaz de enfocarme más en Dios. Queremos que los asuntos musicales, administrativos y de liderazgo lleguen a ser algo natural como resultado de la práctica, la repetición y una cuidadosa planificación.

¿Podemos adorar a Dios aun si no estamos completamente familiarizados con las habilidades prácticas requeridas para dirigir? Seguro que sí. Dios puede usar cualquier cosa. Pero mi falta de destreza puede provocar distracción, confusión y hasta irritación en la gente. Yo podría estar adorando a Dios, pero no estoy haciendo todo lo que puedo para ayudar a los demás a unirse en la adoración.

La destreza nos ayuda a servir a la iglesia

José, nuestro amigo al comienzo de este capítulo, de veras quiere glorificar a Dios con sus dones. Lo que no entiende es que su falta de destreza es un obstáculo. Dios nos da dones, y "cada uno ha recibido un don *especial*, úselo sirviéndose los unos a los otros". (1 Ped. 4:10).

¿Cómo servimos a los otros?

Dirigiendo con claridad de manera que las personas no estén preguntándose qué palabras cantar o cuál es la melodía. Usando arreglos nuevos que no distraigan. Y mostrando un semblante tranquilo y alegre que exprese la esperanza en el Dios acerca del cual estamos cantando. "*Los que* a El miraron, fueron iluminados" (Sal. 34:5). Si estoy tratando de recordar la letra del verso 2, o cómo tocar un acorde *Si7sus*, o cómo es la melodía del puente, será difícil ver al que estoy adorando, y mi cara será cualquier cosa menos radiante.

Pero si no tengo que pensar mucho en la mecánica de dirigir, entonces estaré libre para poner mis ojos en quien estoy adorando, y mi cara lo mostrará. Y eso ministrará a la gente que estoy dirigiendo.

La destreza multiplica las oportunidades de servicio

Hace unos pocos años, estuvimos buscando a un músico y líder de adoración para capacitarlo y evaluarlo para un ministerio permanente en nuestra iglesia. La persona que estuvimos considerando tenía una maestría en la ejecución del órgano. En algunas iglesias eso sería un requisito, pero en nuestra situación no tenía mucho peso. De hecho, era algo en contra suya. Nosotros no tenemos un órgano y no planeamos comprar uno.

Pero este hombre había empleado una cantidad significativa de tiempo desarrollando sus habilidades de improvisación en el piano y tenía experiencia en escribir canciones, dirigir coros y hacer arreglos. Debido a que había ampliado sus habilidades, fue capaz de servir en más áreas y fue ideal para nosotros.

DESTREZAS A DESARROLLAR

Podemos comprometernos con la excelencia en un número de áreas. La primera y más importante es nuestro conocimiento de Dios y Su Palabra, como vimos en el capítulo anterior. Sin embargo, la naturaleza de dirigir la adoración requiere que atendamos otras áreas también.

Liderazgo

Quizá la habilidad más descuidada entre los líderes de adoración es la de liderazgo. Pensamos: "No soy un pastor, así que realmente no tengo la responsabilidad de liderar". Pero sí la tenemos. Y por la gracia de Dios, podemos ser mejores líderes de lo que somos al presente. Podemos definir nuestras metas más claramente y seguirlas con mayor fidelidad.

¿Tienes un plan y un propósito para la mañana del domingo? ¿O llegas sin estar preparado y completamente despreocupado? Los líderes diestros tienen una clara visión de qué hacer en las reuniones. Ellos hacen posible que veamos cosas que no notaríamos por nuestra cuenta.

El liderazgo capaz siempre implica decir sí a algunas cosas y decir no a otras. En mi experiencia, decir no es más difícil. A menudo requiere renunciar a algo bueno para escoger algo mejor. Tal vez tenga que cortar una canción o mi intervención por asuntos de tiempo. Puede que tenga que decir que no a alguien que audicione para el equipo. Tal vez tendré que explicar por qué no haremos una canción que realmente le gusta a alguien ya que la letra es débil o confusa. Y por supuesto, al decirle sí a un solista, automáticamente le estoy diciendo no a los demás.

Ser un líder implica inevitablemente decepcionar a gente. A veces, alguien malinterpretará o criticará nuestras decisiones. Pero nuestra meta es complacer a Dios, no tratar de hacer a todos felices. Nuestra meta es servir a la iglesia con nuestro don de liderazgo.

Destreza musical

Ser hábil musicalmente incluye diferentes aspectos. Uno es la *técnica*, la cual simplemente significa dominar la mecánica o los pasos para crear un estilo. Es tener la habilidad real de tocar o cantar cualquier cosa que la situación requiera. Desarrollar la técnica es probablemente el aspecto más difícil e insípido de la destreza musical, por lo que tendemos a emplear poco tiempo en eso. Dependiendo del instrumento, puede incluir practicar escalas, *riffs*, progresiones armónicas, patrones de rasgueo, diferentes ritmos o ejercicios vocales.

Un segundo aspecto es la *teoría*, entender cómo funciona la música. Los músicos que no entienden la teoría musical están perdidos si tienen un lapsus de memoria durante un canto. La teoría es como un mapa que nos ayuda a orientarnos y regresar al camino correcto. Si no conoces lo elemental sobre la estructura de los acordes, la notación musical y los intervalos, entonces considera tomar uno de los muchos cursos disponibles en internet o tomar clases en una institución en tu ciudad. Los beneficios superarán el tiempo y el dinero que inviertas.

Puedes sobresalir en cuanto a la técnica y la teoría pero crear música fría, aburrida e inapropiada. Eso es por lo cual un tercer aspecto requerido es el *gusto*. Tener gusto es saber qué queda bien. En especial, se logra al escuchar música intencionalmente y analizar con exactitud lo que los músicos están o no están haciendo. El gusto incluye el matiz dinámico, el fraseo, los patrones rítmicos, la afinación de los instrumentos, los arreglos musicales. Probablemente, la parte más desafiante de tener un buen gusto musical es saber qué dejar fuera. Si no soy el único miembro de la banda, no debería tocar como si lo fuera. Un mayor número de notas raras veces equivale a mayor efectividad.

Algunas veces tratamos de desarrollarnos en múltiples áreas de una habilidad o destreza a la vez y nos desanimamos. No tomes ese camino. Enfócate solamente en una o dos áreas. Si eres un pianista que quiere leer mejor la música, trata de leer un himno o dos cada día. Si quieres desarrollarte en el área de la técnica como un guitarrista, practica acordes utilizando un folleto o *riffs* que has captado al escuchar tus discos compactos. Si quieres aprender a tocar de oído, encuentra un CD que te guste y comienza a imitar lo que escuchas.

Las habilidades musicales variadas nos dan más herramientas de donde escoger. Mi historial como pianista clásico me permite escoger cantos de cancioneros sin haberlos escuchado, escribir las partituras, las partes de las voces y acompañar a solistas. Tocar de oído me ayuda a tocar una pauta de acordes, usar transiciones musicales creativas e improvisar durante una reunión. Ambas habilidades han sido de gran valor en mi rol como líder de adoración.

Comunicación

Podrías pensar que tu medio principal de comunicación hacia otros es la música. Tal vez se te traba la lengua cuando quieres citar un versículo de la Biblia, o pierdes el hilo de pensamiento tratando de explicar qué significa una canción. Así que terminas usando frases que suenan bien, como "Gloria a Dios" o "Aleluya". O, tal vez eres feliz si no dices nada y solamente dejas que Dios hable a través de los cantos.

Como todas las habilidades, hablar a otros con claridad y de manera persuasiva implica prepararse. Nos gusta pensar que divagaciones espontáneas son más genuinas que pensamientos preparados, pero eso difícilmente es cierto.

Cuando llegué a la Iglesia *Covenant Life*, C. J. me dijo que si quería ser un buen comunicador, debía escribir lo que quería decir. Me aseguró que mientras más pensara por adelantado mis comentarios, serían más valiosos, y al final este proceso se haría más fácil. Él estaba en lo correcto.

Es fácil estar contento cuando se habla con honestidad y apasionadamente. Cuando somos transparentes en cuanto a nuestros fracasos, luchas y pecaminosidad, y hablamos con verdadera emoción. Eso ayuda a la gente a identificarse con nosotros, pero Dios quiere cambiarlos por medio de la verdad eterna y del evangelio que no cambia. Esto requiere una comunicación clara y teológicamente informada. Y esa es una destreza en la que podemos crecer, por la gracia de Dios y para Su gloria.

Tecnología

La tecnología puede ayudarnos a comunicar la verdad de Dios más claramente, o puede ser un gran obstáculo para ese mismo fin. Puede ser un recurso valioso o un terrible tirano. La diferencia está en cuán diestramente la usemos.

Eso significa estar familiarizado con métodos actuales de transferencia y descarga de música (las legales, por supuesto), diagramas de notación musical, uso de la Interfaz de Instrumentos Musicales [MIDI por sus siglas en inglés], producción de música, amplificación de sonido y proyección de letra e imagen, para nombrar unos pocos.

Si no tienes tiempo para invertir y estudiar en esta área, probablemente encontrarás personas en tu iglesia que sí lo tengan. No tienen que ser músicos. Pero deben entender que son más que técnicos. Son adoradores. Están usando sus dones para ayudar a proclamar la Palabra de Dios y celebrar el evangelio de Jesucristo.

LA DESTREZA ES IMPORTANTE

Otras áreas del ministerio de adoración también requieren habilidad y sensibilidad a la guía del Espíritu (por ejemplo, el cuidado pastoral y la administración). Estoy seguro de que puedes pensar en otras. Lo importante es reconocer que dirigir a la iglesia en adoración a Dios requiere más que un corazón sincero y buenas intenciones. Requiere destreza. Y eso demanda trabajo, tiempo y preparación.

Mi oración es que hombres como José vean la luz y se entreguen a la práctica diligente y al cuidado necesario para el liderazgo bíblico.

Y algo más importante, oro para que cada uno de nosotros nunca sustituya el talento, el don, la habilidad o la destreza por lo que Dios realmente busca: adoración genuina que afecte todas las áreas de nuestras vidas.

Capítulo 5

MI VIDA: ¿QUÉ ES LO QUE MODELO?

Nunca había pensado del apóstol Pablo en términos de un líder de adoración. Él aparentemente no tocó una lira delante de la iglesia, ni marcó el "tiempo" con una pandereta. Aunque sí dirigió a capela un himno cuando estaba en prisión, a medianoche, después de haber sido golpeado y tirado en la celda. Sin embargo, no es lo que vemos cada domingo, ¿cierto?

Pablo podría no ser el tipo de líder de adoración al que estamos acostumbrados, pero sí nos puede decir cómo vive un buen líder de adoración. De manera consistente, él glorificó a Dios y exaltó al Salvador en el poder del Espíritu. Su vida y sus palabras han inspirado a millones a través de la historia para ofrecerle a Dios una adoración que lo honre. Pablo nos muestra, más que cualquier músico que haya conocido alguna vez, cómo vivir como un líder de adoración.

Si dirigir la adoración fuera solamente un asunto de lo que hacemos los domingos, este capítulo sería innecesario. Pero dirigir la adoración se inicia con la manera en que vivo mi vida, no con lo que hago en público.

ESTABLECER UN EJEMPLO PARA LOS CREYENTES

Pablo sabía que la vida espiritual de un líder nunca es un asunto privado. Timoteo era un líder, y la gente lo estaba mirando, estudiando, y aprendía de lo que observaba. Así que Pablo sabiamente le encarga: "No permitas que nadie menosprecie tu juventud, sino sé ejemplo de los creyentes en palabra, conducta, amor, fe y pureza" (1 Tim. 4:12). Aunque Timoteo era más joven que una gran parte de los creyentes que tenía que dirigir, él estaba llamado a ser ejemplo.

Si dirigimos al pueblo de Dios en adoración, no podemos eximirnos de este estándar bíblico. Las personas también nos están mirando. Y no solamente los domingos, sino durante la semana. El encargo que Pablo le da a Timoteo también se aplica a nosotros. Por tanto, seamos un ejemplo.

Este mandamiento de ser ejemplo toca cada área de nuestras vidas. Consideremos las categorías a las cuales Pablo llama la atención de Timoteo.

En palabra

Cada vez que abrimos nuestras bocas, estamos guiando a otros. No solo cuando estamos frente a las personas, sino todo el tiempo. Por supuesto, lo que decimos delante de la congregación es importante. Pero las palabras que usamos en un blog, o en las redes sociales, en artículos y en conversaciones privadas son igualmente importantes. Cada palabra que decimos tiene el potencial de confirmar nuestro ejemplo de genuina adoración o de estorbarlo. Si nuestras palabras son necias, sensuales o pecaminosas durante la semana, es difícil que las personas nos tomen seriamente cuando, de pronto, nuestras bocas se llenan de alabanzas a Dios los domingos por la mañana.

Santiago nos advierte:

> *Pero ningún hombre puede domar la lengua. Es un mal turbulento y lleno de veneno mortal. Con ella bendecimos a nuestro Señor y Padre, y con ella maldecimos a los hombres, que han sido hechos a la imagen de Dios. De la misma boca proceden bendición y maldición. Hermanos míos, esto no debe ser así.* Santiago 3:8-10

Él tiene razón. "Esto no debe ser así". Pero, de lo poco que he escuchado y leído, parece que nos sentimos cada vez más cómodos con conversaciones que contienen obscenidades e insinuaciones sexuales. He leído publicaciones de líderes de adoración que son difamatorias y provocativas. Podrían ser un intento de sonar relevantes y que estamos a la moda. O podrían ser necedad.

Dios quiere que nuestra habla sea correcta, con gracia, verdadera y que edifique[3], no importa dónde estemos ni con quién estemos. Eso incluye la manera en que hablamos a nuestro cónyuge, nuestros hijos, nuestro equipo, nuestro pastor y cualquier otra persona a la que le estemos hablando.

Eso no significa que no haya espacio para un humor apropiado o conversación informal. Significa ser responsable por nuestras palabras, escritas o habladas, entendiendo que ellas pueden influir para que otros teman a Dios o lo ignoren. Jesús dijo que nosotros daremos cuenta de "toda palabra vana" que pronunciemos (Mat. 12:36). Por esta razón debemos establecer un ejemplo para otros en el habla[4].

En conducta

Los músicos del mundo pueden interpretar buena música cuando están sobre el escenario y vivir vidas totalmente decadentes.

Los líderes de adoración no tienen esa opción.

Dios quiere que nuestra conducta sea un ejemplo para otros. Si nuestra vida no respalda lo que proclamamos cada domingo, no solamente estamos engañando a la iglesia: estamos dando una imagen falsa del Dios al que decimos estar adorando.

No quisiera que las personas que me ven dirigiendo públicamente se sorprendan por la manera como vivo en privado. No son los cantos los que definen mi adoración, es mi vida. Por lo tanto, si tu matrimonio está en crisis, si tus hijos están en rebelión, si estás entreteniéndote con pornografía, si te enfureces fácilmente, si tu habla es sucia o si estás involucrado en algún otro patrón de pecado, busca ayuda inmediatamente. "El que encubre sus pecados no prosperará, Pero el que *los* confiesa y *los* abandona hallará misericordia" (Prov. 28:13). Necesitamos los ojos de otros que conocen y se preocupan por lo que hacemos con nuestro tiempo libre, con nuestro dinero, con nuestra familia y con nuestra mente.

El estándar no es una perfección sin pecado. Pero tiene que haber un estilo de vida piadoso. Las áreas donde cedemos no solo debilitan nuestro ejemplo, sino también hacen que se cuestione si deberíamos estar dirigiendo. Algunas veces la mejor manera en que podemos demostrar el valor de Jesucristo es renunciando. Recuerda, Dios puede usarnos, pero Él no nos necesita. El mundo ha visto suficientes líderes cuyo pecado ha deshonrado al Salvador y dañado a la iglesia. Estamos llamados a establecer un ejemplo para la iglesia con nuestra conducta. Necesitamos buscar los medios disponibles para lograrlo.

Si no hay personas en tu entorno íntimo que te conozcan bien y te ayuden a vivir una vida digna del evangelio, búscalas *hoy*. La tentación es demasiado grande, el pecado demasiado engañoso y el mundo demasiado atractivo como para pensar que podemos vencer por nuestra propia cuenta.

En amor

No podemos cantar que cumplimos el primer mandamiento mientras descuidamos el segundo en nuestra vida.

Dios nos llama a ser ejemplo en amor. El amor al cual Él nos llama está basado en Su carácter, no en el nuestro. Es más que nuestra idea cultural de tolerancia o de experimentar atracción sexual. Nuestro amor es fugaz, egocéntrico y contaminado. El amor de Dios es eterno, sacrificial y santo.

Dios describe el amor como paciente, bondadoso, humilde, respetuoso, considerado, perdonador, todo lo espera y todo lo soporta (1 Cor. 13:4-7). ¿Te describen estas actitudes después de un servicio de adoración donde la mezcla estuvo mala y los vocalistas estaban fuera de tono? Cuando los miembros de la iglesia te critican, ¿respondes echándole la culpa a otro y con acusaciones, o respondes con paciencia y humildad? ¿Cómo evaluarían tu cónyuge e hijos tu ejemplo de amor? ¿Tu pastor? ¿Tu iglesia? ¿Los no creyentes? Cuando fracasamos en establecer un ejemplo de amor, nuestra habilidad para dirigir a otros en la adoración es cuestionable.

¿Cómo crecemos en el amor? El mejor lugar para comenzar es recordando el amor que Dios nos mostró dando a Su Hijo por nosotros en el Calvario. "En esto conocemos el amor: en que Él puso Su vida por nosotros. También nosotros debemos poner nuestras vidas por los hermanos" (1 Jn. 3:16).

"No amemos de palabra ni de lengua, sino de hecho y en verdad" (1 Jn. 3:18). Solo de esa forma estaremos dirigiendo a otros en adoración con nuestras vidas.

En fe

Cada domingo busco que las personas vean a Dios. Mi rol no es dirigir los ojos de las personas hacia mí, sino hacia el Dios en quien confío. La manera principal en que lo hago es asegurándome de que yo mismo estoy dirigiendo mi mirada hacia Dios.

Para que yo pueda dirigir a otros en la adoración de manera eficaz, necesito que brote por mis poros una firme confianza en Dios y Sus promesas. Eso no significa que ande declarando atrevidamente que nunca paso por pruebas. Simplemente significa que estoy buscando crecer en mi confianza en Él. No estoy contento con cantar "Bendito sea el nombre del Señor" un domingo y dudar del poder y la bondad de ese Nombre al día siguiente.

La falta de fe se revela por sí misma de muchas maneras. ¿Te encuentras regularmente luchando con pensamientos de desánimo y desesperanza? ¿Dudas que Dios va a estar activamente presente mientras se reúnen el domingo? ¿No puedes dormir pensando en tus finanzas o tu futuro?

Si la fe significa creer que Dios existe y "recompensa a los que Lo buscan" (Heb. 11:6), deberíamos incorporar nuestras convicciones no solamente en nuestro ministerio de adoración, sino en cada área de nuestras vidas.

En pureza

Dios le dejó claro a Moisés que todo lo que estaba asociado con el tabernáculo y la adoración de Israel debía caracterizarse por la absoluta pureza y santidad. Nada contaminado e impuro debía traerse cerca del lugar santísimo.

Varios ritos de purificación recordaban a los israelitas que ellos habían sido apartados del mundo y separados del pecado. Los animales para los sacrificios debían ser puros y sin mancha. Ignorar estos requisitos de pureza era enfrentar la exclusión del pueblo que había pactado con Dios, o incluso la muerte.

Jesús vino para purificar a Su pueblo una vez por todas a través de Su sacrificio de expiación (Tito 2:14). Él cumplió la purificación ceremonial. Pero la demanda de Dios en cuanto a la pureza no ha cambiado. El Señor siempre es santo. No debe sorprendernos que Él quiera líderes en la iglesia que establezcan un ejemplo de pureza para los creyentes.

La pureza es la cualidad que indica que, en su esencia o naturaleza, ese algo no está corrompido ni adulterado; está sin diluir, libre de maldad y contaminación. Esto se aplica a nuestras motivaciones. Dios nos llama a que guardemos nuestras mentes de ser "desviadas de la sencillez y pureza *de la devoción* a Cristo" (2 Cor. 11:3). Dirigir a otros por ganancia económica o por el reconocimiento público deshonra a Dios. Él quiere que nuestra adoración sea sincera, no hipócrita; dispuesta, no a la fuerza; de todo corazón, sin distracciones. En otras palabras, pura.

Dios nos llama también a establecer pureza en el área de la sexualidad. La música en el mundo está inundada con insinuaciones sexuales, ropa provocativa y sensualidad. No debe ser así en la iglesia.

Pero las señales de que hemos cedido terreno no son difíciles de encontrar. Algunos en los grupos de alabanza se ponen vestimentas demasiado ajustadas o reveladoras. Algunas veces, los líderes de adoración usan inflexiones vocales que suenan seductoras y sensuales. Se describen los cánticos de adoración como "sexy". Los anuncios de bandas y solistas cristianos son visualmente seductores, de manera similar a los no creyentes. Los ministros de música cometen adulterio y continúan en sus ministerios.

Dada la santidad de Dios, Su celo por la iglesia y lo valioso del cuerpo de Cristo, tal conducta es peligrosa e inexcusable. Hay pocas cuestiones tan serias y destructivas en la vida de un líder como la impureza sexual. Las consecuencias no solo son personalmente dañinas sino que deshonran públicamente el nombre de Cristo.

Nosotros adoramos al Salvador que "se dio por nosotros, para redimirnos de toda iniquidad y purificar para Sí un pueblo para posesión Suya" (Tito 2:14). Por Su gracia y para Su gloria, seamos aquellos quienes debemos ser y establezcamos un ejemplo de pureza para los creyentes[5].

NUESTRA OCUPACIÓN ETERNA

El hecho de que estás leyendo este libro dice algo sobre tu deseo de aprender y crecer en las maneras que he estado describiendo. Has gustado de la bondad y el poder de Dios, pero quieres más. No estás contento solo con dirigir canciones el domingo por la mañana o ser un gran músico. Quieres que tu vida cuente para la eternidad. Adorar a Dios es una ocupación eterna, y sabes que nosotros apenas rascamos la superficie en esta vida.

Yo estoy contigo. Por eso comencé con estas cuatro áreas: qué amo, qué creo, qué practico y qué modelo. Estos no son meramente capítulos preliminares o introductorios. Son fundamentales. Si no estamos ejemplificando un genuino anhelo de glorificar a Dios que toque cada aspecto de nuestra existencia, entonces no debemos dirigir la adoración los domingos.

Confío que glorificar a Dios es tu deseo… y mi oración es que Él pueda usar esta primera sección para ese fin.

Pero hay mucho más que cubrir. Hemos visto cómo debería *ser* un líder de adoración, ahora es tiempo de ver qué debería *hacer* un líder de adoración.

Parte dos

LA TAREA

Capítulo 6

ENTONCES, ¿QUÉ HACE UN LÍDER DE ADORACIÓN?

Es cada vez menos común encontrar una iglesia que no tenga un líder de adoración. Si tan solo hace unas décadas (¡o menos!) los tiempos de música en la iglesia eran dirigidos por algún diácono o pastor que tal vez no supiera mucha música, pero podía entonar lo suficiente como para guiar a la audiencia y decir: "Abran sus himnarios en el himno n° 288", listo para que alguien presionara *play* y sonara la pista.

La influencia de los líderes de adoración ha sido amplia y a menudo beneficiosa. Han hecho que nos demos cuenta de la importancia de alabar a Dios y nos involucremos profundamente con Él cuando cantamos. Las iglesias alrededor del mundo están interpretando cantos nuevos que expresan un deseo de exaltar a Cristo. Muchos cristianos, por primera vez en su vida, han comenzado a verse a sí mismos como adoradores.

Los líderes de adoración son una parte de una larga fila de liderazgo musical en la iglesia. Directores de canto, directores de coro, acompañantes, solistas, directores de música, líderes de canto, conductores y organistas, todos han tenido un rol con diferentes niveles de éxito. Las iglesias han tratado todo, desde un canto a capela a una sola guitarra hasta una orquesta completa con coros de doscientas voces. No siempre ha sido impresionante, pero hemos recorrido un largo camino.

ALGUNAS PREGUNTAS QUE QUEDAN

Mientras he pensado y estudiado acerca de mi rol como líder de adoración, me han surgido algunas preguntas. Me pregunto si los líderes de adoración no han llegado a ser muy importantes.

"Para muchos jóvenes que están decidiendo a qué iglesia asistir", escribe Gordon MacDonald, "los líderes de adoración se han convertido en un factor más importante que los predicadores. La predicación mediocre puede tolerarse, pero un líder de adoración incapaz puede hundir las cosas rápidamente"[6].

La música en la iglesia es importante. Ahora, ¿es más importante que la enseñanza bíblica sólida que nos ayuda a crecer en el conocimiento de Dios y en la obediencia a Su Palabra? En una palabra, no.

Entonces, ¿qué tan importantes son los líderes de adoración?

Y, ¿qué deberían estar haciendo?

Estas preguntas no son tan fáciles de contestar.

Primero, es difícil encontrar en la Biblia un rol evidente del líder de adoración, especialmente en el Nuevo Testamento. Eso solamente debería detenernos.

Podemos deducir algunos principios importantes de los levitas del Antiguo Testamento como Asaf, Hemán, Jedutún y otros que guiaban en el ministerio de la música en el tabernáculo y el templo (1 Crón. 16:1-7,37-42; 25:1-8). Pero no podemos trasladar todo lo que ellos hacían entonces a lo que hacemos ahora. Ellos anunciaban al Perfecto Sacerdote que había de venir, Jesucristo, quien cumplió con todo aquello a lo que Su ministerio apuntaba (Heb. 9:23-28). Ellos adoraban a Dios en un templo físico, mientras nosotros adoramos a través del templo perfecto de Jesucristo y nosotros mismos somos un templo donde habita la presencia de Dios (Juan 4:23-24; Mat. 12:6; Ef. 2:21). Ellos fueron específicamente designados por Dios para guiar a la nación de Israel, mientras que toda la iglesia es un "real sacerdocio" (1 Ped. 2:9).

Los salmos hablan bastante sobre el contenido de la adoración en comunidad, pero no son claros en cuanto a cómo dirigir esta adoración, más allá de decir que incluye instrumentos. Y algunas personas cuestionan si todavía esto se aplica.

Segundo, el líder de adoración más importante es Jesús. Él nos revela a Dios, y a través de Su sacrificio perfecto provee el único camino hacia la presencia del Padre (1 Tim. 2:5; Heb. 10:19-22).

No podemos hacer lo que solo Jesús puede. Pero en una cultura obsesionada con la experiencia y las expresiones musicales, puede que esperemos erróneamente que los líderes de adoración nos guíen o nos abran paso hacia la presencia de Dios; que de alguna forma hagan visible a Dios. Las personas pueden comenzar a pensar de nosotros como "sumos sacerdotes de la música", que acercan a Dios a través de su "unción" musical.

Tercero, el término *líder de adoración* puede malinterpretarse. Puede comunicar que el único tiempo en que nosotros adoramos a Dios es cuando un músico nos está dirigiendo. O que la adoración es lo mismo que cantar. O que Dios nos manda a que tengamos líderes de adoración.

Nada de esto es verdad. A todo el que anima a otros a alabar a Dios se lo puede llamar "líder de adoración". La adoración puede incluir música, pero puede darse sin ella. Y mientras aspectos del rol del líder de adoración se infieren de la Escritura, no hay requisitos para tener uno. Un pastor o un grupo de personas pueden servir juntos para lograr estas metas tan bien como, si no mejor que, una sola persona.

APROVECHAR LA SITUACIÓN

Entonces, ¿por qué estoy escribiendo un libro para líderes de adoración? ¿Por qué no eliminamos ese término?

Eso es lo que D. A. Carson sugiere:

> Yo aboliría por siempre la noción de un "líder de adoración". Si quiere tener un "líder de canto" que dirija parte de la adoración, así como el predicador dirige una parte de la adoración, está bien. Pero, al llamar a la persona "líder de adoración" se da la idea de que predicar, enseñar, escuchar y devorar la palabra de Dios, y aplicarla a nuestras vidas, de alguna manera no fuera adorar a Dios."[7]

Carson tiene un buen punto. Si el individuo que dirige el canto es el líder de "adoración", puede implicar que no estamos adorando a Dios durante el resto de la reunión. Pero las actividades como orar por otros, ofrendar y estudiar la Palabra de Dios son también actos de adoración que glorifican a Dios.

He comenzado entonces a usar diferentes nombres para la persona que dirige el canto, dependiendo de la situación: ministro de música, pastor de adoración, líder del servicio, líder de la adoración corporativa, adorador que dirige. O, uno de mis favoritos, "el de la música".

Y si bien estoy de acuerdo con la perspectiva del Dr. Carson, no pienso que tengamos que eliminar el término *líder de adoración*. Y es que esta expresión comunica de manera concisa que nuestra meta es guiar a otros en la alabanza a Dios. Pero no debemos exagerar el sentido de la frase, ni asignarle autoridad bíblica.

Debido a que la Escritura es vaga sobre del rol el líder de adoración, las iglesias asignan diferentes grados de importancia a esto. Humanamente hablando, el pastor es el líder de adoración. Él es el responsable ante Dios por la adoración de la iglesia como comunidad (Heb. 13:17; 1 Tes. 5:12-13). Eso incluye qué canciones se interpretan, qué se predica, qué actividades se van a realizar.

En algunas iglesias la tarea de dirigir la adoración puede que se distribuya entre diferentes individuos, como el pastor, el líder del canto, el líder del servicio o el anciano.

Pero en la mayoría de las iglesias hay líderes de adoración designados que juegan un rol prominente. Ellos pueden tomar hasta la mitad del tiempo de la reunión, y tener influencia considerable en cómo la iglesia practica y piensa acerca de la adoración. Eso puede ser malo o bueno, dependiendo de quién está dirigiendo.

Por eso escribí este libro.

No importa cuán relevante pensemos que es el rol del líder o no lo es, cada semana los que dirigen la adoración congregacional tienen una oportunidad significativa de enseñar, preparar y animar al pueblo de Dios en alabarlo correctamente y vivir para Su gloria. En ese sentido, los líderes de adoración siguen los pasos de los levitas del Antiguo Testamento, quienes enseñaban a los israelitas lo que Dios requería para adorarlo y cómo podían seguirlo fielmente.

UNA DEFINICIÓN

Según lo entiendo, un líder de adoración usa diferentes dones enumerados en 1 Corintios 12, Romanos 12, Efesios 4 y en otros pasajes bíblicos. Estos incluyen pastorear, presidir, administrar y enseñar. Bajo la supervisión del pastor, él combina estos dones con la destreza musical para guiar e instruir al pueblo de Dios cuando canta alabanzas[8].

Hace unos pocos años comencé a elaborar una definición para el líder de adoración (con la ayuda de mi buen amigo Jeff Purswell) y, en el proceso, aclarar mi comprensión de lo que Dios me estaba llamando a hacer en la iglesia.

Aquí está lo que propongo:

Un líder de adoración fiel
exalta la grandeza de Dios

en Jesucristo
por medio del poder del Espíritu Santo
al combinar hábilmente la Palabra de Dios con la música,
motivando a la iglesia reunida
a proclamar el evangelio,
a apreciar la presencia de Dios,
y a vivir para la gloria de Dios.

A través de los próximos diez capítulos ampliaré cada frase. Si eres líder de adoración, músico, el que planea la adoración, ministro de música o pastor, es mi oración que estos capítulos te ayuden a servir al pueblo de Dios más eficazmente cuando se reúne cada semana para adorarlo.

Capítulo 7

UN LÍDER DE ADORACIÓN FIEL...

En años recientes, la adoración ha cobrado gran relevancia. Son muchos los cantantes de música de adoración con nombres conocidos por todas partes. El próspero mercado de la música de adoración dentro y fuera de la iglesia ha cambiado lo que la iglesia canta y cómo entendemos la adoración.

Claro, a los ojos de Dios, la adoración verdadera siempre ha sido importante. Sin embargo, a pesar de los beneficios, este protagonismo y comercialización de la música de adoración tiene algunos inconvenientes.

Para mí, trae tentaciones sin paralelo a los líderes de adoración en la iglesia local. Leemos acerca de artistas bien conocidos y las ventas de sus discos, giras de conciertos y entrevistas en los medios de comunicación, y nos preguntamos si nosotros estamos haciendo algo mal. Comenzamos a pensar si seríamos más efectivos si nos miramos, sonamos y actuamos como los líderes de adoración que todos conocen.

Pero la industria de la adoración no es el estándar que Dios nos ha dado para determinar nuestra efectividad. La Biblia es el estándar. Si no comprendemos esto bien, pasaremos por alto el plan de Dios para nuestras vidas. Seremos tentados al desaliento, ignorando que Dios no nos ha llamado a ser exitosos o populares: Él nos ha llamado a ser fieles.

EL LLAMADO A SER FIELES

Cualquiera sea el estándar que otros puedan usar para juzgar nuestro ministerio, Dios está interesado en que seamos fieles. La fidelidad significa adherirse a la observancia de un deber, cumplir la palabra dada, cumplir las obligaciones. Significa ser leal, constante y fiable.

Ser fiel significa llenar las expectativas de otro. No definimos nuestro ministerio, Dios lo hace. Él no nos dejó a nosotros el contenido o el propósito de lo que hacemos. Estamos cumpliendo una responsabilidad que Él nos ha dado.

Pablo elabora este pensamiento en su primera carta a los corintios:

"Que *todo* hombre nos considere de esta manera: como servidores de Cristo y administradores de los misterios de Dios. Ahora bien, lo que se requiere además de los administradores es que *cada* uno sea hallado fiel" 1 Corintios 4:1-2.

Aunque Pablo está escribiendo como apóstol, cada uno de nosotros debemos ser dignos de confianza con los misterios de Dios, especialmente Su carácter y obras manifestadas en el evangelio. Somos llamados a proclamar fielmente lo que Él ha revelado.

POSIBLES TENTACIONES

Un sinnúmero de tentaciones puede impedirnos ser fieles y dignos de confianza. Una de ellas es la fama.

Harold Best observaba: "El ministerio y la fama han llegado a ser considerados tan equivalentes que es casi imposible pensar en cualquier cosa que no sea la fama si uno contempla un ministerio en música".[9] Esa no es la manera de Dios.

Algunos de los líderes de adoración más piadosos que conozco son personas de las cuales tú nunca has escuchado. Ellos no tienen un ministerio a nivel nacional, y nunca han grabado un CD. Ellos me recuerdan que grabar un CD con grandes ventas no es una señal segura de que Dios esté complacido con lo que hacemos. Lo único que significa es que mucha gente compró nuestro CD.

Dios permite que ciertas personas se destaquen públicamente por diversas razones. Puede ser para darles una plataforma más amplia a quienes le han seguido fielmente. Pero algunas veces la popularidad de un individuo nos muestra los efectos del pecado que mora dentro, y cómo en estos últimos días las personas con "comezón de oír" irán detrás de líderes "conforme a sus propias concupiscencias" (2 Tim. 4:3 RVR1960). Ser el más popular no garantiza que realmente tienes algo digno de decir o escuchar. Puede ser lo opuesto.

También somos tentados a medir nuestra condición por los números, por ejemplo cuántas personas llegaron el domingo. Pero las personas pueden asistir a la iglesia por diferentes razones: recursos publicitarios, espléndidas producciones de multimedia, música de vanguardia. Más personas no siempre significa que estamos complaciendo a Dios. Podría solo querer decir que somos buenos en mercadeo. Como los discípulos, nosotros podemos tener problemas para entender a un Salvador que está más preocupado en obedecer a Su Padre que en buscar una gran multitud (Mar. 1:36-38).

También podemos desviarnos al introducir a nuestras reuniones del domingo una "mentalidad de concierto". Preparamos "sets" que canten los últimos éxitos, y abrumamos a las personas con efectos especiales. La tecnología se vuelve crucial y llega a gobernar, en vez de ser secundaria y servir. Ciertamente, nosotros podemos aprender de la ambientación en los conciertos. Nos muestran cómo el sonido, las luces, las imágenes y la música pueden usarse para influenciar las emociones o centrar la atención. Los conciertos tienen la intención de ser intensos, llenos de emoción y sobrecargados con múltiples estímulos sensoriales. Pero los domingos no estamos tratando de estimular emocionalmente a la gente o proveerles de una experiencia emotiva sin considerar el origen. Nuestra meta como líderes de adoración es diferente de la de un concierto y es mucho más importante. Nosotros buscamos impresionar a las personas con la grandeza del Salvador cuya gloria trasciende nuestro entorno y nuestra tecnología.

Ocasionalmente alguien pasa a mi lado después de una reunión y me dice: "¡Hey, me encantó la alabanza!". Después de agradecerle y caminar, pienso: No tengo idea de qué quiso decir. ¿Le gustó la música? ¿El sonido del bombo de la batería estaría demasiado alto? ¿Le habrá impresionado mi ropa? ¿Sonaría bien la banda? ¿Se perdería mi voz dentro de la mezcla? Todo lo que sé es que algo le afectó. Mi trabajo es asegurarme de proveerles la oportunidad para que sean afectados por las cosas correctas. Y esto significa ser fiel en tratar que las personas se enfoquen en el Dios que adoramos.

FIEL PARA DIRIGIR

Romanos 12:8 dice que los líderes deben dirigir "con diligencia" "con solicitud" (RVR1960), "con esmero" (NVI). Dirigir a la gente para alabar a Dios implica energía, intencionalidad y consideración.

Aunque nunca sepamos exactamente cómo va a responder la gente durante una reunión, solemos cosechar lo que sembramos.

Si nuestro liderazgo se centra en experiencias musicales, cosecharemos un deseo por mejores sonidos, progresiones armónicas más sensacionales y arreglos más creativos. Si sembramos sensaciones inmediatas, cosecharemos reuniones gobernadas por la búsqueda de grandes emociones. Si dirigimos de tal forma que nosotros somos el centro de atención, cosecharemos una reunión centrada en el hombre, halagos vacíos y comparaciones pecaminosas.

Por otro lado, si sembramos para la gloria de Dios en Cristo, cosecharemos el fruto de personas en temor ante la majestad y la bondad de Dios. Pero, para hacer eso debemos pintar fielmente una imagen cautivadora, fascinante y bíblica del Salvador.

Dios no se esconde de nosotros, para liberar sus bendiciones, esperando ver si encontramos la combinación correcta. Él desea operar a través nuestro cuando dirigimos fielmente a nuestra iglesia hacia una comprensión más clara de Su gloria.

EL FRUTO DEL LIDERAZGO FIEL

El liderazgo fiel no siempre es elogiado, aplaudido o apreciado.

Algunas veces, seremos criticados por hacer lo que creemos que es bíblico. Tengo un amigo cuyo pastor, hace tiempo, le pidió que dejara de usar cantos que mencionaran la palabra pecado porque pensaba que los visitantes no creyentes se podrían ofender. Afortunadamente, con el tiempo el pastor fue persuadido de que era una mala idea. Otros líderes de adoración que conozco han sido reprendidos por miembros de la iglesia por colocar una nueva melodía a un himno, usar batería, o interpretar cantos que mencionan la ira de Dios. Si tú eres un líder fiel, no siempre serás apreciado.

Por otro lado, experimentar oposición no significa necesariamente que somos piadosos. Podría ser que nos falta entendimiento. Pensamos que estamos siendo guiados por el Espíritu cuando realmente somos distraídos o imprudentes. Cada crítica provee una nueva oportunidad para examinar nuestras motivaciones y acciones, y responder a la luz de una misericordia impresionante recibida a través de la cruz.

Básicamente, el fruto del liderazgo fiel es saber que hemos complacido a una audiencia de Uno. Nuestro gozo no viene de dirigir el tiempo perfecto, ni viene de premios, o de tener una canción en las listas de éxitos. Nuestra meta no es el logro, la popularidad ni la realización personal. Es anticipar, por la gracia de Dios y para la gloria de Jesucristo, lo que escucharemos en el último día, "Bien, siervo bueno y fiel" (Mat. 25:21,23).

Y esa recompensa es mucho más grande que cualquier otra que este mundo pudiera ofrecer.

CAPÍTULO 8

...EXALTA LA GRANDEZA DE DIOS...

"Grande es el Señor", nos recuerda David, "y digno de ser alabado en gran manera, Y Su grandeza es inescrutable" (Sal. 145:3).

David muestra el punto apropiado de inicio para adorar. Incluye pensar, exaltar y responder ante la majestad y el poder de Dios.

Muchos de los que dirigimos los domingos desean unirse a nosotros y seguir el resto de la semana exaltando la grandeza inescrutable de Dios.

Otros están distraídos. Podría ser por algo superficial o por algo serio. Mucho trabajo, cuentas por pagar, algún problema con un amigo, una posible enfermedad, el ruido extraño que está haciendo el automóvil, un hijo rebelde, algún gran pecado. O tal vez algún otro de los millones de detalles de la vida.

¿De qué tamaño es Dios cuando nuestra mente está preocupada? Muy pequeño.

Pero Dios no es pequeño. Él es grande. Exaltar y amar Su grandeza está en el corazón de la adoración bíblica. Así nos lo recuerda J. I. Packer:

Hoy, se ha puesto un gran énfasis en que Dios es *personal*, pero esta verdad así afirmada da la impresión de que Dios es una persona de la misma clase que nosotros: débil, inadecuada, inútil, hasta patética. ¡El Dios de la Biblia no es así! Nuestra vida es un asunto finito: está limitada en todas direcciones, en espacio, en tiempo, en conocimiento, en poder. Pero Dios no está limitado. Él es eterno, infinito y todopoderoso. Él nos tiene en Sus manos; nosotros nunca lo tenemos a Él en las nuestras. Como nosotros, Él es personal; pero a diferencia nuestra, Él es grande.[10]

Un líder de adoración hace eco de la invitación de David en el Salmo 34:3: "Engrandezcan al Señor conmigo, Y exaltemos a una Su nombre". La primera prioridad de nuestro tiempo juntos es exaltar al Señor. Quiero ayudar a las personas a recordar que Dios es más grande que sus problemas y sus gozos, más grande que sus penas y triunfos, más importante que sus pruebas y victorias.

Ya que perdemos la perspectiva tan fácilmente, Dios debe ser más grande a nuestros ojos. Él nunca cambia de tamaño: solo parece que fuera así.

Es como ver las estrellas. A simple vista parecen pequeños puntos de luz, apenas visibles en contraste con el telón de fondo negro. Puntos titilantes suspendidos en la vasta oscuridad. Pero cuando miramos a través de un telescopio poderoso, nos sentimos fascinados por lo que realmente son: esferas enormes de fuego intenso, millones de veces más grandes que la Tierra, más brillantes de lo que nuestros ojos pueden soportar. Las estrellas no han cambiado. Nuestra visión sí.

Nuestro gran privilegio como líderes de adoración es ayudar a las personas a que vean a través de los ojos de la fe la grandeza que Dios ha revelado acerca de sí mismo. Él no cambia. Nosotros sí cambiamos.

SÉ CLARO Y ESPECÍFICO

Cada vez que dirigimos a las personas a cantar alabanzas a Dios, estamos frente a personas que, como nosotros, tienden a olvidar quién es Dios y por qué Él es digno de adoración. Estamos llamados a recordarles clara y específicamente lo que Dios ha dado a conocer de sí mismo.

John Owen, un puritano del siglo XVII sabiamente escribió: "No debemos permitirnos estar satisfechos con ideas vagas del amor de Cristo las cuales no presentan nada de Su gloria a nuestras mentes".[11] Las ideas vagas no nos sirven ni a nosotros ni a las personas que dirigimos. Si la mayoría de nuestros cantos pudieran ser cantados por budistas, musulmanes o hindúes, es tiempo de cambiar el repertorio.

Desde luego, las canciones no tienen la intención de ser teología sistemática. Son poesía. Incluyen imágenes figuradas y metáforas creativas. Los árboles baten palmas. Los océanos rugen. Pero nuestras canciones no tienen que ser oscuras ni ambiguas. Deben ayudarnos a identificar con precisión y adorar al único Dios verdadero, quien se ha revelado a sí mismo en el Salvador, Jesucristo.

Si nuestros cantos no son específicos sobre la naturaleza, el carácter y las obras de Dios, nosotros tenderemos a asociar la adoración con un estilo de música, un estado emocional intensificado, un tipo de arquitectura, un día de la semana, una reunión, un estado de ánimo reverente, un tiempo de cantar o un sonido. Pensaremos en todas las cosas que acompañan a la adoración en vez de pensar en el Dios al cual estamos adorando. Y aun peor, crearemos nuestras propias imágenes de Dios, representándolo como nos guste.

EXPLORA LA GRANDEZA DE DIOS

Entonces, ¿cómo exaltamos la grandeza y la gloria de Dios en los corazones y mentes de aquellos a los cuales dirigimos?

Dios nos ha dado el libro de los Salmos, algunas veces llamado "El himnario de Dios", para ayudarnos. Los Salmos exploran los altos y bajos de las emociones humanas, y demuestran cómo expresarlas ante un Dios santo, soberano y amoroso. Ellos sugieren tres categorías en las cuales podemos exaltar la grandeza de Dios: Su Palabra, Su naturaleza y Sus obras.

La Palabra de Dios es la revelación de sí mismo a nosotros. Aunque nosotros no adoramos la Palabra de Dios, conocemos de Su grandeza a través de ella.

Así el salmista declara, "En Dios, *cuya* palabra alabo, en el Señor, *cuya* palabra honro; En Dios he confiado" (Sal. 56:10-11). La Palabra del Señor es "perfecta", "fiel", "recta", "pura", "limpia", "verdadera" y "justa" (Sal. 19:7-9 RVR1960). El capítulo más largo de la Biblia, el salmo 119, es una meditación cautivadora sobre cómo la Palabra del Señor anima y gobierna nuestras vidas, y cerca del final el escritor concluye: "Que cante mi lengua de Tu palabra, Porque todos Tus mandamientos son justicia" (v. 172).

No importa qué hagamos con las luces, el vídeo, el sonido o el drama. Nuestro propósito no es presentar las mejores imágenes de vídeo, los más increíbles arreglos musicales o la utilería más creativa. Lo que queremos es que la gente salga impresionada porque Dios les ha hablado: animados por Sus promesas, desafiados por Sus mandamientos, temerosos de Sus advertencias y agradecidos por Sus bendiciones. Queremos que vean la grandeza de Dios en Su Palabra.

Los Salmos también se centran en la naturaleza de Dios, y expresan las razones por las cuales merece nuestra alabanza. Nosotros nunca podremos enumerarlas todas.

Clemente y compasivo es el Señor, Lento para la ira y grande en misericordia.

El Señor es bueno para con todos, Y Su compasión, sobre todas Sus obras. Salmo 145:8-9

Alaben al Señor, naciones todas; Alábenle, pueblos todos. Porque grande es Su misericordia para con nosotros, Y la fidelidad del Señor es eterna. ¡Aleluya! Salmo 117:1-2

Alaben Tu nombre grande y temible; El es santo. Salmo 99:3

De este lado de la encarnación y Pentecostés, también podemos ver la grandeza de Dios en Su naturaleza trinitaria. Adoramos al Padre, al Hijo y al Espíritu Santo que coexisten eternamente, de la misma esencia y dignos de gloria. Un Dios en tres personas. De hecho, la adoración es el Dios Trino invitándonos a compartir en la comunión y el gozo que ha conocido desde la eternidad pasada. Hemos sido escogidos para unirnos en aquello en que Él se ha ocupado eternamente: exaltar Su gloria infinita, Su perfección y belleza.

¿Cómo puede alguien decir que adorar a Dios es aburrido? No hay límite a Su santidad, gloria y soberanía. No hay fin a Sus riquezas, sabiduría y justicia. Todos Sus atributos existen juntos en perfecta armonía, perfecto balance, perfecta cooperación, sin contradicción, sin confusión y sin disminuir Su gloria. Él es la fuente de todo lo bueno y hermoso. No es de extrañar que Pablo irrumpe en adoración cuando describe la grandeza de Dios: "¡Oh, profundidad de las riquezas y de la sabiduría y del conocimiento de Dios! ¡Cuán insondables son Sus juicios e inescrutables Sus caminos!" (Rom. 11:33).

Exaltar la grandeza de Dios, como aprendemos de los Salmos, incluye además poner atención a Sus *obras*. "Cántenle, cántenle; Hablen de todas Sus maravillas" (Sal. 105:2). Sus obras son diferentes de Su carácter, pero están eternamente vinculados.

Uno de nuestros problemas es que a menudo nos impresiona más lo que nosotros hacemos que lo que Dios ha hecho. Somos como aquellos que "Porque no tienen en cuenta los hechos del Señor Ni la obra de Sus manos, El los derribará y no los edificará" (Sal. 28:5). Sin embargo, el salmista nos recuerda: "Grandes son las obras del Señor, Buscadas por todos los que se deleitan en ellas" (Sal. 111:2). La adoración corporativa debe ayudarnos a llegar a estar más familiarizados con lo que Dios ha hecho, porque olvidamos fácilmente.

Dios creó todo de la nada y con Su Palabra trajo el universo a la existencia (Sal. 148:5; Heb. 11:3). Él sustenta a todas las criaturas vivientes y a la materia sin vida. Su poder mantiene todas las cosas unidas y evita que exploten o se desintegren (Col. 1:17).

El Salmo 111 es un canto condensado de alabanza que ensalza las obras de Dios a favor de Su pueblo. Solo en este salmo, Dios es alabado como proveedor, como el que guarda Su pacto con nosotros, el que nos libera, el que nos gobierna y el que nos redime.

Los Salmos resuenan con alabanzas detalladas las maravillas de Dios. Nuestros cantos también deberían hacerlo.

Los Salmos sirven como ejemplo en la alabanza a Dios pero solo señalan hacia la revelación más completa de la gloria de Dios en Jesucristo. La obra más grande de todas las obras de Dios es dar a Su Hijo en el Calvario. Es solamente a través del perfecto sacrificio de Jesús en la cruz que podemos acercarnos a Dios (Heb. 10:19-22). En la cruz, nosotros encontramos la reconciliación perfecta con la abrasadora santidad de Dios, Su santa justicia, Su incomprensible sabiduría, Su omnipotente poder y Su inconmensurable amor.

¡A qué gran Dios adoramos! Como el salmista dijo: "No hay nadie como Tú entre los dioses, oh Señor, Ni hay obras como las Tuyas" (Sal. 86:8).

Estas verdades no son solamente para seminaristas dedicados a obtener un título de teología. Dios se ha revelado en Su Palabra para nuestra consolación, corrección, fortalecimiento, protección y gozo. Dios se ha revelado en Su Palabra para nuestra adoración. Por eso, los libros que encuentro más beneficiosos para dirigir la adoración no son los devocionales que bajan a Dios a mi nivel, sino los libros de teología que ensanchan mi comprensión de Dios. *Knowing God* [El conocimiento del Dios santo], por J. I. Packer; *Systematic Theology* [Teología Sistemática], por Wayne Grudem; *Knowledge of the Holy* [La búsqueda de Dios], por A. W. Tozer y *The Pleasures of God* [Los deleites de Dios], por John Piper son algunos de muchos que recomendaría.

AMA LA GRANDEZA DE DIOS

Exaltar la grandeza de Dios *comienza* con la proclamación de las verdades objetivas y bíblicas acerca de Dios, pero *termina* con la expresión de un afecto profundo y santo hacia Dios. No estamos simplemente recitando hechos sobre Dios, como hacen los estudiantes con las tablas de multiplicar. Dios quiere que nos *deleitemos* en Él (Sal. 37:4). Él es exaltado cuando toda nuestra energía se dirige a un solo fin: estar satisfechos en quien es Él.

Bien escribe John Piper: "Donde los sentimientos por Dios están muertos, la adoración está muerta"[12].

La Escritura enseña y describe una y otra vez que la verdad acerca de Dios invita a una respuesta. "Regocíjense en el Señor siempre. Otra vez *lo* diré: ¡Regocíjense!" (Fil. 4:4). "¡Amen al Señor, todos Sus santos!" (Sal. 31:23). "Sirvan al Señor con alegría" (Sal. 100:2).

Los salmistas describen en numerosas maneras cómo podemos expresar nuestros sentimientos hacia el Señor para exaltar Su grandeza, lo cual puede reflejarse en nuestros cantos. He resumido estas maneras como *deleite*, *compromiso*, *anhelo* y *confianza*.

Dios se glorifica cuando nos deleitamos en Él, expresando el gozo de conocerlo y siendo conocidos por Él, como dice el Salmo 18:1: "Yo Te amo, Señor, fortaleza mía". O, como dice el Salmo 34:8: "Prueben y vean que el Señor es bueno". Tales expresiones de deleite apuntan hacia la dignidad de Dios.

Comprometernos a seguir y servir a Dios también lo honra. "Así Te bendeciré mientras viva" (Sal. 63:4). "Bendeciré al Señor en todo tiempo" (Sal. 34:1).[13]

He conocido cristianos que se sienten deshonestos o hipócritas cuando cantan palabras como "Siempre te seguiré", "Te adoraré solo a ti" o "Renuncio a todo". Pero expresiones como estas nos ayudan a alinear nuestros corazones con la obra de Dios en nosotros a través del evangelio, especialmente cuando estamos al tanto de nuestra necesidad de la ayuda del Espíritu de Dios para cumplir con esos compromisos. Eso no significa que interpretemos un canto tras otro acerca de nuestro compromiso mientras vivimos en pecado sin arrepentirnos. Con la cruz en mente, podemos seguir el consejo de Issac Watts:

> Nunca podremos ser demasiado frecuentes o demasiado solemnes en la entrega total de nuestras almas a Dios y en comprometer nuestras almas haciendo un voto de ser del Señor para siempre: amarle sobre todas las cosas, temerle, esperar en Él, caminar en Sus caminos en santa obediencia y esperar por Su misericordia hasta la vida eterna.[14]

Anhelar conocer más del Señor también lo glorifica. "Oh Dios, Tú eres mi Dios; Te buscaré con afán. Mi alma tiene sed de Ti, mi carne Te anhela Cual tierra seca y árida donde no hay agua" (Sal. 63:1). "Anhela mi alma, y aun desea con ansias los atrios del Señor; Mi corazón y mi carne cantan con gozo al Dios vivo" (Sal. 84:2).

Los cantos de adoración modernos han hecho una contribución significativa en esta área. Algunos los culpan por esta misma razón, poniendo en ridículo la letra que habla acerca de querer, desear, necesitar y estar sedientos o desesperados por el Señor. Con todo, estas frases reflejan la actitud de muchos Salmos, llamando la atención a nuestra necesidad de Dios. ¡Lo necesitamos! Y decirlo exalta Su grandeza.

Por último, nosotros podemos expresar confianza en Dios en tiempos de prueba, sufrimiento y desánimo. Los Salmos tratan con nuestra condición en un mundo caído. Pero, en medio de los problemas y la persecución, el salmista nunca olvida que Dios es soberano, Dios es fiel y solamente Dios puede cumplir.

Simplemente repasar nuestros problemas no es adorar a Dios; pero recordar acerca de Su carácter en medio de ellos sí lo es. Asaf hizo eso "en el día de... mi angustia" (Sal. 77:2):

¿Rechazará el Señor para siempre? ¿No mostrará más Su favor? ¿Ha cesado para siempre Su misericordia? ¿Ha terminado para siempre Su promesa? ¿Ha olvidado Dios tener piedad, O ha retirado con Su ira Su compasión? (vs. 7-9).

La aparente separación entre las circunstancias de Asaf y lo que él *sabe* que es verdad acerca de Dios le impulsa a entregarse confiadamente a Su misericordia. Debería ser lo mismo para nosotros. "Confíen en El en todo tiempo, Oh pueblo; derramen su corazón delante de El; Dios es nuestro refugio" (Sal. 62:8).

Exaltar la grandeza de Dios, entonces, implica proclamación y pasión. Nuestra responsabilidad como líderes de adoración es asegurarnos de que en ambas formas –con verdad bíblica y con afectos fuertes– las personas tengan la oportunidad de exaltar y encontrarse con nuestro gran y asombroso Dios.

Capítulo 9

... EN JESUCRISTO...

En el año 586 a.C. sucedió lo inimaginable. Los babilonios destruyeron el templo en Jerusalén. El edificio que representaba la presencia de Dios con Su pueblo, el edificio que aseguraba que ellos siempre tendrían una manera para adorarlo, estaba en ruinas. Dios había usado una nación pagana para castigar a los israelitas por su idolatría.

Pero la historia no había terminado.

EL TEMPLO MISTERIOSO

Los israelitas finalmente retornaron a Jerusalén y reconstruyeron el templo. Y, aunque estuvo lejos de lo que había sido el templo anterior, continuó sirviendo como el centro de la vida y la adoración del judaísmo.

Durante el tiempo de Cristo, los judíos todavía veían el templo en Jerusalén como el lugar donde sus pecados eran reconocidos y tratados, y donde Dios revelaba Su presencia a Su pueblo de manera especial. Por eso, cuán impactante debe haber sido escuchar a Jesús declarar: "Destruyan este templo, y en tres días lo levantaré" (Juan 2:19). Jesús estaba proclamando que vendría un nuevo templo. Jesús era el nuevo templo.

Esto aclara la explicación difícil de comprender que Jesús le da a la mujer samaritana:

Mujer, cree lo que te digo: la hora viene cuando ni en este monte ni en Jerusalén adorarán ustedes al Padre. Ustedes adoran lo que no conocen;

nosotros adoramos lo que conocemos, porque la salvación viene de los Judíos. Pero la hora viene, y ahora es, cuando los verdaderos adoradores adorarán al Padre en espíritu y en verdad; porque ciertamente a los tales el Padre busca que Lo adoren. Juan 4:21-23

Jesús estaba diciendo que nuestro lugar de reunión con Dios ya no estaría limitado por estructuras físicas, lugares geográficos o tiempos específicos. Ya no requeriría de sacrificios de animales, sacerdotes levíticos o lugares santos. En una sola conversación Él trasladó el lugar de adoración del templo de Jerusalén a sí mismo.

Como comenta D. A. Carson:

Adorar a Dios "en espíritu y en verdad" es ante todo una forma de decir que nosotros debemos adorar a Dios por medio de Cristo. En Él la realidad se manifiesta y las sombras desaparecen (comp. Heb. 8:13). La adoración cristiana es la adoración de un nuevo pacto; es la adoración inspirada en el evangelio; es la adoración centrada en Cristo; es la adoración centrada en la cruz[15].

Es difícil imaginarnos el impacto de este cambio. Nuestro lugar de reunión con Dios, el "lugar" donde adoramos ahora, es el Señor Jesucristo exaltado. No es un templo. No es el edificio de una iglesia. No es un santuario o un auditorio.

Jesús es el lugar y la forma en la que nos reunimos con Dios.

Después de que se levantó de entre los muertos, los primeros cristianos entendieron que la vida, la muerte y la resurrección de Jesús habían sido el cumplimiento eterno y perfecto de todo lo que el templo simplemente anunciaba.

Las implicaciones son increíbles. No hay nada acerca de nuestra adoración a Dios que no esté definido o afectado por Jesucristo.

JESÚS NUESTRO MEDIADOR

Uno de los pasajes más importantes para entender el rol que Jesús tiene en nuestra adoración a Dios ni siquiera menciona la palabra adoración. "Porque hay un solo Dios, y un solo mediador entre Dios y los hombres, Jesucristo hombre" (1 Tim. 2:5 RVR1960). Un mediador es una persona que intercede entre dos partes contrarias para ayudarlas a que se reconcilien. Sin un mediador, no hay esperanza de que la relación se restaure.

Exaltar la grandeza de Dios en Jesucristo significa más que adorar a Jesús como Dios, alabar Su ejemplo y agradecerle por Su amor. Implica enfocarse y confiar en Su obra específica como nuestro mediador y Salvador.

La mayoría de las personas no se han tomado el tiempo para considerar su necesidad de un mediador en su relación con Dios. Eso es porque subestimamos la gravedad y la ofensa de nuestro pecado a la luz de la infinita majestad, santidad y justicia de Dios.

Como lo explica C. J. Mahaney:

> Cuando tú le dices a los no cristianos, "Dios les ama", no se sorprenden, no se confunden, no se asombran. Lamentablemente, lo mismo sucede entre los cristianos, quienes simplemente aceptan que Dios es misericordioso, y por lo tanto lo suponen. Y lo continuaremos haciendo hasta que aprendamos a ver nuestra condición de manera más completa desde la perspectiva de Dios[16].

Dios es misericordioso, sin lugar a dudas. Pero no en la manera que la mayoría de nosotros piensa. Para nosotros, misericordia implica pasar por alto alguna mínima ofensa. Significa ser educados cuando podríamos ser groseros. Quizá resistirnos a tocar la bocina del automóvil cuando alguien nos obstruye el paso en el tránsito, o ayudar a una señora con las bolsas del supermercado. Vemos la misericordia desde nuestra perspectiva: pecadores relacionándose unos con otros.

La perspectiva de Dios es diferente. Él enfrenta un dilema infinitamente más difícil. ¿Cómo puede perdonar a aquellos que han desafiado sus leyes buenas y santas sin comprometer la integridad de su carácter justo y recto?

Cuando pecamos contra Dios –y todo pecado es contra Dios– nosotros no estamos pecando contra alguien igual a nosotros. Dios es perfecto. Él es bondadoso, todopoderoso, soberano y santo. Y con cada pecado, levantamos nuestros puños desafiándolo. Ponemos nuestra autoridad sobre la suya. Porque Dios es santo y justo, debe castigar el pecado. Él simplemente no puede ignorar las cosas o perdonar y olvidar. Toda la Biblia revela el inquebrantable compromiso por parte de Dios de glorificar y honrar Su nombre. Nosotros nos burlamos de ese compromiso cuando pecamos.

Por esa razón, necesitamos ser salvos de la justicia de Dios. Necesitamos ser protegidos de Su intenso celo por Su gloria.

Y lo que necesitamos ha sido provisto para nosotros en Jesucristo.

Jesús sirvió como nuestro mediador cuando voluntariamente padeció la ira de Dios contra nuestros pecados en la cruz, aunque Él mismo era completamente inocente. Jesús sirvió como nuestro mediador cuando se convirtió en nuestro sustituto para recibir el castigo que merecíamos, para que después el Padre lo levantara de entre los muertos, demostrando que Su sacrificio fue suficiente. Jesús fue nuestro mediador cuando aceptó el tormento de la separación de Dios para que nosotros pudiéramos vivir para siempre con Dios.

Estas son las buenas nuevas del evangelio. Este es el medio por el cual podemos ahora adorar a Dios.

Esta es la verdad más crucial, más consistente, más poderosa y que más debe propiciar adoración a Dios: "Porque también Cristo (el Mesías) murió por *los* pecados una sola vez, el justo por los injustos, para llevarnos a Dios" (1 Ped. 3:18).

POR QUÉ LA CRUZ ES ESENCIAL PARA LA ADORACIÓN

El evangelio no es un tema más a elegir cuando venimos a adorar a Dios. Es el tema central y fundamental. Toda nuestra adoración se origina y se centra en la cruz de Jesucristo.

Gloriarse en Jesucristo significa gloriarse en Su cruz. Eso no significa contemplar un ícono o dos piezas de madera clavadas. Ni implica que cada canto contenga la palabra cruz. Tiene poco que ver con las reuniones de iglesia que parecen más un funeral que una celebración.

La cruz representa todo lo que fue cumplido a través de la vida, la muerte y la resurrección de Jesús, el Hijo de Dios. Se centra en Su muerte sustitutoria en el Calvario, pero incluye todo lo que dio significado a ese acto: Su preexistencia en gloria, Su encarnación, Su vida de perfecta obediencia, Su sufrimiento, Su resurrección, Su ascensión, Su intercesión presente y reino en gloria, Su retorno triunfal.

Los escritores del Nuevo Testamento continuamente retornan al sacrificio de Cristo por nuestros pecados como el centro de la adoración y de la vida.

Porque nada me propuse saber entre ustedes excepto a Jesucristo, y éste crucificado. 1 Corintios 2:2

Porque yo les entregué en primer lugar lo mismo que recibí: que Cristo (el Mesías) murió por nuestros pecados, conforme a las Escrituras. 1 Corintios 15:3

El mismo llevó (cargó) nuestros pecados en Su cuerpo sobre la cruz, a fin de que muramos al pecado y vivamos a la justicia, porque por Sus heridas fueron ustedes sanados. 1 Pedro 2:24

En esto consiste el amor: no en que nosotros hayamos amado a Dios, sino en que El nos amó a nosotros y envió a Su Hijo como propiciación por nuestros pecados. 1 Juan 4:10

No entenderemos la adoración hasta que no entendamos la cruz. Aquí el porqué.

Nuestro acceso a Dios

Solamente la obra de Cristo en la cruz garantiza nuestro completo e inmediato acceso a Dios.

Cuando nos acercamos a Dios por medio de Cristo, "tenemos libertad y acceso *a Dios* con confianza por medio de la fe en Él" (Ef. 3:12). Durante siglos, antes de la venida de Cristo, el sumo sacerdote representaba al pueblo una vez al año cuando entraba al lugar santísimo para hacer expiación por sus pecados. El hombre más santo de la tribu más santa ofrecía el sacrificio más santo en el lugar más santo por el pueblo más santo sobre la tierra. Intentar acercarse a Dios de otra manera o por otro medio resultaría en muerte segura (Lev. 16:2).

Ahora Jesús ha entrado en un lugar más santo, el santuario celestial, habiendo expiado por nuestros pecados y habiendo roto el velo que nos separaba de Dios.

Entonces, hermanos, puesto que tenemos confianza para entrar al Lugar Santísimo por la sangre de Jesús, por un camino nuevo y vivo que El inauguró para nosotros por medio del velo, es decir, Su carne, y puesto que tenemos un gran Sacerdote sobre la casa de Dios, acerquémonos con corazón sincero (verdadero), en plena certidumbre de fe, teniendo nuestro corazón purificado de mala conciencia y nuestro cuerpo lavado con agua pura. Hebreos 10:19-22

Sin la obra terminada de Cristo, no tendríamos acceso a Dios. Como nuestro Sumo Sacerdote y sacrificio perfecto, Jesús es nuestra entrada a la presencia de Dios. Sin Su sacrificio sustitutorio nunca nos podríamos acercar a Dios.

Esto hace una gran diferencia cuando dirigimos a otros para adorar a Dios.

Hace tiempo, tuve una conversación con un conocido líder de adoración quien me confesó que cada vez que dirigía la adoración, experimentaba cierto grado de ansiedad. ¿Las personas lo captarán? ¿Experimentarán una adoración real? ¿Serán capaces de acercarse a Dios?

Bíblicamente hablando, ningún líder de adoración, pastor, banda o canción nos acercará a Dios. Gritar, danzar o profetizar no nos pueden llevar a la presencia de Dios. La adoración en sí misma no puede guiarnos hacia la presencia de Dios. Solamente Jesucristo puede llevarnos a la presencia de Dios, y lo ha hecho a través de un solo sacrificio que nunca será repetido.

Necesitamos recordar que nuestro acceso a Dios no está basado en el desempeño de la semana pasada, en las prácticas de hoy, o el potencial de mañana. Más bien, somos aceptos "en el Amado" (Ef. 1:6) y no debemos temer el rechazo al presentarnos ante el trono de Dios.

Dios derramó sobre Su Hijo la copa de la ira que nosotros merecíamos. Y Jesús la bebió hasta la última gota. No hay ira ni juicio para aquellos que han confiado en el sacrificio sustitutorio de Jesús en la cruz.

Adoración aceptable

La obra de Cristo en la cruz también nos garantiza que nuestra adoración es aceptable a Dios.

Dios podría rechazar nuestra adoración por un número de razones. Él específicamente condena los actos de adoración asociados con idolatría, incredulidad, desobediencia y malos motivos (Jer. 13:10; Ex. 30:9; 32:22-27; Jer. 7:21-26). Reconocer esta lista nos pone al tanto de que nuestras ofrendas de adoración, por sí mismas, nunca complacerán a Dios. Por mucho que lo intentemos, nuestro corazón y adoración siempre estarán manchados a los ojos de Dios.

El factor definitivo para la adoración aceptable es la fe en Cristo y la unión con Él. Nuestros sacrificios espirituales son "aceptables a Dios por medio de Jesucristo" (1 Ped. 2:5). Es Su ofrenda sin pecado la que nos limpia y nos perfecciona.

Harold Best lo dice muy bien:

Hay solo una manera de acercarnos a Dios, a través de Jesucristo. Esto significa que Dios ve y escucha todas nuestras ofrendas perfeccionadas. Dios ve y escucha como no puede ningún ser humano, todo porque nuestras ofrendas han sido perfeccionadas por el ofrendante. El canto fuera de tono de un creyente ordinario, la cadencia monótona del canto del aborigen... la abierta franqueza de una pieza de arte primitivo, el casi trascendente "Kyrie" de la Misa en Si Menor de Bach, los coros de alabanza de los carismáticos, la alabanza del tambor del camerunés. Desde la ofrenda de la viuda hasta el aceite derramado de una acción artística son, a la vez, insignificantes y exaltadas por la poderosa obra salvífica de Cristo[17].

Todas nuestras ofrendas son hechas insignificantes por la obra de Cristo porque serían inaceptables sin Él. Todas nuestras ofrendas son exaltadas porque cuando se unen al sacrificio expiatorio del Salvador, Dios las acepta como si Su propio Hijo las estuviera ofreciendo.

Nada tenemos contra la habilidad, la práctica, la complejidad, el matiz, la destreza musical o la sinceridad, pero solamente la obra terminada de Cristo hace nuestras ofrendas de adoración aceptables a los ojos de Dios. ¡Qué alivio!

Eso no significa que lo que hacemos en la adoración en la comunidad no sea importante. Pero cuando ponemos demasiado énfasis en nuestras acciones en la adoración, podemos inadvertidamente crear la impresión de que nuestra contribución hace nuestra adoración aceptable a Dios. Pensamos que Dios está obligado a escucharnos debido a nuestros sofisticados arreglos musicales, nuestras representaciones refinadas o incluso nuestra profunda sinceridad.

No es la excelencia de nuestra ofrenda la que hace nuestra adoración aceptable, sino la excelencia de Cristo. No podemos adorar al Padre eterno aparte del Hijo eterno. Él fue capaz de ofrecer Su propia vida justa como una ofrenda perfecta porque Él no tenía pecados por los cuales morir (Heb. 7:26). Incluso ahora Él intercede por nosotros, salvándonos "perpetuamente" (Heb. 7:25).

Nuestra adoración es aceptada no en base a lo que hemos hecho, sino en base a lo que Cristo ha hecho. Si ayudamos a que las personas se enfoquen en lo que Dios hizo hace dos mil años en vez de hace veinte minutos, ellos consistentemente encontrarán sus corazones cautivados por Su maravilloso amor.

Para la gloria de Dios

La obra de Cristo demuestra la gloria de Dios claramente.

Mientras ponemos nuestros corazones y mentes en adorar a Dios, Sus diferentes atributos pueden comenzar a parecer contradictorios para nuestras mentes finitas. Él es clemente y misericordioso, compasivo, perdonador, abundante en amor inalterable. Pero, Él es también puro, santo, justo y "no tendrá por inocente *al culpable*" (Ex. 34:7). ¿Cómo adoramos a Dios en verdad sin minimizar ningún aspecto de Su naturaleza?

Adorándole como se ha revelado a nosotros en Jesucristo. Dios nos ha dado la luz "para iluminación del conocimiento de la gloria de Dios en el rostro de Cristo" (2 Cor. 4:6). ¿Dónde encontramos la gloria de Dios? La encontramos en "la faz de Jesucristo". Él es "el resplandor de Su gloria y la expresión (representación) exacta de Su naturaleza" (Heb. 1:3).

Es en Cristo, y específicamente en Su obra de propiciación, que todos los atributos de Dios alumbrarán más clara y brillantemente.

En la cruz vemos la justicia de Dios al requerir un pago perfecto por nuestros pecados cometidos en contra de un Dios perfectamente santo.

Vemos la santidad de Dios al juzgar el pecado que arruinó Su creación castigando a Su propio Hijo.

Vemos la misericordia de Dios al proveer un sustituto por aquellos que deberían haber sido condenados.

Vemos la sabiduría de Dios al proveer una solución magnífica a un dilema imposible.

Vemos todo acerca de Dios y más. Mucho más.

Adoración celestial

La obra de Cristo en la cruz es el centro de la adoración en el cielo.

Cuando Jesús aparece como el León de la tribu de Judá en Apocalipsis 5:5, Él pudo haber sido honrado por Su perfección moral, Su enseñanza, Sus asombrosos poderes de sanidad o Su gloriosa resurrección. Las huestes celestiales pudieron haber señalado Su rol en la creación y en la sustentación del universo. Pero no lo hacen.

Los adoradores celestiales se unen para proclamar:

Digno eres de tomar el libro y de abrir sus sellos, porque Tú fuiste inmolado, y con Tu sangre compraste (redimiste) para Dios a gente de toda tribu, lengua, pueblo y nación. Y los has hecho un reino y sacerdotes para nuestro Dios; y reinarán sobre la tierra. (vs. 9-10)

Día y noche las huestes celestiales dicen a gran voz: "El Cordero que fue inmolado es digno de recibir el poder, las riquezas, la sabiduría, la fortaleza, el honor, la gloria y la alabanza" (v. 12). Parece que el cielo nunca deja la cruz detrás. Jim Elliot lo señala así: "Uno es tomado por sorpresa por el énfasis sobre la cruz en Apocalipsis. El cielo no se olvida de la cruz, como si hubiera mejores cosas en las cuales pensar, el cielo no solamente está centrado en Cristo, sino también en la cruz, y bastante estruendo hay acerca de esto."[18]

Con tan claras referencias a la prioridad de Jesús y Su obra expiatoria, es sorprendente cuán a menudo vamos a través de las reuniones de la iglesia con solo referencias pasajeras a lo que Él ha logrado por medio de Su vida, muerte y resurrección. Y cuando lo mencionamos en nuestros cantos u oraciones, frecuentemente no abundamos en lo que Él ha hecho.

Las huestes celestiales nunca se cansan de alabar al Cordero que fue inmolado. ¿Deberíamos cansarnos tú y yo?

CÓMO GLORIARNOS EN LA CRUZ DE CRISTO

Adorar a Dios en espíritu y en verdad implica exaltar la manera en que Dios ha mostrado Su grandeza en Jesucristo y Su gloriosa obra de redención. Esto no sucede automáticamente para nosotros o para los que dirigimos. He aprendido que necesito presentar estas verdades en maneras coherentes, claras y convincentes.

"Ver lo que está al frente de nuestra nariz requiere de una lucha constante", escribió George Orwell[19]. A menos que mantengamos constantemente la visión de la cruz delante de nosotros, seguramente la olvidaremos.

A través de los años he tratado de desarrollar algo así como "un radar del evangelio" que sea sensible a cualquier mención de la obra de Cristo en versículos, canciones, mensajes y reuniones. De lo contrario, puede que se me pase. Por ejemplo, estoy al tanto de que el tercer verso del himno "Estoy bien" habla de que mi pecado fue clavado en la cruz y ya no lo cargo más. Por otro lado, "Sublime Gracia" describe cómo fui salvado, encontrado y que ahora puedo ver, pero nunca articula realmente cómo fue logrado a través de la muerte expiatoria de Cristo. Eso no lo convierte en un mal himno. Pero significa que yo querría hacer otra canción que sea más específica acerca de la cruz. Pienso que también explicaría por qué "Sublime Gracia" es tan popular entre los no cristianos.

Debemos ser también claros acerca de lo que la cruz significa realmente. Algunas canciones dejan la impresión de que la cruz se refiere a cuán importantes somos para Dios. Un canto afirma que Jesús "preferiría morir que vivir sin mí". Aunque es verdad que el amor de Dios lo motivó a enviar a Su Hijo para morir en mi lugar, en Su esencia, la cruz no apunta hacia la grandeza de nuestro valor sino a la grandeza de nuestro pecado.

Frederick Leahy nos advierte:

> Hay un error que se debe evitar, el peligro de ver la obediencia amorosa de Cristo como fundamental y exclusivamente por el bien del hombre, cuando, de hecho, fue fundamentalmente por amor a Dios que Él aceptó la cruz (Heb. 10:7)... Esta es una verdad muy a menudo ignorada, y en ninguna manera le resta valor a la maravilla de que Cristo ama a cada uno en Su pueblo con todo su amor[20].

La cruz nos libra de un amor erróneo hacia uno mismo por un amor apasionado por aquel que nos redimió.

Además de ser coherentes y claros, debemos ser convincentes. El rol de la cruz en la adoración no es simplemente un asunto de cantar la letra perfecta. Ningún aspecto de la verdad de Dios debería conmover nuestro afecto más que el evangelio. ¿Cómo podría la muerte y la resurrección del Hijo de Dios alguna vez parecer irrelevante? Pero sucede cada domingo. Por nuestro pecado y negligencia, perdemos de vista las glorias del Calvario. Por eso, los pastores y los líderes de adoración debemos asegurarnos de que la visión del Calvario siempre esté presente. Uno de los aspectos más importantes de la adoración bíblica que necesitamos desesperadamente recuperar es una *exaltación de Jesucristo y Su obra redentora*. Una exaltación que sea apasionada y fundamentada en la Escritura.

Cada vez que dirigimos a nuestra congregación, debemos presentar una clara visión de "la gloria de Dios en el rostro de Cristo" (2 Cor. 4:6). Nos reunimos para contar, recordar y responder al evangelio y todo lo que ha logrado. Somos salvos para confiar en el Incomparable, para amarlo, anhelarlo y obedecerlo, quien es el único Salvador del mundo y el resplandor de la gloria del Padre.

Por eso, uno de nuestros pensamientos primordiales cuando planificamos la reunión del domingo debe ser: el tiempo que pasaremos juntos ¿nos estimulará para que crezca la visión, la confianza y el anhelo de la gloria de Dios en Cristo y en Él crucificado?

Para la preparación, el enfoque y la evaluación del líder de adoración, no hay pregunta más importante.

Capítulo 10

…POR MEDIO DEL PODER DEL ESPÍRITU SANTO…

Las iglesias pueden fielmente exaltar la grandeza de Dios en Cristo, pero fracasar en demostrar lo que el evangelio debe producir: una vida con poder y pasión.

¿Por qué?

Una razón común es esta: tratamos de adorar a Dios separados del poder del Espíritu Santo. Confiamos en nuestra propia sabiduría, nuestros planes, nuestra creatividad y nuestra habilidad. Olvidamos que la adoración al Dios Trino incluye al Espíritu Santo.

Así como no podemos adorar al Padre separados de Jesucristo, la adoración es imposible separados del Espíritu Santo. La Escritura describe al Espíritu como el miembro de la Trinidad que nos revela la realidad, la presencia y el poder de Cristo, para la gloria de Dios. Pablo proclama que "por medio de Cristo" todos los creyentes "tenemos nuestra entrada al Padre en un mismo Espíritu" (Ef. 2:18).

Es el Espíritu quien inicialmente abre nuestros ojos para ver nuestro pecado y causa que nuestros corazones confíen en el Salvador para el perdón. Él provoca que nuestros espíritus muertos cobren vida (Gál. 5:25). El Espíritu nos confirma que somos hijos de Dios y nos muestra lo que Dios nos ha dado gratuitamente (1 Cor. 2:12). Él nos consuela en las pruebas, nos ilumina en nuestra confusión y nos da poder para que sirvamos a otros, para el deleite de Dios y la gloria del Hijo. Todo es parte de la extensa obra del Espíritu Santo. Así lo expresa este autor: "Si los adoradores no dependen conscientemente del Espíritu Santo, entonces su adoración no es verdaderamente cristiana"[21].

EL ROL DEL ESPÍRITU

Una noche estaba dirigiendo la adoración en un gimnasio con unas mil quinientas personas. Durante la tercera canción, nos quedamos sin energía eléctrica. Milagrosamente, uno de nuestros directores técnicos logró rastrear el problema en una línea de energía que corría hasta el escenario por debajo de los asientos en medio del salón. Los adoradores entusiastas habían estado saltando sobre el cable, causando que las conexiones se dañaran y activaran los mecanismos de seguridad, y una sobrecarga en los circuitos. Felizmanete, el edificio no se incendió.

También nos hemos quedado sin energía eléctrica los domingos. Es un momento incómodo. En el medio de una canción, colapsa el sistema de sonido. Ya no hay micrófonos ni ecualización. Tratar de dirigir la adoración sin usar energía eléctrica puede ser una experiencia aleccionadora. Tratar de dirigir sin el poder del Espíritu es mucho más serio. Pero no es tan obvio.

Pablo les recuerda a los filipenses que "nosotros somos la *verdadera* circuncisión, que adoramos en el Espíritu de Dios y nos gloriamos en Cristo Jesús, no poniendo la confianza en la carne" (Fil. 3:3). Parte de su intención es comunicar nuestra necesidad de depender del poder de Dios en vez del propio cuando nos acercamos a Él. Por años pensé que Pablo se refería al canto espontáneo, a las palabras proféticas y a las intensas experiencias emocionales. Desdeñaba a las iglesias que seguían un plan para sus reuniones y asumía que Pablo apoyaba mi posición. Mi interpretación de la adoración en el espíritu no era particularmente bíblica o útil.

Pero algunos cristianos han minimizado tanto el rol del Espíritu en la adoración que Él es funcionalmente irrelevante. Como sucede con el apéndice de una persona: está allí, pero no sabemos por qué. Y si fuera removido, nos arreglaríamos perfectamente. Sin embargo, los creyentes necesitamos el poder del Espíritu Santo cuando adoramos a Dios.

¿Qué significa eso? Y, ¿cómo podemos depender del Espíritu de manera práctica?

Son indispensables tres actitudes en esta área: dependencia desesperada, esperar con entusiasmo y responder con humildad.

DEPENDENCIA DESESPERADA

Hace un tiempo estaba ayudando a mi hija y a mi yerno a mudarse hacia una nueva casa e imprudentemente cargué una silla muy grande. Unos días más tarde estaba sufriendo un dolor bastante fuerte, al punto de no poder siquiera levantarme de la silla luego de mi devocional matutino. Al final, rodé por el suelo y subí gateando las escaleras. En los próximos días mi esposa me sirvió heroicamente, y comprendí cuánto dependía de ella y de otros.

Visité al médico y esperaba que me dijera que tenía tres hernias de disco. Después de examinarme, me dio el diagnóstico: distensión muscular en la espalda, algo común y corriente. Qué se le va a hacer...

Desde luego, nada se compara a la condición dependiente de los que están ciegos, sordos o confinados en una cama. Pero el sentido de dependencia que experimenté durante esos días refleja más exactamente mi verdadero estado cuando dirijo a la iglesia en adoración.

Puede que no esté incapacitado físicamente, pero soy débil y carezco de lo necesario cada vez que subo para dirigir. Los deseos pecaminosos batallan dentro de mí (1 Ped. 2:11). El mundo me llama a gozar de los placeres inmorales, a adoptar actitudes vergonzosas, a vivir por recompensas transitorias (1 Jn. 2:15-17). El diablo "anda *al acecho* como león rugiente, buscando a quien devorar" a través del engaño y la condena (1 Ped. 5:8).

Somos desesperadamente dependientes.

Dios ha enviado a Su Espíritu para ayudarnos. Mostramos nuestra dependencia al pedirle que nos dé poder por Su Espíritu. Esa es la razón por la cual se nos enseña a orar en el Espíritu y por el Espíritu y orar por la obra del Espíritu (Ef. 6:18; Jud. 20; Rom. 8:26). Él nos ayuda en nuestra debilidad. La oración es una de las maneras principales en que mostramos nuestra gran necesidad de dependencia de Dios.

Así que, esta es la pregunta: ¿Cuánto oras tú? ¿Oras por Su guía antes de comenzar a planear para el domingo? ¿En dónde colocas tu confianza, en el poder de Dios o en tu desempeño? ¿Lanzas expresiones genéricas como "Dios, bendice nuestro tiempo hoy"? ¿U oras de manera específica, pidiéndole al Espíritu que revele a Cristo a todos los que están reunidos, para ayudar a la congregación a cantar con entendimiento, y que sus vidas lleven fruto?

Confesar nuestra absoluta dependencia del Espíritu Santo debe producir un profundo sentido de gratitud, humildad y paz en nuestros corazones. Debe liberarnos de pensamientos de ansiedad acerca de cuán fluido debe transcurrir el servicio, si el sistema de sonido producirá eco, o cómo responderá la gente.

ESPERAR CON ENTUSIASMO

Reconocer nuestra dependencia del Espíritu de Dios es una cosa. Esperar a que Él actúe es otra.

¿Comunican nuestras acciones que creemos que Dios está realmente con nosotros? ¿Esperamos que Él revele Su poder cuando adoramos juntos?

Cierta vez, D. Martyn Lloyd-Jones expresó preguntas similares a un grupo de pastores galeses:

Este es el meollo del asunto. ¿Creemos realmente de manera personal e individual que Dios todavía actúa y actuará en los individuos, en los grupos de individuos, en las iglesias, en las localidades, quizá aun en los países? ¿Creemos que Él es capaz de hacer hoy lo que hizo en tiempos antiguos: el Antiguo Testamento, los tiempos del Nuevo Testamento, el libro de los Hechos, la Reforma Protestante, los puritanos, el avivamiento metodista, 1859, 1904-5? ¿Creemos realmente que Él todavía puede hacerlo? Como ves, es finalmente lo que tú crees acerca de Dios. Si Él es el gran Jehová –Yo soy el que soy, yo soy el que debo ser, el que no ha cambiado en el pasado, no está cambiando en el presente ni cambiará en el futuro, el Dios eterno– entonces, Él todavía puede hacerlo.[22]

Sí, Dios todavía puede hacer lo que hizo en tiempos antiguos. Ciertamente todavía actúa, y ciertamente es inmutable. Pero ¿lo creemos?

Algunos de nosotros creemos *teóricamente* en la presencia poderosa del Espíritu Santo, pero no parece que creemos que Dios está activo cuando nos reunimos. Nuestro enfoque está más en llevar a cabo nuestro plan que en esperar que Dios haga algo por medio de Su Espíritu. Nos movemos a través de una lista de cantos sin considerar lo que el Espíritu quizá quiera lograr mientras cantamos.

En el otro extremo están los que esperan la presencia activa del Espíritu, pero asumen que siempre será revelada en formas espectaculares o fuera de lo común. Si ciertos dones espirituales no se manifiestan o las personas no lucen visiblemente afectadas, entonces concluyen que el Espíritu "no se ha mostrado" o que ha sido apagado o entristecido.

El Espíritu Santo está presente y activo cada vez que la iglesia se reúne. Solo necesitamos entender bíblicamente lo que esto significa. Cuando las personas captan algo de la gloria de Dios, el Espíritu está activo. Cuando las personas reciben esperanza y fortaleza en medio de la prueba, el Espíritu está activo. El Espíritu puede también elegir demostrar Su presencia por medio de la profecía, la sanidad o un sentir intenso de Su cercanía.

Dios no revela Su poder en maneras espectaculares cada vez que nos reunimos. Pero podemos esperar que se revelará en alguna manera. Y estoy seguro de que Él quiere mostrar Su poder mucho más a menudo de lo que esperamos que lo haga.

Ninguno de nosotros debe sentirse satisfecho con nuestra experiencia actual de la presencia y el poder del Espíritu. Pablo nos desafía en 1 Corintios 14:24-25:

Pero si todos profetizan, y entra un incrédulo, o uno sin ese don, por todos será convencido, por todos será juzgado. Los secretos de su corazón quedarán al descubierto, y él se postrará y adorará a Dios, declarando que en verdad Dios está entre ustedes.

¿Cuándo fue la última vez que un incrédulo entró a tu iglesia y se postró sobre su rostro, convencido y gloriosamente convertido? ¿Cuándo fue la última vez que realmente esperaste que el Espíritu estuviera activo de esa manera?

Ninguna tecnología, práctica, planificación o invención pueden producir esa clase de fruto. Es una demostración del poder del Espíritu entre nosotros.

No importa lo que creas con respecto a la vigencia de la profecía hoy, este texto al menos implica que el Espíritu Santo a veces se manifiesta en maneras que son más espontáneas y dramáticas en sus efectos. ¿Esperamos que se manifieste en tales maneras?

No quiero que me malinterpretes. Creo que el Espíritu guía en la planificación. Yo planifico cada vez que voy a dirigir. Y he sido profundamente afectado, y Dios ha sido honrado en aquellas reuniones donde hemos planificado hasta el último detalle. Debemos, entonces, esperar que el Espíritu se manifieste poderosamente a través de los medios normales de la predicación, del partimiento del pan, del canto y otros medios de gracia. Pero Él también puede interrumpir nuestras reuniones con una exhortación, un pasaje de la Escritura, un llamado a orar o una impresión espontánea que tuviera un efecto similar a lo que Pablo describe en 1 Corintios 14.

Así que espera con entusiasmo que Él cumpla Su promesa de manifestarse con poder en nuestras actividades cuando nos reunimos en Su nombre. Confía en Su Palabra en cuanto a que Él desea darnos a cada uno manifestaciones de Su Espíritu para el bien de Su iglesia (1 Cor. 12:11). Y escucha y observa con atención la dirección e indicaciones del Espíritu, dejando espacio para que Él opere espontáneamente.

RESPONDER CON HUMILDAD

Si admitimos nuestra dependencia del Espíritu de Dios y esperamos que esté operando con poder, entonces deberíamos recibir humildemente lo que Él está haciendo.

Eso, primeramente, significa cumplir nuestras responsabilidades con gozo, expectativa y fidelidad. Ningún domingo es un domingo "normal". Ninguna reunión es una reunión de "rutina". Cada vez que nos reunimos, podemos esperar que Dios actúe milagrosamente, transformándonos a Su imagen mientras contemplamos Su gloria (2 Cor. 3:18).

Hace tiempo tuvimos que empezar a ofrecer dos servicios los domingos debido a limitaciones de espacio. A menudo nos recordamos que no hay dos servicios idénticos cuando dependemos del poder del Espíritu Santo, y necesitamos orar por la segunda reunión con la misma seriedad con que oramos por la primera.

Responder con humildad incluye además actuar según las impresiones del Espíritu mientras dirigimos. ¿Qué podría "decirnos" el Espíritu a nosotros? Quizá nos sintamos guiados a enfatizar una cierta línea de un canto o repetir un versículo que llama nuestra atención hacia un tema relevante. El Espíritu podría traernos a la mente una necesidad particular o una razón para celebrar. Él podría dirigirnos hacia un texto de la Escritura que no habíamos pensando incluir.

Es importante añadir aquí que impresiones como estas nunca reemplazarán nuestra absoluta confianza en la Palabra escrita de Dios. La Biblia es nuestra norma infalible para la vida, la práctica y la doctrina, y permanece como la manera principal en que Dios nos habla y el paradigma por el cual cualquier impresión es examinada. Pero los dones espirituales espontáneos sirven para confirmar la presencia activa de Dios entre nosotros, para fortalecer, animar y edificar a Su pueblo.

Cuando Dios nos habla subjetivamente por medio del Espíritu, queremos responder con humildad.

EL ENFOQUE CORRECTO

Mis raíces están en el movimiento carismático de los años setenta, un tiempo cuando miles se convirtieron y fueron poderosamente llenos con el Espíritu de Dios.

Desde ese entonces, el término *carismático* ha sido asociado con error doctrinal, afirmaciones de sanidad que nadie puede corroborar, deshonestidad financiera, predicciones extrañas que no se cumplen, un énfasis excesivo en el don de lenguas y algunos atuendos lamentables.

Desde luego, muchos carismáticos no tienen las características de esta lista. Sin embargo, no es inusual que el término *carismático* sea conectado principalmente con el don de lenguas, profecía y sanidades milagrosas, junto con ciertos estilos de adoración. Pero la obra del Espíritu no está limitada a ciertas manifestaciones. La Escritura asocia la obra del Espíritu con todos los aspectos de la vida cristiana.

Esa es la razón por la cual he comenzado a identificarme más a menudo como un "continuista" que como un carismático. Eso significa que creo que todos los dones espirituales mencionados en el Nuevo Testamento siguen vigentes, y no limito la obra del Espíritu Santo a ciertos dones. Al fin y al cabo, no estoy tan interesado en la etiqueta como en cultivar una dependencia activa del Espíritu de Dios mientras Él opera en nosotros y a través de nosotros para Su gloria.

Gordon Fee ofrece su punto de vista bíblico sobre la obra del Espíritu entre nosotros:

[E]n Pablo, el poder no debe entenderse en términos simplemente de milagros o de algo extraordinario... Pablo entendió el poder del Espíritu en el sentido más amplio posible[23].

No cometamos el error de exaltar ciertas manifestaciones del Espíritu sobre otras, viéndolas como marcas de "verdadera" espiritualidad. Pero, no erremos por otro lado en ignorar nuestra dependencia del Espíritu en nuestra adoración y desear Su activa presencia cuando nos reunimos. Busquemos y gocémonos en todo lo que Dios tiene para nosotros.

El próximo domingo, si el Espíritu dejara de manifestarse ¿alguien lo notaría?

¿Lo notarías tú?

Mi oración es que la respuesta a ambas preguntas sea un "¡sí!". Por la gracia de Dios, que la gente pueda reconocer que el Espíritu de Dios está realmente entre nosotros, operando activamente, manifestándose con poder, animando y convenciendo. Para el bien de la iglesia y la gloria del Salvador.

Capítulo 11

...AL COMBINAR HÁBILMENTE LA PALABRA DE DIOS...

La mayoría de la gente ha hecho una dicotomía desafortunada entre la adoración y la predicación. Se entiende más o menos así: la adoración es cuando cantamos y experimentamos la cercanía de Dios, expresamos nuestro amor a Él y permitimos que Su Espíritu se mueva entre nosotros. Todas actividades del lado derecho del cerebro.

Por su parte, escuchar la Palabra apela a nuestro lado izquierdo del cerebro. Es alimento para la mente. Es para nuestro intelecto, diseñado para hacernos pensar, no sentir.

Quienes creen en esta separación, asisten a una iglesia para experimentar al Espíritu durante la música, y luego visitan otra para obtener buena enseñanza.

Sin embargo, la canción y la predicación no son incompatibles o contrarias una a la otra en ninguna forma. Ambas tienen el propósito de exaltar la gloria de Cristo en nuestros corazones, mentes y voluntades. Toda la reunión es adoración, toda la reunión debe estar llena con la Palabra de Dios, y toda la reunión debe caracterizarse por la presencia del Espíritu.

Esperar con entusiasmo el poder del Espíritu en nuestras reuniones va de la mano con un compromiso radical hacia la autoridad y suficiencia de la Palabra de Dios.

¿Suena como paradoja? No debería. Nuestras iglesias no pueden ser guiadas por el Espíritu a menos que sean alimentadas con la Palabra. Una iglesia que depende del poder del Espíritu en la adoración estará comprometida con el estudio, la proclamación y la aplicación de la Palabra de Dios en la adoración personal y congregacional. La Palabra y el Espíritu nunca tuvieron la intención de estar separados. De hecho, el Espíritu de Dios es el que exhaló la Palabra.

Toda Escritura es inspirada por Dios y útil para enseñar, para reprender, para corregir, para instruir en justicia. 2 Timoteo 3:16

No solamente el Espíritu de Dios inspira la Palabra, Él ilumina nuestros corazones para que podamos entenderla. El Espíritu de Dios y Su Palabra van juntos.

Pero aparte de ser una evidencia de la presencia y la actividad del Espíritu, hay otras razones por las cuales la Palabra es central para nuestra adoración. Nuestra relación con Dios se ha caracterizado siempre por "el ir y venir" de revelación y respuesta. Si Dios no se hubiera revelado a nosotros, no sabríamos a quién agradecer, a quién obedecer, a quién servir. No sabríamos cómo adorarle. Pero Dios nos revela Su carácter, naturaleza y promesas, y nosotros respondemos con gratitud y obediencia. Respondemos en adoración.

Al menos, así debería ser.

¿POR QUÉ DEBEMOS ADORAR CENTRADOS EN LA PALABRA?

En la Escritura, cuando el pueblo de Dios se reunía para adorarle, la Palabra de Dios era central.

Cuando Moisés guía a los israelitas al Monte Sinaí, Dios los encuentra en medio de truenos y relámpagos, espesas nubes y un fortísimo sonido de bocina. ¡Qué experiencia de adoración! Pero el aspecto más significativo de ese encuentro fue que Dios les dio los Diez Mandamientos, o más precisamente, las "Diez Palabras" (Deut. 4:2-12). Dios siempre ha querido que sepamos más de Él que lo que pueden transmitir las impresiones, las imágenes y las experiencias, por poderosas que sean.

Probablemente no hay mejor ejemplo de un adorador que complacía a Dios que David, el dulce salmista de Israel. Él era un músico talentoso y un hombre de profunda emoción. Pero cuando se trataba de adorar a Dios, fueron sus palabras, no su música, lo que Dios escogió preservar para nosotros en la Escritura.

Siglos más tarde, cuando Israel retornó del cautiverio en Babilonia, Esdras y los otros sacerdotes buscaron restablecer la adoración en el templo. Cuenta la historia que se pusieron en pie y "leyeron en el Libro de la Ley de Dios, interpretándolo y dándole el sentido para que entendieran la lectura" (Neh. 8:8). Ellos querían que el pueblo escuchara y entendiera lo que Dios había dicho para ellos. La Palabra de Dios proveería el fundamento para las expresiones de arrepentimiento, gratitud, alabanza y celebración que siguieron después.

La Palabra de Dios, claramente explicada y entendida, nos afectará en la misma manera hoy.

En el Nuevo Testamento, Jesús mismo ejemplificó y mandó que se amara la Palabra escrita. Él reprende a los fariseos y los escribas por fundamentar su adoración en las tradiciones de los hombres más que en los mandamientos de Dios (Mat. 15:3-9). Sus palabras están entrelazadas con referencias y respeto hacia el Antiguo Testamento, puesto que todo habla acerca de Él (Luc. 24:27).

Los primeros cristianos se dedicaron a la enseñanza de los apóstoles (Hech. 2:42). Pablo anima a Timoteo a dedicarse a la lectura pública de la Escritura (1 Tim. 4:13) y también le manda: "predica la palabra" (2 Tim. 4:2). A nosotros nos instruye: "Que la palabra de Cristo habite en abundancia en ustedes" mientras cantan (Col. 3:16).

Dada la historia bíblica, los mandamientos de Dios y los inmensurables beneficios que recibimos de la adoración centrada en la Palabra, vale preguntarse por qué la adoración de hoy se centra a menudo en las experiencias sensoriales, las emociones interiores y los encuentros subjetivos.

La verdadera adoración es siempre una respuesta a la Palabra de Dios. John Stott ha dicho que la adoración a Dios es "[gloriarse]'en Su santo nombre' (Sal. 105:3), es decir, deleitarse con adoración en quien es Él en Su carácter revelado". Y añade:

> Dios debe hablarnos antes de que nosotros tengamos alguna libertad para hablarle a Él. Dios debe revelarnos quién es Él antes de que nosotros podamos ofrecerle lo que nosotros somos en adoración aceptable. La adoración a Dios es siempre una respuesta a la Palabra de Dios. La Escritura dirige maravillosamente y enriquece nuestra adoración.[24]

¿CÓMO PODEMOS CENTRAR NUESTRA ADORACIÓN EN LA PALABRA DE DIOS?

Valora la Palabra

Dios quiere que la lectura de Su Palabra no solo sea uno de los momentos más importantes de nuestras reuniones, sino uno de nuestros momentos más importantes de cada día. Valorar la Palabra de Dios significa que nosotros la amamos más que la página de deportes, o nuestro programa favorito de televisión, o nuestro tiempo en internet.

Cuando valoramos la Palabra de Dios, otros lo sabrán. Los que visiten tu iglesia no tendrán la impresión de que la Biblia es un libro opcional extra o simplemente un libro de referencia accesible. Ellos escucharán en tu voz y verán en tus ojos que la Palabra de Dios es tu gozo. Mencionar a estrellas de rock, historias graciosas, o líneas de una película reciente puede parecer relevante y a la moda. Pero hacer esto puede dejar a las personas hambrientas de lo que más necesitan: escuchar de Dios.

Valorar la Palabra de Dios quiere decir apreciar su inestimable importancia y poder transformador. Quiere decir anhelar pasar el resto de nuestras vidas familiarizándonos más con lo que Dios nos ha dicho.

Canta la Palabra

Las canciones son teología. Nos enseñan quién es Dios, cómo es Él y cómo debemos relacionarnos con Él. "Somos *lo que* cantamos", decía alguien. Es por eso que debemos cantar la Palabra de Dios.

Una manera de hacerlo es usar cantos que citen pasajes específicos de la Biblia. Hace unos pocos años, mi iglesia estaba estudiando los libros de Filipenses y Gálatas, entonces un grupo de nosotros escribió y grabó cantos tomados de diferentes versículos. Eso nos permitió cantar muchos de los versículos que estaban siendo predicados.

Cantar la Palabra de Dios puede incluir más que recitar versículos específicos. Si la Palabra de Cristo "[habita] en abundancia en [nosotros]" (Col. 3:16), necesitamos cantos que expliquen, aclaren y desarrollen lo que la Palabra de Dios dice. Necesitamos cantos cuyas letras nos nutran y sean teológicamente ricas y bíblicamente fieles. Una dieta regular de canciones superficiales y subjetivas tiende a producir cristianos superficiales y subjetivos.

Eso no significa que cada canto requiera de un grado académico de seminario para entenderlo o que necesite siete versos y dos coros. Los cantos simples pueden ser tan bíblicos y útiles como los complejos, especialmente cuando estos evitan frases trilladas o usadas excesivamente. Mi amigo Drew Jones dice una increíble cantidad de verdades en estas veinticuatro palabras (en inglés) a las que llama *The Gospel Song* [El canto del evangelio]:

Holy God in love became
Perfect man to bear my blame.
On the cross he took my sin;
By his death I live again.[2]
[El Dios Santo en amor se convirtió
En hombre perfecto para cargar mi culpa.
En la cruz tomó mi pecado;
Por Su muerte vivo de nuevo].[26]

Muy a menudo podemos estar tentados a escoger cantos por la música en vez de hacerlo por el contenido teológico. Debemos comprender que cuando las palabras se combinan con la música podemos ser engañados. La música puede hacer que una letra superficial suene profunda.

No es que la música sea irrelevante. Si grandes palabras se cantan con música terrible, nadie las recordará ni querrá cantarlas. Pero, de acuerdo al mandamiento del Señor, lo que debe morar abundantemente en nosotros es la Palabra de Cristo, no experiencias musicales.

Las palabras que cantamos también deben ser claras, no oscuras ni susceptibles a interpretación personal. El Espíritu de Dios quiere iluminar nuestras mentes cuando cantamos. No queremos estorbar ese proceso a través de nuestros cantos.

Debo mencionar aquí que un líder habilidoso puede llenar lo que le falte a alguna canción. Ningún canto, sea tradicional o moderno, dice todo lo que queremos que diga. Pero que sea incompleto no significa que no podamos usarlo. Puedo añadir comentarios espontáneos entre versos, decir algo de antemano o colocar otros cantos alrededor de manera que suplan los elementos que faltan.

Canta la Palabra de Dios. La lírica es más importante que la música. La verdad trasciende a la tonada.

Lee la Palabra

Esto es tan obvio que uno podría asumir que no necesitaría incluirlo. Pero he aprendido que no es así.

En muchas iglesias donde se enseña la autoridad y la suficiencia de la Escritura, realmente se lee muy poca Biblia públicamente. Pero Dios nos ha dado el mandato específico de *dedicarnos* a la lectura pública de la Escritura (1 Tim. 4:13). Definitivamente hay una buena razón detrás de esto.

Puedo pensar en varias. Cuando escuchamos la lectura de la Palabra de Dios, estamos reconociendo nuestra dependencia de la revelación de Dios y obediencia a la Palabra. Los niños aprenden a respetar la Palabra de Dios cuando se lee con genuino respeto y entusiasmo. Los visitantes verán que nosotros valoramos la Biblia. Cuando se planifica bien la lectura de la Escritura, la congregación obtiene una dieta balanceada de la Palabra de Dios. Y para aquellos que no la leen, puede que sea el único tiempo en que la escuchen.

Algunas liturgias tradicionales tienen ciertos pasajes de la Escritura fijos para ser leídos cada semana. Nuestra iglesia no sigue un plan así, por lo que, en otras maneras, cada semana buscamos que sea prioridad la lectura de la Palabra.

Después de que comienza nuestra reunión podría leer un verso como el Salmo 111:1-2: "¡Aleluya! Daré gracias al Señor con todo *mi* corazón, En la compañía de los rectos y en la congregación. Grandes son las obras del Señor, Buscadas por todos los que se deleitan en ellas". Eso me da la oportunidad de explicar lo que hacemos como congregación: deleitarnos en las obras del Señor y estudiarlas.

Podemos además leer la Escritura entre las canciones. Hacer esto no necesariamente interrumpe el flujo o inhibe la verdadera adoración; al contrario, la alimenta. Leer un pasaje de la Escritura puede ayudar a las personas a entender por qué interpretamos el siguiente canto, da una base bíblica para una línea o verso, o sirve como un cambio en el enfoque entre dos cantos.

Algunas veces, intercalamos versos de un canto con la Escritura. Una vez, diferentes vocalistas leyeron porciones del Salmo 103 entre los versos del himno *Praise to the Lord, the Almighty* [Alma, bendice al Señor]. Estábamos buscando reflexionar de nuevo en lo que el Señor puede hacer. El efecto fue crecer en fe y gozo en nuestros corazones cuando cantábamos cada verso. En otra ocasión leímos porciones de Isaías 53 entre los versos del canto *Behold the Lamb* [Contemplad al Cordero], por Mark Altrogge. Hacerlo así nos ayudó a apreciar nuevamente cómo los sufrimientos de Cristo cumplieron las palabras proféticas escritas siglos antes de que Él naciera.

De cualquier forma que leamos la Escritura, queremos hacerlo con claridad, convicción y poder. Las personas deben estar conscientes de que las palabras que escuchan no son nuestras, sino de Dios.

Muestra la Palabra

La Escritura puede tanto verse como escucharse. Algunas veces, proyectamos los versículos en la pantalla durante una pausa instrumental de un canto o como una introducción a otro. Si planificamos con anticipación, podemos proyectar el texto cuando el líder de adoración lo menciona. Esa clase de refuerzo visual ayuda a las personas a captar mejor el significado del pasaje que se lee.

Si tu iglesia usa boletines, también pueden imprimir los pasajes relevantes en la portada o en el interior.

En diferentes ocasiones, he incluido un pasaje de la Escritura cuando le envío a mi equipo la lista con canciones del próximo domingo. Mi meta es darles a todos un sentir del tema y recordarles que todo lo que hacemos está bajo la autoridad de la Palabra de Dios y tiene la intención de centrarnos en Su revelación en vez de nuestra creatividad o esfuerzos.

Ora la Palabra de Dios

Más de una vez he estado en una reunión donde el líder de adoración hace una pausa entre dos cantos y comienza a orar así: "Muy bien, Señor, Dios mío, gracias, Padre, porque tú, eh... eres bueno y para siempre es tu misericordia. Señor, grande eres. Gracias Señor. Gracias por estar aquí. Hoy quiero agradecerte, Padre, por estar con nosotros aquí. Señor, te adoramos. Tú eres increíble. Solo queremos estar cerca de ti, Jesús, y adorarte como nunca antes, Señor. Y por eso estamos aquí, Señor, por el Espíritu de Jesús, Padre, para glorificarte. Y, Señor...".

Sé que el líder de adoración es sincero. Lo sé porque he orado con sinceridad de la misma manera muchas veces.

Sin embargo, sería mucho más eficaz orar así: "Padre, gracias porque nos has invitado a reunirnos como tu pueblo para adorarte. Gracias por Jesús, nuestro gran Salvador. Porque a causa de Su sacrificio sustitutorio podemos estar aquí en tu presencia, sin vergüenza y perdonados. Oramos para que tu Espíritu abra nuestros ojos para ver que somos amados en Cristo. Santifícanos por tu verdad, y opera en nosotros lo que te agrada. Padre, que seas glorificado en todo lo que hagamos esta mañana".

Como todo lo que hacemos en la adoración para Dios, la oración es una oportunidad para centrarnos en la Palabra. Eso no significa que no usemos nuestras propias experiencias o pensamientos. Simplemente significa que somos formados e informados –tanto en actitud como en contenido– por lo que Dios nos ha revelado en la Escritura.

Las oraciones pueden escribirse, planificarse o ser espontáneas. No está mal usar oraciones escritas si eso nos permite una respuesta bíblica, meditada y sincera hacia Dios. Yo lo he hecho algunas veces y me he sorprendido en la libertad que siento de enfocarme en lo que estoy orando en vez de tratar de saber qué decir en el momento. Y a largo plazo hará mis oraciones espontáneas más coherentes y sustanciales.

Tú puedes hacer tus oraciones públicas más bíblicas al orar a Dios las Escrituras en privado. Los Salmos usualmente son lo mejor. Lee un versículo, luego comienza a orar los pensamientos contenidos en él, aplicándolo a ciertas situaciones o personas en tu vida. Los Salmos 23, 33, 62, 86, 103 y 145 son buenos lugares para comenzar. Al paso del tiempo te sorprenderás cómo tus pensamientos, actitudes y palabras se alinean más con la manera de pensar de Dios. Tus oraciones mostrarán mayor confianza. Y tu congregación se beneficiará de tu ejemplo.[26]

Un líder fiel de adoración combina la Palabra de Dios con la música y exalta la grandeza de Dios en Jesucristo. No necesitamos la música para escuchar la Palabra de Dios. No necesitamos la música para adorar a Dios. Pero la Biblia vincula la música y la adoración con frecuencia suficiente para persuadirnos de que la música podría ser un aspecto importante de nuestra relación con Dios. ¿Cuán importante? Esa es la pregunta a la cual buscaremos responder en los próximos dos capítulos.

Capítulo 12

…CON LA MÚSICA…
(PARTE UNO: ¿DE QUÉ TIPO?)

La música puede ser engañosa. Una vez escuché a una mujer cristiana que estuvo sirviendo a Dios en Sudáfrica. Ella contaba que mientras visitaba una clínica de salud fue profundamente conmovida por el sonido del canto de una mujer zulú. Sus armonías eran de una belleza inolvidable. Con lágrimas en sus ojos, ella le pidió a una amiga que le tradujera las palabras.

"Seguro", le dijo su amiga. "Si hierves el agua, no te dará disentería".

Estar emocionalmente afectado por la música y realmente adorar a Dios no son la misma cosa, y nadie debería saberlo mejor que los líderes de adoración. Por sí misma, la música –incluso la instrumental– puede hacernos llorar, llevarnos a apoyar a un equipo, provocarnos a la protesta o llenarnos de gozo.

Así diseñó Dios la música en la creación. Lo que debemos preguntarnos es cómo funciona la música en la adoración.

UNA HISTORIA TRISTE

Durante siglos, los cristianos han debatido acerca de la música en la adoración. Y por momentos las cosas se han puesto feas. Martín Lutero, el reformador protestante, tenía fuertes opiniones sobre la música y no tenía miedo de expresarlas. En una introducción a una colección de piezas corales del siglo XVI, él escribió que quien no apreciara la belleza de estas piezas y las viera como un regalo de Dios "debe ser alguien muy ordinario que no merece ser llamado ser humano; al tal no debería permitírsele escuchar más que el rebuznar de los asnos y el gruñir de los cerdos"[27].

Lo que le faltaba a Lutero en tacto y diplomacia le sobraba en su compromiso con el canto congregacional. Pero las batallas persistieron aún mucho después de la época de Lutero. Doscientos años más tarde, las iglesias en las colonias en Estados Unidos debatían sobre las virtudes de cantar de oído y por notas. Al mismo tiempo, las iglesias en Inglaterra discutían acerca del uso de himnos "de composición humana", particularmente los de Isaac Watts. Un siglo después de la muerte de Watts, algunas personas se retiraban de la reunión si alguien comenzaba a cantar algo más que no fuera un Salmo con música.

Desde entonces, las guerras que se han librado en torno a la música han sido alimentadas por las casas publicadoras cristianas, el evangelismo, los avivamientos carismáticos, los cambios culturales, la amplificación del sonido, los instrumentos electrónicos, y desde luego, nuestros propios corazones pecaminosos.

¿A Dios le preocupa si usamos música o no para adorarle? Aparentemente sí. El libro más largo de la Biblia es una colección de cantos. Dios manda tanto la alabanza instrumental como la vocal en la Escritura. El Salmo 150 dice que debemos alabarle con bocina, címbalos y cuerdas. Más de cincuenta veces en el libro de los Salmos se nos dice que cantemos a Dios. El Salmo 47 es particularmente claro: "Canten alabanzas a Dios, canten alabanzas; Canten alabanzas a nuestro Rey, canten alabanzas" (v. 6). La Biblia está llena de referencias a la música, desde el principio de la creación hasta las escenas finales en Apocalipsis (Job 38:7; Apoc.6 15:3).

Pero si no entendemos el propósito de Dios para la música en la adoración, podemos usarla incorrectamente. Incluso peor, puede robarle a Dios la gloria que nosotros queremos darle.

CÓMO NOS AYUDA LA MÚSICA

Dios quiere que usemos la música para adorarle a pesar de los problemas que puedan surgir. Aparentemente Dios piensa que vale la pena el esfuerzo.

He aquí el porqué.

La música provoca y expresa emociones que glorifican a Dios. Nuestros afectos más profundos, más fuertes y puros deben reservarse para Dios, y Él nos da el canto para ayudarnos a expresarlos. La alabanza sin entusiasmo es una contradicción. No tiene sentido. Observa a Jonathan Edwards:

> El deber de cantar alabanzas a Dios parece que se da enteramente para causar emoción y expresar los afectos religiosos. No hay otra razón por la que debamos expresarnos a Dios en verso en vez de prosa y con música, excepto que estas cosas tienen la tendencia a conmover nuestros afectos[28].

Algunos cristianos reprimen sus emociones cuando cantan. Temen sentir muy fuertemente y piensan que la madurez significa contenerse. Pero el problema es el *emocionalismo*, no las *emociones*. El emocionalismo es dejarse llevar por los sentimientos como un fin en sí mismos. Es querer sentir algo sin considerar cómo se produce ese sentimiento o su propósito final. El "emocionalismo" también puede ver las emociones agudizadas como la señal infalible de que Dios está presente.

En contraste, las emociones que el canto busca evocar son una respuesta a quién es Dios y lo que ha hecho. El canto nos permite combinar la verdad acerca de Dios con la pasión por Dios. Doctrina y devoción. Mente y corazón.

La música nos ayuda a reflejar la gloria y la actividad del Dios Trino. Dios es un Dios que canta. Leemos en Sofonías 3:17 que Él se regocijará por nosotros con cantos de júbilo. Jesús cantó un himno con Sus discípulos la noche antes de Su muerte (Mat.26:30). Y Efesios 5:18-19 indica que la llenura del Espíritu Santo inspira cantos en los corazones de los creyentes. Esa es una razón por la cual sentimos la presencia de Dios de una manera más pronunciada cuando nos reunimos para cantar Sus alabanzas. El Espíritu Santo está entre nosotros, inspirando nuestros cantos.

Es una fuente de profundo ánimo entender que Dios nos dio la música para profundizar y desarrollar nuestra relación con Él. El Padre canta, el Hijo canta y el Espíritu canta. ¿Cómo podemos abstenernos de cantar?

La música nos ayuda a recordar la verdad acerca de Dios. Un año después de haber grabado un CD de canciones desde Gálatas, un hombre en nuestra iglesia perdió su memoria debido a un derrame cerebral. Su esposa me envió un correo electrónico más tarde para contarme que aunque su esposo no recordaba la serie de sermones, él recordaba cada canción del CD.

Dios mismo usó la música como un medio para ayudar a Su pueblo a recordar la Palabra. Cuando los israelitas estaban próximos a entrar a la tierra prometida, Dios le dijo a Moisés que les enseñara un canto para que "cuando muchos males y tribulaciones vengan sobre ellos, este cántico declarará contra ellos como testigo (pues no lo olvidarán los labios de sus descendientes)" (Deut. 31:21).

Nosotros recordamos cuando cantamos, y nada es más importante que recordar la Palabra de Dios. Los sentimientos o emociones que produce la música se desvanecerán, pero la Palabra viva y eficaz de Dios continuará operando en nuestros corazones, renovando nuestras mentes y fortaleciendo nuestra fe.

Finalmente, *la música nos ayuda a expresar nuestra unidad en el evangelio*. En la Escritura, es abrumadora la cantidad de referencias en cuanto al canto en el contexto de iglesia: la adoración en la comunidad. Las personas no están cantando solas, sino juntas. En el Nuevo Testamento, dos de los textos específicos sobre el canto se refieren a "hablen entre ustedes" y "enseñándose y amonestándose unos a otros" (Ef. 5:19; Col.3:16). Nosotros hemos llegado a ser una familia, "linaje escogido", "nación santa", por medio de la muerte y la resurrección de Jesucristo (1 Jn. 3:1; 1 Ped. 2:9). Cantar glorifica a Dios al expresar la unidad que gozamos por medio del evangelio.

Las iglesias potencialmente debilitan esta unidad al ofrecer diferentes reuniones los domingos basadas en preferencias y estilos musicales. Aunque signifique crecimiento numérico para la iglesia a corto plazo, puede también separar a las familias y tiende a cultivar una mentalidad de consumo a largo plazo.

Hay otras opciones. Grupos con diversidad musical pueden tomar turnos. Estilos diferentes de música pueden juntarse en una reunión. Y, mucho más importante, se le puede enseñar a la iglesia que poner aparte las preferencias individuales por el bien de otros es obedecer: Filipenses 2:4: "no buscando cada uno sus propios intereses, sino más bien los intereses de los demás". Tomar este camino probablemente requerirá enseñar con paciencia a los hermanos, pero con el tiempo la congregación comenzará a ver que el factor determinante en nuestra unidad no es el estilo musical: es el evangelio.

¿QUÉ TIPO DE MÚSICA?

Dios obviamente quiere que le adoremos con música, pero no nos ha dado tantos detalles como nos gustaría. La Escritura no viene acompañada con una banda sonora. Así que, no sabemos cómo sonaba la música en los tiempos bíblicos. Algunas de las preguntas que la Escritura no aborda incluyen: ¿Cuánto debe durar la música? ¿Cuánto es demasiado o cuánto es poco? ¿Los cantos deben pasarse a través de los años, o cada generación debe escribir los propios? ¿La música debe ser universal o localizada culturalmente? ¿Las canciones deben llevar una liturgia o ser más libres? ¿Deben los cantos estar dispersos a través de toda la reunión o deben interpretarse todos a la vez?

Tú podrías tener tus propias preguntas.

Yo no podré cubrir todo lo que quisiera. Pero puedo ofrecerte tres principios generales para hacer música en tu iglesia, con maneras específicas para aplicarlos.

LA MÚSICA DEBE SERVIRLE A LA LETRA

En nuestra iglesia, hemos sido intencionales en cuanto a ayudar a las personas a enfocarse en la letra cuando cantan. Hemos tomado en serio el comentario de Gordon Fee: "Muéstrame los cantos de una iglesia y yo te mostraré su teología". Sabemos que las personas necesitan cantos que los alimenten, no simplemente cantos que los hagan sentir bien.

Aquí hay maneras específicas en que hemos tratado de que la música sirva a la letra.

Interpreta cantos que digan algo

Las palabras para nuestros cantos deben ser tan sólidas y memorables como las tonadas que las acompañan o los arreglos que están detrás de ellas.

A veces no he escogido un canto muy conocido porque pensé que la música era más impactante que la letra. El factor "pegajoso" superaba el factor "de peso". No voy a decir cuáles son esas canciones: eso te toca a ti. Si tienes dudas, no la incluyas.

Los cantos pueden decir algo de maneras diferentes. La *letra objetiva* nos dice alguna verdad sobre Dios y nos ayuda a conocerlo mejor. La mayoría de los himnos del siglo XVIII suelen centrarse en verdades objetivas, aunque no todos.

La *letra subjetiva* expresa respuestas a Dios tales como amor, anhelo, convicción o adoración. No asumas que un canto que usa mucho los pronombres de la primera persona está centrado en el hombre. El Salmo 86 usa varios pronombres personales "yo", "me", "conmigo". Sin embargo, no te deja dudas acerca de quién es el centro del Salmo. Dios se deleita en emociones profundas que responden a las realidades reveladas.

La *letra reflexiva* describe lo que estamos haciendo cuando adoramos a

Dios. Nosotros traemos nuestra ofrenda, alabamos, cantamos, levantamos nuestras manos.

Estas son tres categorías fáciles y rápidas de recordar, y muchos cantos contienen las tres. Todas pueden contribuir a letras sólidas. Pero cuando no le damos importancia a la verdad objetiva, nuestras canciones pueden caer rápidamente en el emocionalismo. Comenzamos a adorar nuestras propias experiencias.

Ajusta tu arreglo musical y tu volumen

Cuanto más grande es el grupo de músicos, tanto más cada miembro debe escuchar y hacer espacio para lo que otros están haciendo. Créeme, esto toma práctica. Mucha práctica. Si este es un nuevo concepto para ti, trata de acompañar un verso completo con un solo instrumento. Podría ser una guitarra acústica, piano, uno de percusión o sintetizador. Puede ser perturbador al principio, pero el efecto es a menudo dramático.

Trata diferentes combinaciones de instrumentos cuando estén ensayando. Tienes que ser claro en la dirección e insistir a veces en que no interpreten determinado instrumento. Ayúdalos a ver que su silencio hace más significativa la contribución de alguien más.

Además podemos observar y variar el volumen. El volumen de la banda (y vocalistas) podría elevarse cuando estamos dirigiendo un nuevo canto, cuando la iglesia está cantando muy alto, cuando estamos estableciendo el ritmo o cuando estamos dando indicaciones. Pero el sonido de los músicos no debe dominar o abrumar a la congregación. En el Nuevo Testamento el sonido predominante a través de la reunión es el canto de la congregación. Este es el grupo real de alabanza.

Es una buena idea verificar tu volumen escuchando desde la entrada al lugar de reunión, o pídele a alguien de confianza que lo evalúe por ti.

Usa sabiamente solos instrumentales

La palabra *selah* aparece a menudo en los Salmos. Muchos estudiosos piensan que se refiere a un interludio musical para la meditación o la reflexión. Aunque eso no puede probarse, hay numerosos pasajes donde Dios elogia la música instrumental para alabarlo (por ejemplo, Sal. 33:3; 71:22; 150:3-5).

Sin embargo, la reunión de un domingo por la mañana no es un concierto o recital, donde una audiencia se sienta para escuchar cómo los músicos usan sus talentos. Cuanto más tiempo una banda o grupo musical interpreta, hay más oportunidad de que la congregación divague o se impresione más con la destreza musical que con Jesús.

Enfócate en proyectar la letra

Si tu iglesia no usa himnarios o cancioneros, la persona que maneja la proyección de la letra tiene un papel crucial en ayudar al pueblo a encontrarse con la verdad acerca de Dios. Si esta persona, a menudo, se atrasa en colocar la letra, muestra el verso equivocado, deja una pantalla en blanco o proyecta las palabras con errores ortográficos, puede que contrarreste cualquier buen liderazgo que podrías estar desempeñando. Por eso quiero que esa persona sea humilde, capacitada y fiel. También es útil que asista a los ensayos.

Algunas iglesias nunca muestran más de una frase de un canto a la vez, lo cual hace difícil captar el significado de la letra. Imagínate leer tu Biblia de esa manera. Las personas entenderán mejor el flujo del pensamiento si ven las líneas en su contexto.

Usa música de acompañamiento

Esto ha sido hecho torpemente tantas veces que he dudado en traerlo a colación. Pero, la Escritura parece hacer una conexión entre escuchar música y ser sensible a la voz de Dios. De acuerdo a 1 Crónicas 25:1, aquellos que dirigían la adoración en el tabernáculo "habían de profetizar con liras, arpas y címbalos", instrumentos que los acompañaban. Eliseo fue incapaz de hablar la palabra del Señor a los reyes de Israel y Judá hasta que un músico llegó e interpretó para él (2 Rey. 3:14-16; ver también 1 Sam. 10:5-6; Ef. 5:18-19). Dios parece haber establecido una relación indefinida pero discernible entre la música y la manera en que escuchamos Su Palabra. Lo que puedo afirmar es que la música afecta nuestras emociones, lo que a su vez nos hace más receptivos, o al menos conscientes, a las palabras que cantamos y escuchamos. No podemos hablar dogmáticamente sobre esta relación, pero tampoco la podemos negar.

Cuando interpreto el piano suavemente detrás de un altavoz, estoy escuchando atentamente lo que se ora, comparte o lee. Busco apoyar, no distraer. Casi nunca interpreto algo que todos puedan identificar porque podría fácilmente desviar su atención del que está hablando. Interpreto escasamente y a veces nada en absoluto.

No necesitamos interpretar música constantemente para buscar manipular las emociones de las personas. Las palabras habladas no siempre tienen que ir acompañadas con música de fondo. Pero, en las maneras correctas y en el tiempo correcto, la música instrumental puede ser un complemento eficaz y apoyar a la palabra hablada.

LA MÚSICA DEBE MOSTRAR VARIEDAD

¿Qué quiso decir Pablo cuando animaba a los hermanos a cantar "salmos e himnos y cánticos espirituales" (Col. 3:16; Ef. 5:19)? Nadie está completamente seguro. La mayoría de los eruditos coinciden en que Pablo parece estar animando a una diversidad en los cantos para alabar a Dios. "Salmos" podría referirse al Salterio, "himnos" a los cantos que alaban a Cristo, y "cánticos espirituales" a expresiones más espontáneas. Si ese fuera el caso, Pablo está animando a cantar todos nuestros cantos: cortos, largos, rápidos, lentos, antiguos, nuevos, con gratitud a Dios.

A continuación, hay algunas maneras en que la diversidad de estilos complace a Dios, junto con algunas ideas de cómo buscarlo.

Refleja los diversos atributos de Dios

La diversidad musical refleja los diferentes aspectos de la naturaleza de Dios. Él es trascendente e inmanente. Él divide las montañas y viste los lirios. Lo adoramos como nuestro Creador y Redentor, Rey y Padre. ¿Cómo puede alguien pensar que una sola clase de música pudiera expresar adecuadamente la gloria de Dios?

Hay cuatro Evangelios en el Nuevo Testamento, no uno. Dios usó la experiencia, la personalidad y la educación única de Mateo, de Marcos, de Lucas y de Juan para dar testimonio del Salvador. La música puede usarse de manera similar.

Dios es muy grande y la experiencia humana muy compleja para pensar que una clase de música siempre expresará mejor la dinámica de nuestra relación con un Dios vivo.

Escuchar palabras familiares de una manera fresca

La variedad musical nos permite escuchar las mismas palabras con efecto diferente. "Sublime Gracia" tiene un impacto emocional cuando está acompañada de un coro de góspel negro, una gran orquesta, un sintetizador con arpegio, o una sola guitarra acústica.

Los himnos especialmente se adaptan a versiones innovadoras que nos ayudan a escuchar sus palabras desde una nueva perspectiva. Movernos más allá de melodías y arreglos tradicionales no debería molestarnos demasiado puesto que los himnos fueron escritos sin música, y una melodía favorita solamente surgió con el tiempo.

En mi iglesia local, a menudo volvemos a escribir acordes para los cantos o escribimos melodías originales para himnos que ayuden a las personas a escuchar la letra de una manera diferente. También tratamos de interpretar cantos como fueron interpretados hace siglos. Algunas veces lo antiguo es novedad. Algunas veces lo antiguo es *mejor*.

Reconocer el corazón de Dios por todos los pueblos

La variedad musical comunica el corazón de Dios por todas las generaciones, las culturas y las razas. No usamos música diferente porque queremos tener a todos felices o porque estamos apuntando a un servicio donde haya diversidad. Es el evangelio el que nos pone juntos, no la música.

Así nos lo recuerda Michael Hamilton:

> Es infructuoso buscar un único estilo musical, o incluso cualquier mezcla de estilos musicales, que puedan asistirnos como cristianos con la verdadera adoración. Los seguidores de Jesús son un grupo de personas tan diverso, y así exactamente debe ser. Más bien, necesitamos acoger cualquier música de adoración que ayude a las iglesias a producir discípulos de Jesucristo. Necesitamos acoger la creatividad experimental que está siempre buscando nuevas maneras de cantar el evangelio, y apartar el temor que nos embarga cuando la música conocida desaparece"[29].

Para demostrar este punto, un año usamos un estilo diferente de música cada domingo durante un mes entero. Lo llamamos, "No es acerca de la música". El primer domingo se sintió muy parecido a un servicio tradicional presbiteriano. Yo di un mensaje sobre el rol de la música en la adoración congregacional, seguido por la Cena del Señor y la bendición. El próximo domingo se centró en música alrededor del mundo, usando cantos de una variedad de culturas. Seguimos con un domingo hispano, luego *bluegrass/country* con banyo, violín y armónica. Terminamos con un domingo de góspel negro/*rhythm y blues/rap*, dirigido por un coro. Aunque los puristas podrían hacer pequeñas objeciones en cuanto a la autenticidad de cada estilo, nadie perdió el mensaje. Cada estilo musical trajo un énfasis diferente a la alabanza que Dios abundantemente merece.

Sé que la diversidad musical depende de un número de factores, incluyendo el tamaño de tu iglesia, la capacitación y el talento de tus músicos, y tu presupuesto. Pero en nuestro mundo cada vez más pequeño, es aun más importante que al menos enseñemos sobre la relevancia de esta diversidad. El mandamiento de Cristo de llevar el evangelio hasta lo último de la tierra debe darnos la esencia y moldear nuestra teología de la adoración musical.

Es insensato y no bíblico que las iglesias en Bolivia, Indonesia, Uganda y otras partes del mundo se conformen a la definición norteamericana de la música "apropiada" para la adoración.

LA MÚSICA DEBE EDIFICAR A LA IGLESIA

Cuando alguien insiste en que deberíamos solamente usar la *mejor* música para adorar a Dios, me rasco la cabeza. ¿La mejor música es simple o compleja? ¿Está escrita o es espontánea? ¿Es corta o larga? ¿Quiere decir la mejor de manera estética, pragmática, emocional o histórica? Usualmente ya tenemos en mente qué queremos decir con "mejor", y a menudo dice más acerca de nuestras preferencias que de nuestra teología.

Según lo entiendo, la *mejor* música permite a las personas exaltar genuina y consistentemente la grandeza del Salvador en sus corazones, mentes y voluntades. Ese es el patrón que nunca cambiará de una cultura a otra, de una generación a otra, de una iglesia a otra.

Para desarrollar ese patrón de excelencia en tu iglesia debes tener una manera de comunicarlo eficazmente a la mayoría en tu congregación. Los cantos interpretados en iglesias en el área rural de Idaho; en el centro de Manhattan; en Nottingham, Inglaterra, y en Bharuch, India van a sonar diferente. Deben sonar diferente.

Cuando se trata de innovaciones, recuerda que la Escritura no manda que rebasemos los límites artísticamente hablando. Los artistas siempre estarán buscando maneras nuevas y frescas para expresar sus talentos, pero las congregaciones deben ser capaces de escuchar el mensaje sin ser distraídos por la música. Cuando nos reunimos para adorar a Dios, no apuntamos a glorificar la creatividad, sino al Creador.

Y como un asunto práctico, edificar a la iglesia significa usar cantos que todos puedan cantar. Lo que está en mi *iPod* no es siempre el mejor lugar para comenzar a seleccionar cantos para la adoración congregacional. Necesito pensar en el nivel musical de las personas que estoy dirigiendo. Generalmente busco cantos con melodías entre un bajo La y un alto Re que son fáciles de aprender y difíciles de olvidar. También trato de evitar ritmos complicados.

Y ahora que hemos introducido el tema de la selección de los cantos, dediquemos un capítulo a esto.

Capítulo 13

...CON LA MÚSICA... (PARTE DOS: PLANIFICAR LAS CANCIONES)

Cada líder de adoración conoce la sensación, el dolor, la ansiedad, el completo desánimo. Tu lista de canciones para el próximo domingo debe estar lista en treinta minutos, y tú no tienes idea de qué hacer.

Es tarde. Estás cansado. Estás mirando fijamente la pantalla de tu *laptop* rodeado de pilas de discos compactos, tres himnarios, tu cancionero y una lista de lo que han estado cantando últimamente. Y nada sirve.

Empiezas a orar. Y no encuentras respuesta.

Terminas decidiéndote por empezar con tu canción favorita, y haces una lista prácticamente igual a la de la semana pasada.

Gracias a Dios, hay una mejor forma de preparar la lista de canciones. A continuación hay diez principios que pueden ayudarte.

PLANIFICA SELECTIVAMENTE

La iglesia de hoy tiene más cantos disponibles que en cualquier momento de la historia de la iglesia. Eso significa que no tenemos que conformarnos con aquellos cantos que más o menos dicen lo que queremos, o cantos que son monótonos, o cantos cuya música es más memorable que su letra. Tampoco tenemos que usar cantos solo porque son populares.

Las buenas canciones vienen de diversas fuentes. Nosotros hemos usado himnarios, sitios de adoración en la web, CDs de bandas independientes, artistas conocidos a nivel nacional, servicios donde se paga trimestralmente para usar canciones, álbumes que condensan varios CDs, y recomendaciones de amigos.

También hemos animado y usado canciones de escritores de nuestra propia congregación.

Cuando estamos investigando sobre canciones, generalmente pienso en cuatro categorías.

"Este no" es para aquellos cantos cuyas palabras son vagas, no bíblicas, o que son simple mala poesía.

"En privado" es para aquellos cantos que puedo escuchar por mi cuenta pero no servirían para la iglesia. La letra podría incluir una frase o verso oscuro, o la música ser de mala calidad o complicada.

"Podría ser" es para aquellos cantos que son una buena elección para la congregación dependiendo de la situación, la necesidad y el contexto.

"Debe usarse" es para aquellos cantos como *In Christ Alone* [Solo en Jesús] o *Blessed Be Your Name* [Bendito sea el nombre del Señor]. Ellos comunican verdades acerca de Dios de forma tan convincente, apasionada y clara que hago una prioridad enseñarlo en la iglesia.

PLANIFICA EN PAZ

Es muy posible que hayas escuchado a otro líder de adoración hablar entusiasmado acerca de un nuevo canto que recientemente introdujo en su congregación. Es increíble, te dice. Ha cambiado vidas. Es asombroso.

Tú nunca has escuchado algo así.

Tu corazón se hunde, y comienzas a sentir una gran ansiedad cuando piensas cuán atrasado debes estar. Tú no quieres quedarte al margen.

¡Relájate! Nuestra paz viene de saber que no tenemos que preguntarnos si se nos ha escapado "la" canción. Nuestra confianza está en un Dios misericordioso. Aunque Él puede usar nuevas canciones, Dios no está limitado por ellas. Él hace cosas increíbles con canciones viejas también.

PLANIFICA EN ORACIÓN

Dios desea ayudarnos mientras nos preparamos, pero quiere que le pidamos Su ayuda. Básicamente no planificamos para reuniones; planificamos para personas. Pídele a Dios que te dé cantos que edifiquen a los que diriges en vez de los que a ti te gustan o los que te harían lucir bien.

Cada persona que entra el domingo por la mañana tiene necesidades únicas, pecados específicos con los que está luchando, puntos débiles y una tendencia a olvidar el evangelio. Nosotros tenemos el increíble privilegio de mostrarle, a cada persona, la grandeza, la bondad y la gracia de Jesucristo. Necesitamos el poder del Espíritu Santo para ser eficaces, y nunca dejaremos de necesitar Su ayuda.

PLANIFICA CON OTROS

"Más valen dos que uno solo, pues tienen mejor pago por su trabajo" (Ecl. 4:9). He descubierto que esto es verdad cuando se están preparando los cantos del domingo. Tú podrías pensar que después de treinta años de dirigir la adoración podría hacerlo solo. Pero no. Planificar junto a otros implica un nivel de confianza que ha crecido con el tiempo. También requiere humildad, porque reconozco que yo no soy "el señor adoración" que todo lo sabe.

Cuando planifico con mi pastor, un equipo, o alguien más a quien respeto y en quien confío, nuestros diferentes dones se complementan. Además nos beneficiamos de los diferentes puntos de vista.

La comunicación puede hacerse a través del correo electrónico, por teléfono o reuniones cara a cara. He observado que las cosas son más fluidas cuando alguien sugiere una lista de cantos con los cuales trabajar en vez de partir desde cero.

PLANIFICA POR TEMAS

El tema que presentamos cada semana es la gran historia de salvación que Dios llevó a cabo para Su pueblo a través de la vida, la muerte y la resurrección de Jesucristo. Queremos recordar esto, repasarlo, celebrarlo y responder a esta realidad.

A la vez, también tenemos la oportunidad de enfatizar un aspecto específico de cómo ese glorioso evangelio llega a nuestras vidas y nos afecta, y así enfocamos nuestros cantos y pensamientos.

A menudo comparto un pensamiento específico sobre el tema (o alguien más lo hace) después de los primeros dos cantos o durante estos. No quiero dar la impresión de que tenemos que "entrar en calor" para adorar. Cuando las mentes y los corazones estén interactuando con las canciones que estamos cantando, más beneficio verán en sus vidas.

Lo importante es que en algún punto las personas entiendan en qué deben centrar su atención.

PLANIFICA EN CONTEXTO

Cuando preparo cada semana, lo primero que quiero saber es cuánto tiempo se supone que cantemos. Eso me dice cuántos cantos podemos interpretar bien. Ya sea que fueren diez minutos o cuarenta, quiero sacarle el máximo provecho al uso de cada canto.

Además quiero saber qué más está planificado. ¿Vamos a comenzar con un llamado a adorar, una oración o una pieza instrumental? ¿Vamos a compartir la Mesa del Señor en medio de los cantos? ¿Alguien va a compartir un testimonio después de que termine mi participación?

Uno de los contextos principales será acerca de lo que estamos aprendiendo. Si la iglesia está estudiando una serie de sermones sobre un tema, eso afectará los cantos que seleccione.

Las circunstancias que afectan a toda la iglesia pueden también influir en la selección de los cantos. El tamaño de tu iglesia es importante. En una iglesia de 3000 personas, no puedo permitir que algo que afecta solo a un puñado determine mi selección. Pero, si un adolescente de una pequeña congregación muere el viernes por la noche en un accidente automovilístico, habría que meditar con qué canción comenzar.

El contexto incluye los cantos que hemos interpretado en las semanas recientes. Quizá quiera repetir uno que hemos aprendido recientemente o usar uno que no hemos cantado durante un tiempo.

PLANIFICA CON PROGRESIÓN

Sé que Dios puede usar aun las reuniones más desarticuladas para ministrar a las personas. Él ciertamente lo ha hecho muchas veces cuando he dirigido. Pero una progresión de pensamiento clara y articulada ayuda a las personas a beneficiarse de nuestro tiempo juntos.

Por *progresión* no quiero decir *innovador* o *de vanguardia*. Me refiero a cómo las cosas encajan, cómo un tema se desarrolla, cómo las diferentes partes de la reunión se conectan. Algunas personas lo llaman *hilo*.

Puesto que Dios no nos ha dado en la Escritura un orden detallado para nuestras reuniones, la progresión puede lucir diferente cada semana. Podemos incluso tener múltiples progresiones en un solo domingo.

El paradigma *revelación-respuesta* es una idea. Es determinar si en cierto momento Dios está hablándonos o si nosotros estamos respondiendo a Dios.

Otro modelo útil de progresión es *exaltación, encuentro y respuesta*. Comenzamos exaltando la grandeza de Dios, vamos a Su encuentro con nuestras mentes y corazones, luego respondemos de maneras apropiadas.

Muchas iglesias siguen el modelo de progresión de cuatro partes: *encuentro, Palabra, Mesa y despedida.*

Otros buscan una base para formas litúrgicas en pasajes como Isaías 6 y el Salmo 95. Siguiendo el énfasis del Salmo 95: *Venimos a Su presencia con acción de gracias, nos movemos hacia la adoración con reverencia, luego nos encontramos con la voz de Dios.*

Cualquiera que sea el patrón que sigamos, la iglesia necesita saber dónde estamos en ese momento y hacia dónde vamos. Eso es planificar progresivamente.

Una vez que los cantos o los elementos de una reunión están conectados conceptualmente, necesitamos pensar acerca de las transiciones – ayudar a las personas a entender cómo se conectan los diferentes elementos.

Las transiciones habladas generalmente funcionan mejor cuando son cortas y personales, y se usan estratégicamente. Tú podrías explicar la razón por la cual están cantando un canto específico o señalar la conexión entre dos cantos. Los comentarios pueden dar claridad, inspirar fe, definir mejor el enfoque, establecer relaciones y enseñar. Pero si no pensamos con anticipación acerca de lo que vamos a decir, podemos sonar vagos y confusos. Y casi siempre terminamos diciendo demás. Nuestras palabras pueden convertirse en relleno para cubrir nuestra inseguridad e incomodidad. Mostramos una excesiva emoción pero no tiene ninguna sustancia.

Durante años imprimí en una sola página lo que quería decir, con tipo de letra Arial negrita de tamaño 18. Eso me ayudaba a ser claro, bíblico, personal y breve, pero a menudo le faltaba pasión. Parecía que estaba leyendo (porque eso estaba haciendo). Ahora preparo mis comentarios en mi mente y los repaso hasta que son claros. Eso puede tomarme treinta minutos. Pero, supongo que si yo no puedo acordarme de lo que voy a decir, nadie más lo hará tampoco.

Pon atención a la letra de los cantos, cómo comienzan y cómo terminan. Una palabra o pensamiento que se repite de un canto al siguiente puede crear continuidad y reducir la necesidad de decir algo.

Otras preguntas para considerar cuando se piensa en las transiciones entre un canto y otro, incluyen a quién se dirige (Padre, Hijo, Espíritu), si estamos hablando a Dios o estamos hablando acerca de Él (lenguaje en segunda o tercera persona), y si los pronombres son singulares o plurales.

PLANIFICA CON CREATIVIDAD

El liderazgo eficaz implica más que preparar una lista de cantos.

Por ejemplo, podemos variar la manera en que los cantos se interpretan. Un solista puede cantar un verso o un canto completo, podemos usar un coro, o la iglesia puede cantar alternadamente con el líder o en grupos. El canto congregacional no es la única manera de satisfacer el mandamiento de Dios de hablar "entre ustedes con salmos, himnos y cantos espirituales" (Ef. 5:19).

Además podemos cambiar los arreglos, los tiempos y la estructura del canto. ¿Quién dijo que tienes que ejecutar un canto exactamente como fue escrito? Comenzar con el estribillo o puente podría encajar mejor con la letra y/o progresión musical.

Podemos también introducir elementos que no son musicales. Aquí hay unas pocas ideas que hemos tratado o escuchado de otros:

• Orar por una necesidad o situación específica, seguido por un canto que refuerce la oración o se centre en la fidelidad de Dios.

• Que alguien comparta un testimonio de salvación o santificación.

• Compartir la Mesa del Señor, dirigida por un pastor y seguida por el canto congregacional.

• Que un pastor explique el significado teológico detrás de una palabra o frase de una canción.

• Cambiar las posiciones de los músicos.

• Cambiar el número y tipos de músicos. Nosotros hemos dirigido con piano y djembe (instrumento de percusión africano), el coro completo, banda y cuarteto de cuerdas, sin batería, tres guitarras acústicas, banda y cuarteto de instrumentos de viento… tú entiendes el punto.

• Proyectar la Escritura o los nombres de Dios mientras cantan.

• Leer la Escritura antes o durante los cantos.

• Leer la Escritura en diferentes idiomas. Un domingo, para acentuar nuestra unidad en el evangelio, cuatro personas leyeron porciones del Salmo 103 en español, mandarín, swahili e inglés.

• Confesar el pecado como comunidad. Este generalmente es un tiempo poderoso de reconocer específicamente nuestros pecados delante de un Dios santo, seguido por una clara promesa de perdón por medio de la muerte expiatoria de Cristo.[30]

• Incluir dar los diezmos y las ofrendas entre dos cantos para enfatizarlo como un acto de adoración.

Desde luego, esta es solo una breve lista de ideas para ayudarte a empezar con las propias.

Planificar creativamente requiere sabiduría. Puede convertirse fácilmente en una distracción o el evento principal. Recuerda que la creatividad no es algo que *hacemos*; es una manera en que hacemos *algo*. Ese "algo" es exaltar la gloria de Dios en Cristo.

PLANIFICA EN BASE A LA REALIDAD

Uno de nuestros errores más comunes a través de los años ha sido subestimar cuánto duran las porciones de la reunión. Los líderes de adoración tienen la mala reputación de perder la noción del tiempo. (Los pastores son culpables también, pero concentrémonos).

Desde luego, nosotros siempre nos pasamos del tiempo por las razones "correctas". Nos esforzamos con el último canto. Nos sentimos ungidos. El Espíritu Santo justo estaba comenzando a tocar los corazones de la gente. ¡Finalmente, todos estábamos adorando a Dios!

Permanecer dentro de mi tiempo permitido no es falta de espiritualidad, ni significa que estoy apagando al Espíritu. En realidad, trabajar dentro de un tiempo señalado es una manera de honrar a tu pastor, de servir a tu iglesia (especialmente a los que trabajan con los niños), y de complacer al Señor.

Solía pensar que el Espíritu Santo no se manifestaba sino hasta el cuarto canto. Tonterías.

El Espíritu Santo puede ser muy eficiente. La mayoría de las veces, si planificamos cuidadosamente y ajustándonos a la realidad, el Espíritu tiene tiempo para hacer más de lo que esperaríamos.

Es útil medir el tiempo que toma interpretar los cantos. Escucha una de las grabaciones de alguna de tus reuniones y descúbrelo. La norma general es asumir que te tardarás más de lo que piensas. Es mejor interpretar pocas canciones pacíficamente que muchas canciones frenéticamente.

PLANIFICA A LARGO PLAZO

La mayoría de nosotros suspiramos de alivio cuando una reunión dominical termina. La banda interpretó bien, las personas parecían estar "conectadas" con Dios, y la nueva canción salió muy bien.

Lo que generalmente olvidamos es que el tic tac del reloj comienza de inmediato para el próximo domingo. ¿Cómo romper con la rutina de sentir siempre que estamos atrasados en nuestra preparación?

La primera cosa que podemos hacer es colocar nuestra fe en las promesas de Dios en vez de en nuestra preparación. Él es fiel, y está más interesado que nosotros en las personas que le adorarán el próximo domingo.

Pero también ayuda ver el panorama general. En este sentido, planificar la adoración es similar a predicar. Los efectos más grandes son acumulativos, y no están atados a lo que sucede un domingo cualquiera.

Una de las maneras en que hemos tratado de mantener a la vista el panorama general es guardar (y regularmente revisar) una grabación de los cantos que hemos interpretado. Lo he hecho durante años. Puedo hacer una búsqueda rápida para ver cuándo fue la última vez que usamos un canto y cuán a menudo. Los *software* disponibles proveen esta información y más. Pero si no puedes adquirirlos, por la razón que sea, un documento en *Word* funciona bastante bien.

Al revisar tus cantos puedes contestar importantes preguntas:

• ¿Somos conscientes y estamos enfatizando la obra terminada de Cristo cada vez que cantamos?

• ¿Son proclamados en nuestras canciones el carácter y las obras de Dios?

• ¿Las letras que cantamos son fieles a la Escritura y doctrinalmente sanas?

• ¿Estamos adorando con nuestro canto a un Dios Trino, buscando glorificar al Padre al honrar al Hijo en el poder del Espíritu?

• ¿Estamos cayendo en una rutina musical o temática?

• ¿Estamos usando alguna canción muy a menudo o muy rara vez?

• ¿Tenemos una mezcla saludable de cantos profundos y más simples? (Los cantos simples son como el postre; tratar de vivir solo de ellos resulta en mala nutrición).

• ¿Hay canciones que solíamos cantar que deberíamos usar nuevamente?

Algunas canciones son dignas de interpretarse más que otras. Puesto que la música tiene la intención de ayudarnos a recordar la Palabra de Dios, tiene sentido que usemos los cantos correctos con suficiente frecuencia de manera que lleguen a formar parte de nuestra memoria colectiva. Por esa razón, cuando se introduce un nuevo canto es una buena idea repetirlo una o dos veces durante las próximas semanas.

También hemos planificado para dos o más domingos a la vez. Esto puede parecer trabajo extra, pero al final ahorra tiempo. Nos permite calendarizar la repetición de ciertos cantos, elementos creativos especiales y cantos que queremos introducir.

LA REGLA DE LOS VEINTE AÑOS

Una buena medida de cómo vamos en la planificación a largo plazo es lo que yo llamo *la regla de los veinte años*. Si hay quienes nacieron en nuestra iglesia y crecieron interpretando nuestros cantos en el curso de veinte años, ¿cuán bien conocen a Dios?

¿Estos cantos les darían una perspectiva bíblica y amplia de Dios, o estarían expuestos solamente a ciertos aspectos de Su naturaleza y obras?

¿Aprenderían que Dios es santo, sabio, omnipotente y soberano? ¿Conocerían a Dios como el Creador y Sustentador? ¿Entenderían la gloria y la centralidad del evangelio?

O, ¿pensarían que la adoración es música, y no mucho más?

Que Dios nos dé gracia para dirigir en la adoración y elegir nuestros cantos de una manera que refleje Su cuidado, sabiduría y fidelidad.

Capítulo 14

... MOTIVANDO A LA IGLESIA REUNIDA...

Hace unos quince años estaba dirigiendo la adoración en un pequeño y apático grupo de jóvenes. Unas veinte personas estábamos reunidas en la casa de uno de ellos. No iba bien. Ninguno parecía interesado, y el momento rayaba en lo deprimente.

Al querer establecer un ejemplo como el "adorador que dirigía", cerré mis ojos. Cuando los abrí, noté que ninguno me seguía. Canté más alto. Eso solamente causó que algunos muchachos dejaran de cantar. Comencé a cantar algo que todos conocían. Todavía no había cambios.

Finalmente dejé de tocar. Eso sí llamó su atención. Traté de cubrir mi irritación pero no lo logré. En un tenso y moderado tono, dije: "¿tienen alguna idea de a quién están cantando?".

Silencio.

"¿Cómo pueden estar aquí con sus manos en sus bolsillos y con esa apariencia de indiferencia en sus caras y afirmar que están adorando a Dios? Esto no es adorar. Esto es patético. Deberían sentir vergüenza. Ahora, veamos si podemos adorar a Dios de una manera digna de Él".

Como te imaginarás, esto no inspiró en ninguno de ellos una pasión más grande por Dios. Pero sí me inspiró a pedirles perdón.

ALGUNAS MANERAS EQUIVOCADAS DE MOTIVAR

¿Qué haces cuando las cosas no van bien?

Uno de los desafíos que enfrentan los líderes de adoración es saber guiar a los que lucen indiferentes. Antes de compartir algunas cosas que he aprendido desde esa noche con el grupo de jóvenes, te comparto tres maneras en que no queremos reaccionar.

Primero, no queremos exigir a la gente que adore a Dios: "Quiero que cada uno de ustedes levante sus manos ahora. ¡Vamos, gente! Canten más fuerte. ¡No les escuuuuuuucho!".

Esta clase de comentarios imprudentes y sin fundamento teológico no inspiran a nadie. Dios nunca nos manda a alabarle sin dar razones por las cuales hacerlo. El Salmo 117 es un ejemplo entre muchos:

Alaben al Señor, naciones todas;
Alábenle, pueblos todos.
Porque grande es Su misericordia para con nosotros,
Y la fidelidad del Señor es eterna.
¡Aleluya!

Intercaladas entre dos mandatos de alabar al Señor hay dos razones distintas para hacerlo: Su misericordia es grande y Su fidelidad es para siempre. Cuando espero que las personas respondan inmediatamente a mis instrucciones sin darles las razones bíblicas, espero más de lo que Dios espera.

Segundo, no queremos motivar a las personas a adorar a Dios a través de la manipulación.

Puedo tratar de manipularlos a través de un estilo musical (creyendo que una nueva versión "merengue" de una canción conocida es lo que llevará a la gente a gozarse*),* falsas emociones (con lágrimas falsas y rostros compungidos*),* misticismo ("Cierren sus ojos y piensen que..."), y desempeño (pretendiendo que al tener los mejores músicos y los mejores arreglos produciremos la mejor adoración).

Tercero, no queremos proyectar falsa culpabilidad sobre la iglesia, como yo hice con aquellos jóvenes.

Asistí a una conferencia donde el líder nos regañó en la sesión matutina. Nos dijo que una ventana al cielo había sido abierta para nosotros la noche anterior y que nosotros no habíamos pasado a través de ella. Habíamos estado cerca pero no lo habíamos logrado.

No pienso que su intención era hacernos sentir que habíamos fallado, pero ese fue el resultado final. Simplemente no estábamos haciendo lo suficiente para experimentar la presencia de Dios o complacerlo. En realidad, no estaba exactamente seguro en qué estábamos fallando. Solamente sabía que me sentía mal.

AYUDA A LAS PERSONAS A HACER CONEXIONES

Si estás dirigiendo la adoración y las personas no parecen motivadas a responder en adoración, ¿es tu culpa?

La respuesta final es no. Cada cristiano es responsable de adorar a Dios independientemente de lo que estamos pasando o de quien está dirigiendo. Un adorador adora a Dios.

Pero los líderes pueden facilitarlo o dificultarlo.

Cuando las personas no están respondiendo a nuestro liderazgo, nuestra propia respuesta revela en qué estamos confiando. Si solamente levantamos nuestras voces, subimos el volumen o cambiamos las luces, ya no estamos dependiendo de los medios que Dios nos ha dado para exaltarlo: la obra de Cristo y el poder del Espíritu Santo. Cuando dirijo canciones que son ricas doctrinalmente y llenas de pasión, y la gente no parece captarlo, debo ayudarlos a entender cómo estas verdades se relacionan con sus vidas.

Solamente Dios puede iluminar el corazón de un adorador. Sin embargo, a menudo usa medios para hacerlo. Y tres medios importantes son mi ejemplo, mis exhortaciones y mi estímulo.

Ejemplo

Si estoy exaltando la grandeza de Dios en Jesucristo, estoy en la mejor posición para motivar a otros a que se unan conmigo. Lo verán en mi cara, lo escucharán en mi voz y lo observarán en mi expresión física.

Recuerda el Salmo 34:5: "*Los que* a El miraron, fueron iluminados". Si me siento inquieto porque no sé si una transición va a funcionar, o preocupado si voy a lucir mal, o por qué el baterista está tocando más despacio, mi cara lo mostrará. Será evidente que no estoy viendo al Señor.

El asunto del ejemplo se aplica además a los otros músicos del grupo. Cuando parece que no están participando activamente o están preocupados solamente por la música, pierden la oportunidad de animar a la congregación. Por eso siempre pido a los instrumentalistas que canten tan a menudo como sea posible. Les ayuda a recordar en quién debemos enfocarnos.

La cuestión es autenticidad, no exuberancia. D. A. Carson lo explica de esta manera:

Algunos que públicamente dirigen las reuniones del pueblo de Dios, solo cumplen; otros están sumergidos en la adoración de Dios. Algunos simplemente cantan; otros hacen un espectáculo pretendiendo estar profundamente involucrados en la adoración; pero otros adoran a Dios con transparencia[31].

¿Cuál te describe? ¿Estás simplemente mascullando la letra? ¿Apenas pretendes estar involucrado, moviendo tus manos e inclinando tu cabeza en los momentos correctos para que te vean como que estás adorando? ¿O estás buscando ser un adorador transparente, demostrando un deseo genuino, evidente y natural de exaltar a Jesucristo? Si queremos que la iglesia sea inspirada por nuestro liderazgo, tenemos que comenzar con un ejemplo auténtico.

Exhortaciones

¿Has notado cuán fácilmente nuestra mente divaga cuando cantamos? Yo puedo estar cantando a todo pulmón una letra increíble centrada en Dios mientras estoy pensando en lo que habrá para el almuerzo, en la película que vi el viernes por la noche o en absolutamente nada. Por fuera parezco estar completamente entregado a la adoración a Dios. Pero por dentro estoy pensando en cualquier cosa menos en adorar.

Lo mismo puede ser verdad para los que dirigimos. ¿Cómo podemos ayudar a que se enfoquen en las palabras que estamos cantando?

Debo por lo menos estar yo mismo pensando en esas palabras. Así que me hago preguntas como estas: ¿Por qué es esto verdad? ¿Qué diferencia hace? ¿Qué si esto no fuera verdad? ¿Qué no se está diciendo aquí? ¿Qué significa esta palabra? ¿Por qué sigue esta línea o verso?

Mientras me contesto estas preguntas, eso me ayuda a interactuar más con lo que estoy cantando y tiene un impacto más grande en mi alma. Mientras dirijo, simplemente compartiré algunas de esas preguntas con la congregación por medio de palabras que hablo o canto. Además, puedo aprovechar pausas naturales en medio de las canciones para introducir frases que puedan exhortar a meditar en una línea o verdad que acabamos de cantar.

Interponer frases como estas requiere reflexión y práctica. Puede ser fácilmente exagerado, hecho en forma pobre o de una manera que se centre en el líder. Requiere encontrar espacios en cada canción para no competir con la congregación. Si ellos están cantando mientras tú estás hablando, no podrán escucharte, y el efecto será mínimo o contraproducente. Pero bien hecho, y con emoción genuina, breves exhortaciones pueden ser una manera eficaz para motivar la devoción de la gente hacia el Salvador.

Estímulo

Si las personas a las cuales dirijo son cristianos, nacidos de nuevo por el Espíritu de Dios, yo puedo confiar que en algún lugar de sus corazones hay un deseo de proclamar y amar las glorias de Dios en Jesucristo.

Si yo no creo eso, estaré tentado a pensar que tengo que convencerlos o coaccionarlos a adorar en espíritu y en verdad. Estaría dirigiendo llevado por la incredulidad, no por la fe. Mis comentarios carecerían de gracia. Me desanimaría fácilmente. O, si las cosas fueran bien, me sentiría orgulloso.

Muchas cosas pueden estorbar la respuesta de una congregación. Algunas personas se fueron a la cama a las 3:00 A.M. Otros tuvieron un pleito con su cónyuge esa mañana, o vinieron a entretenerse. Tal vez unos pocos están a punto de perder sus trabajos o acaban de descubrir que tienen cáncer o que no pueden resolver un conflicto con un amigo.

Cualquiera que sea su situación, nuestra meta es que conciban con fuerza y presteza lo que Dios ha hecho en Jesucristo, lo que ha prometido hacer y la diferencia que esto hace en sus vidas.

Gracias a Dios, no estamos solos en esta tarea. El Espíritu ya está operando en cada situación para manifestar a los adoradores su necesidad de la gracia, la misericordia y la verdad de Dios. El Espíritu Santo es el que nos hace adoradores de Dios (1 Cor. 12:3; Fil. 3:3). Él ha sido enviado para glorificar a Jesús y está activamente operando en nuestros corazones para cumplir esa meta (Juan 15:26).

Si confío en la actividad del Espíritu, no tengo que estar a la defensiva, enojado o frustrado cuando las personas lucen desinteresadas. En vez de enfocarme en su aparente falta de respuesta, puedo llamarles su atención a lo que Dios ya está haciendo.

Podría decir algo como esto:

"Algunos de nosotros esta mañana estamos atravesando pruebas. Tal vez, te sientes apenado, desanimado o deprimido. Y la verdad es difícil para ti cantar con gozo o ánimo.

Pero es exactamente allí donde Dios quiere que estés. Él ha dispuesto las circunstancias de tu vida para que tomes consciencia de cuánto lo necesitas y cuánto deseas que Él sea tu fortaleza. ¡Él es tan bueno! Él dio a su Hijo para pagar por tus pecados y traerte de nuevo a Dios. Él te ha mostrado Su misericordia en vez de la ira que merecías, y has sido adoptado en Su familia. Ahora Él está usando todas tus circunstancias para hacerte más parecido a Jesús. Él es Padre fiel que nunca te dejará ni te abandonará. Recordemos Su misericordia mientras cantamos..."

Nunca venceremos el egocentrismo, la autocompasión o la autoexaltación al enfocarnos en nosotros mismos. Eso solamente agrava el problema. ¡Seguimos siendo el centro de atención! Pero cuando nos reunimos para adorar a Dios, Él es el centro de atención. Y cuanto más los estimulemos con la verdad de que Dios está obrando en nosotros (Fil. 2:13), más fácilmente lo recordarán.

LA IGLESIA REUNIDA

Con los años, Dios me ha permitido dirigir la adoración en una variedad de contextos: grandes y pequeños, salas, auditorios, centros cívicos y festivales al aire libre. Cada uno ha sido un inmenso privilegio. Estoy agradecido de que Dios usa eventos de todas las formas y tamaños imaginables para traer gloria a Su nombre.

Pero nada se compara con dirigir la adoración en mi iglesia local.

La Escritura nos dice que la iglesia es el "edificio de Dios", el "templo" de Dios, el "cuerpo" de Dios, la "familia de Dios". Somos "piedras vivas... edificados como casa espiritual" (1 Cor. 3:9b; 12:12; Ef. 2:19,21-22; 1 Ped. 2:5). Todas esas metáforas ciertamente se aplican a la iglesia en todo el mundo. Pero, su aplicación más práctica e inmediata es la iglesia local; esos cristianos con los que me junto cada día, cada semana, cada año. Y reunirme con ellos debe ser uno de los puntos más importantes, si no el más importante, de mi semana.

Los domingos, Dios quiere que nosotros hagamos más que cantar juntos y tener experiencias maravillosas de adoración. Él quiere tejer nuestras vidas como un solo tejido. Para muchos, la iglesia se ha convertido en algo que se trata de ellos: qué estoy aprendiendo, qué estoy buscando, por qué estoy desesperado, qué necesito, cómo he sido afectado, qué puedo hacer. Nos vemos a nosotros mismos como individuos aislados buscando encuentros personales con Dios, donde sea que los encontremos.

Tristemente, esto refleja nuestro individualismo, nuestra cultura obsesionada con el "yo". En vez de vernos como parte de una comunidad que adora, nos convertimos en consumidores de adoración. Queremos adoración a petición, servida de la manera que nos gusta, en nuestro propio tiempo y con nuestra propia música.

¿Cómo contrarrestamos eso?

David Peterson nos dice:

La vitalidad y el significado no se restaurarán en las reuniones cristianas hasta que los que dirigen y los que participan puedan recuperar una perspectiva bíblica en sus reuniones, viéndose en relación con el plan total de Dios y con Su propósito para Su pueblo.[32]

¿Tienes una perspectiva bíblica de tus reuniones? ¿Estás ayudando a las personas para ver cómo se relacionan con el plan total de Dios y con Su propósito para el pueblo? En otras palabras, ¿estás reuniendo una audiencia o estás edificando una comunidad de adoradores?

Una comunidad que adora está formada por individuos cuyas vidas están centradas alrededor del Salvador y lo adoran juntos cada semana. Una comunidad que adora espera encontrarse con la presencia de Dios no solo los domingos sino cada día. Una comunidad que adora reconoce que los tiempos apasionados de cantar alabanzas a Dios deben fluir de vidas apasionadas y deben llevar a vidas apasionadas para la gloria de Jesucristo.

En los próximos tres capítulos veremos cómo Dios quiere usarte para edificar esa clase de comunidad que adora para Su gloria.

Capítulo 15

…A PROCLAMAR EL EVANGELIO…

La proclamación, declarar lo que es verdad acerca de Dios, es a menudo subestimada. ¿Por qué proclamar las verdades de la Escritura que ya hemos escuchado y conocemos?

Porque olvidamos. Olvidamos quién es Dios. Olvidamos lo que ha hecho.

La proclamación ayuda a ajustar correctamente nuestras mentes y corazones. Nos recuerda las convicciones y realidades que deben guiar y gobernar nuestras vidas cada día.

Proclamar es anunciar algo oficial o públicamente. No estamos guardando un secreto. Queremos que otros escuchen.

Además significa declarar algo importante con el énfasis apropiado. Estamos diciendo: "*Esto* es realmente importante".

La adoración bíblica incluye la proclamación, que significa anunciar la verdad de Dios con nuestras vidas. Estamos haciendo algo más que expresar emociones o tener "una experiencia de adoración". Estamos declarando por qué Dios es tan grande, todo lo que ha hecho, y todo lo que ha prometido.

Todos necesitamos recordatorios, y la proclamación nos ayuda a recordar.

SALVOS PARA PROCLAMAR

Pedro nos dice que somos salvos "a fin de que [anunciemos] las virtudes de Aquél que [nos] llamó de las tinieblas a Su luz admirable" (1 Ped. 2:9). Se supone que debemos cumplir este mandado tanto en nuestras reuniones como en nuestras vidas.

Las personas vienen a nuestras iglesias proclamando toda clase de cosas con sus palabras y acciones. Cuando dan ofrendas con avaricia algunos están afirmando cuánto les importa su riqueza personal. Otros, con sus quejas, están declarando cuánto les importa su comodidad personal. Los adolescentes, vestidos a la última moda, pueden estar proclamando que verse bien es importante. Otros confirman a través de sus sonrisas o ceños fruncidos que sus preferencias musicales son importantes.

Sin embargo, nosotros queremos que cada uno de ellos, cuando se marche, proclame esto: El evangelio de Jesucristo es importante.

CONECTA EL EVANGELIO CON LA VIDA

La Palabra de Dios nos manda a proclamar Su salvación de día en día (ver Sal. 92:2). Proclamar esta salvación debe ser una práctica y preocupación diarias.

Si eso no está sucediendo en nuestras iglesias, podría ser porque los individuos no entienden cómo la muerte de Jesús por sus pecados afecta el resto de sus vidas. No tienen claro cómo aplicar el evangelio a sus vidas. Quizá ven el evangelio como algo que es solo para los incrédulos o los nuevos creyentes. Ellos están bien cuando cantan acerca del evangelio en la iglesia, pero no entienden cómo se aplica al resto de la semana.

Es nuestro privilegio ayudar a las personas a ver cómo el evangelio funciona en cada aspecto de sus vidas. A continuación, hay algunas de esas conexiones que podemos ayudarlos a hacer mientras adoramos juntos.

El evangelio y nuestro pecado

Porque yo les entregué en primer lugar lo mismo que recibí: que Cristo (el Mesías) murió por nuestros pecados, conforme a las Escrituras; que fue sepultado y que resucitó al tercer día, conforme a las Escrituras.
1 Corintios 15:3-4.

Lo que era de enorme importancia para Pablo es también de enorme importancia para nosotros y para las personas que dirigimos cada semana: "Cristo murió por nuestros pecados".

No es suficiente cantar acerca del Cristo que muere por nuestros pecados. Nosotros queremos ayudar a las personas a entender los beneficios de lo que Dios llevó a cabo a través de ese acto.

Su Palabra nos dice directamente: "Por tanto, ahora no hay condenación para los que están en Cristo Jesús" (Rom. 8:1). Si Cristo murió por nuestros pecados, eso quiere decir que ya no estoy bajo la ira de Dios. No tengo que vivir con la preocupación de la culpa. Su perdón es completo: estoy perdonado. He sido declarado justo a los ojos de Dios, no sobre la base de mis propias obras, sino sobre la base de la justicia de Cristo imputada a mí.

Dios nos invita a creer que la muerte de Cristo fue suficiente para pagar por nuestros pecados. Cada uno de ellos. No importa cuántas veces seamos tentados a creer de otra manera. Charitie Bancroft lo expresó bien en su himno *Before the Throne of God Above* [Ante el trono celestial], con música compuesta por Vikki Cook:

Cuando he caído en tentación
Y al sentir condenación
Al ver al cielo encontraré
El inocente quien murió
Y por Su muerte el Salvador
Ya mi pecado perdonó
Pues Dios, el Justo, aceptó
Su sacrificio hecho por mí
Su sacrificio hecho por mí.[33]

El evangelio y nuestro sufrimiento

He tenido el privilegio de conocer familias que han experimentado dolor o pruebas graves y han respondido con humildad y fe. Adoro a Dios junto con algunos de ellos cada semana.

Están Luke y Kriscinda, cuyo hijo de tres años, Miqueas, finalmente sucumbió a un agresivo tumor cerebral. Steve y Mary, cuyo hijo Ian tuvo un accidente automovilístico camino al trabajo y ha estado en coma durante meses. Ken, quien perdió a su esposa debido a un cáncer. Drew y Diane, quienes han atendido a su hijo discapacitado, Reid, por más de veinte años, alimentándolo y atendiendo cada una de sus necesidades.

No entiendo completamente todo lo que han atravesado estos amados santos. Pero sé esto: probablemente hay personas en tu congregación que están pasando por pruebas similares. Y en medio de su sufrimiento, estarán tentados a dudar de la bondad de Dios, a cuestionar Su soberanía y a desconfiar de Su sabiduría.

Sin embargo, Dios ha mostrado la grandeza de Su soberanía, amor y sabiduría en la cruz. Allí en el Calvario, Dios cumplió Sus propósitos soberanos, aun a través de las acciones de hombres malos, para mostrar la gloria de Su gracia, resultando en la redención de un sinnúmero de indignos rebeldes.

Nuestros pecados han sido perdonados. Hemos sido comprados por la sangre del Salvador. Hemos llegado a ser parte de la familia de Dios, llamados a ser como Cristo. Dios está ahora usando nuestras pruebas para lograr Sus propósitos en nosotros (Rom. 8:28-29).

Ese conocimiento nos asegura que nuestro sufrimiento siempre tiene un propósito dentro de los justos planes de Dios. Él está operando Su plan perfecto para nosotros, y nunca permitirá que padezcamos dificultades sin darnos la gracia para soportarlas.

Podemos regocijarnos en las pruebas porque sabemos que Dios las está usando para prepararnos para "la gloria que nos ha de ser revelada" (Rom. 8:18). Podemos estar animados porque nuestros sufrimientos nos hacen correr hacia Dios por fortaleza. Podemos agradecer a Dios que en medio de la adversidad Él está desarrollando Su plan para nosotros (2 Cor. 4:17-18).

El evangelio y nuestra santificación

Al recordarnos que el evangelio es el que nos cambia, cantar juntos nos ayuda en nuestra santificación. Pedro nos dice que "Él mismo llevó (cargó) nuestros pecados en Su cuerpo sobre la cruz, a fin de que muramos al pecado y vivamos a la justicia" (1 Ped. 2:24). En el evangelio, Dios nos ha dado esperanza, motivación y poder para cambiar.

El evangelio nos asegura que no solo han sido perdonados nuestros pecados, sino que ya no servimos más al pecado. Hemos muerto con Cristo y hemos sido levantados con Él a una nueva vida. Por eso podemos estar confiados de que Dios completará la obra que comenzó en nosotros (Fil. 1:6). Somos libres para obedecer en el poder de Su Espíritu. Ya no nos pertenecemos: hemos sido "comprados por un precio" (1 Cor. 6:20).

Saber que nuestros pecados son perdonados por medio del evangelio también nos persuade de la misericordia de Dios y nos motiva a vivir en obediencia a Sus mandamientos. ¿Cómo no podríamos querer complacer al que se hizo pecado por nosotros "para que fuéramos hechos justicia de Dios en Él" (2 Cor. 5:21)?

Finalmente, el perdón que recibimos por medio de la sangre derramada de Cristo es el fundamento para esforzarnos, por la gracia, en buscar la santidad. Es una protección contra el legalismo. C. J. Mahaney señala que el legalismo nos lleva a pensar que nosotros podemos "obtener el perdón *de* Dios y la justificación *delante* de Dios a través de la obediencia *a* Dios".[34] Pero, nosotros ya hemos sido perdonados y justificados por medio de la muerte sustitutoria del Salvador. Todas nuestras obras están ahora enraizadas en el evangelio y son alimentadas por él. Proclamar este evangelio de gracia y fe nos protege de colocar una falsa esperanza en nuestros propios esfuerzos o pensar que ganaremos alguna clase de mérito a los ojos de Dios.

El evangelio y las relaciones rotas

Hemos sido liberados de la culpa y de la esclavitud del pecado, pero la presencia del pecado permanece. Eso significa que eventualmente pecaremos unos contra otros.

Y si no encontramos personas dentro de la iglesia contra las cuales pecar, hay muchas afuera.

La mayoría del tiempo resolvemos nuestras diferencias y seguimos adelante. Pero, en ocasiones, una relación sale mal y termina consumiendo nuestros pensamientos, energía y emociones. Se nos van las horas reviviendo las conversaciones, buscando culpables y pensando en nuestros "derechos". Y con eso crecen las raíces de amargura en nuestros corazones. Se nos hace imposible ver cómo podremos perdonar a quien nos ofendió.

Adorar a Dios juntos provee la oportunidad para recordar a Aquel a quien *todos* hemos ofendido.

Hemos pecado contra un Dios infinitamente justo. La deuda en la que hemos incurrido nunca podremos pagarla. Nos hemos quedado cortos de la gloria de Dios. Merecemos el justo castigo de Dios.

Con todo, Dios diseñó una manera de poner nuestro castigo sobre Su Hijo. La justicia perfecta y la misericordia perfecta se besaron en la cruz. Nosotros, los culpables, hemos sido perdonados por medio de la sangre de Cristo. ¿Cómo no podríamos perdonar a los que han pecado contra nosotros?

En Colosenses 3, Pablo describe las clases de relaciones en la iglesia a las cuales Dios nos ha llamado. Estas relaciones se caracterizan por la misericordia, la benignidad, la humildad, la mansedumbre y la paciencia. Y justo antes de instruirnos a cantar salmos, himnos y cánticos espirituales entre nosotros, nos da el mandamiento: "Como Cristo os perdonó, así también *hacedlo* vosotros" (Col. 3:13).

Si Dios nos ha perdonado nuestros grandes pecados, ¿cómo no extenderíamos misericordia hacia los que han pecado contra nosotros?

Proclamar juntos el evangelio

El mundo nos miente constantemente. "Dios no existe". "Tú eres lo más importante". "El pecado no tiene consecuencias". "Esto es todo lo que hay". "Mientras tengas más, más feliz serás".

Ante todas estas mentiras, nosotros nos reunimos como iglesia para proclamar la verdad. Nos reunimos para declarar –a nosotros mismos y a Dios– lo que *sabemos* que es verdad, y verdad eterna. Hay un solo Dios, quien es soberano sobre el universo y soberano sobre cada detalle de nuestras vidas. Nos hemos rebelado contra Él. Dios envió a Su Hijo para morir en nuestro lugar por nuestros pecados. Y por medio de Jesucristo tenemos perdón y paz para con Dios.

Hay muchas cosas que podemos proclamar durante y después de nuestra adoración como cuerpo. La gloria de Dios y Su perfección no tienen fin. Pero el alimento de nuestra alabanza siempre será el evangelio de Cristo, quien nos redimió y nos acercó a Dios.

Conforme ayudamos a las personas a entender la relación entre el amor de Dios por nosotros, en Cristo, y nuestras luchas y desafíos diarios, crecerá su amor y aprecio por el evangelio. El resultado será una comunidad gozosa, centrada en el evangelio, que demuestra y proclama las buenas nuevas de la gracia de Dios a un mundo perdido y sin esperanza: ¡La gracia de Dios perdona! ¡La gracia de Dios redime! ¡La gracia de Dios restaura!

PROCLÁMATE A TI MISMO EL EVANGELIO

Como líderes de adoración, no hay manera más importante o fructífera en que podamos servir a nuestra iglesia que esta: sumergiéndonos nosotros mismos en las riquezas del evangelio cada día. Yo comienzo, la mayoría de los días, recordándome a mí mismo el evangelio. Sé que a menos que traiga a mi mente mi necesidad de redención y la provisión para mí en Jesucristo, seré incapaz de ayudar a otros a valorar al Señor sobre lo demás.

¿Es el evangelio para ti más precioso hoy que el día que te convertiste? ¿Acaso quieres moverte a elementos más "avanzados" de la vida cristiana como el discipulado, el evangelismo, la guerra espiritual y ayudar a los pobres?

Que no se te escape esto. Nada debe desplazar u oscurecer la centralidad del evangelio en nuestra adoración.

Y nada nos dará más gozo.

Capítulo 16

...A APRECIAR LA PRESENCIA DE DIOS...

Hablar de la presencia de Dios puede ser algo confuso. Alguien anunciaba que podía enseñar "cómo hacer que descienda la presencia y el poder de Dios a través de la música". ¿Acaso podemos hacer eso? ¿Cuál es la verdadera conexión entre la música y la presencia de Dios?

Si Dios está presente en todas partes, ¿por qué estamos más conscientes de Su presencia en ciertos momentos?

¿Es la adoración congregacional el primer escenario donde debemos esperar encontrarnos en la presencia de Dios?

¿Cómo podemos, verdaderamente, obedecer el mandamiento de "Busquen Su rostro continuamente" (Sal. 105:4)?

Respuestas inadecuadas a estas preguntas pueden llevar al emocionalismo, la superstición, el desánimo o a algo peor. Pero que se den respuestas incorrectas no anula la verdad de que Dios habita en medio de Su pueblo.

Entender correctamente la presencia de Dios nos lleva a deleitarnos, y se convertiría en algo que buscaríamos y anticiparíamos.

DELEITARSE EN LA PRESENCIA PROMETIDA DE DIOS

La Escritura revela la consoladora y formidable realidad de que Dios está presente en todas partes.

"¿Adónde me iré de Tu Espíritu?", pregunta David. "Adónde huiré de Tu presencia? Si subo a los cielos, allí estás Tú; si en el Seol preparo mi lecho, allí Tú estás" (Sal. 139:7-8).

Pero mientras Dios está presente en todas partes, Él también escoge, a veces, localizar Su presencia, como lo hizo para Moisés en una zarza que ardía en el desierto (Ex. 3:2).

Y ahora, a través de Su Espíritu, Él promete estar presente en Su pueblo. A causa de nuestra unión con Cristo, la iglesia es "la morada" de Dios sobre la tierra, el nuevo "templo", el lugar donde vive Dios (Ef. 2:19-22). Puesto que este templo es donde Dios escoge revelar Su presencia, debemos esperar que cuando nos reunimos en Su nombre, Él estará con nosotros.

Y es así.

Él ha prometido estar presente cuando nos congregamos. Jesús prometió Su presencia "donde están dos o tres reunidos en Mi nombre, allí estoy Yo en medio de ellos" (Mat. 18:20).

Dios está también con nosotros cuando se cantan Sus alabanzas. El Espíritu Santo inspira nuestros salmos, himnos y cantos espirituales que cantamos entre nosotros (Ef. 5:18-19).

Dios revela Su presencia cuando se predica la Palabra. La Biblia no es solo verdad abstracta. Es "viva y eficaz, y más cortante que cualquier espada de dos filos" (Heb. 4:12). Sin duda tú has experimentado los efectos penetrantes de la Palabra de Dios.

En una conferencia hace unos años, escuché un mensaje sobre 1 Timoteo 4:16 sobre la importancia de cuidar nuestras vidas y nuestra doctrina. Me sentí como si Dios mismo hubiera alcanzado lo más profundo de mi corazón y me dio convicción de pereza, incredulidad y orgullo. Mientras el predicador terminaba, las lágrimas corrían por mi cara. Ni me moví. Quería congelar el momento para meditar en la seriedad del llamado de Dios en mi vida.

No tengo duda acerca de esto, pensé. *Dios definitivamente está aquí.*

Como líder de adoración, quiero preparar la fe de las personas para encontrarse con Dios cuando los músicos se van y el pastor sube a predicar. Es uno de los momentos más importantes de nuestra semana.

Dios también ha prometido estar con nosotros cuando celebramos la Santa Cena. Lo que celebramos es más que un recordatorio o un puro símbolo. El Salvador resucitado está presente con nosotros a través de la fe mientras recordamos Su obra de reconciliación. Estamos siendo profundamente fortalecidos en nuestra unión con Él y unos con otros.

Estos son algunos de los momentos cuando Dios ha prometido estar presente con Su pueblo.

Hay, por supuesto, momentos cuando de manera inesperada llegamos a estar conscientes de la presencia del Señor. Quizá una oleada de paz repentina viene sobre nosotros. O un gozo incontenible surge de las profundidades de nuestra alma. O experimentamos la convicción del Espíritu Santo.

¿Se ha manifestado la presencia de Dios en esos momentos? ¿Hemos sido guiados a la presencia de Dios? No. Dios estaba presente desde el principio. Solamente hemos llegado a estar más conscientes de esta realidad.

D. A. Carson observa cómo "nosotros a menudo nos *sentimos* estimulados y edificados" cuando nos involucramos en actividades relacionadas con la adoración en comunidad. El resultado es que "somos renovados en nuestra percepción del amor y la verdad de Dios, y somos estimulados a responder con adoración y acción". Y señala además algo que no debemos olvidar: "Objetivamente, lo que nos trae a la presencia de Dios es la muerte y la resurrección del Señor Jesús". Él advierte que si comenzamos a pensar que las actividades de adoración que realizamos son lo que acercan la presencia de Dios, "no transcurrirá mucho tiempo antes de que comencemos a pensar que tal adoración tiene algún mérito o eficacia, o algo semejante"[35].

Una advertencia similar de Harold Best se aplica específicamente a los líderes de adoración:

> Los músicos cristianos deben ser particularmente precavidos. Ellos pueden crear la idea de que Dios está más presente cuando hay música que cuando no; que la adoración es más posible con la música que sin ella; y que Dios podría depender de la música para manifestarse[36].

Así que ¿cuál es la verdadera diferencia entre experimentar en realidad la presencia de Dios y simplemente ser conmovido por un arreglo creativo, una interpretación impresionante del vocalista, un enorme coro o una hermosa melodía?

No siempre es fácil decirlo. Dios puede usar nuestros talentos musicales para afectar a las personas emocionalmente, pero estos nunca median Su presencia. Solo Jesús puede hacerlo.

Sin embargo, sigue siendo cierto que Dios ha prometido morar en medio de Su pueblo. Y él quiere que amemos esa realidad.

BUSCAR LA PRESENCIA ACTIVA DE DIOS

Pensar cuidadosamente sobre la realidad de la presencia de Dios debe llevarnos a considerar la persona y la obra del Espíritu Santo. Wayne Grudem muestra desde la Escritura cómo uno de los "propósitos primarios del [Espíritu] en el nuevo pacto es manifestar la presencia de Dios, dar indicaciones que hagan evidente la presencia de Dios"[37]. Y Gordon Fee añade: "Para Pablo, la presencia del Espíritu, como una realidad que se experimente y se viva, era el asunto crucial de la vida cristiana, desde el principio hasta el fin".[38]

Dios revela Su presencia no solo a través de los medios que ya he mencionado sino también a través de los dones espirituales, los cuales debemos "desear ardientemente" (1 Cor. 14:1). ¿Cómo caben nuestros dones espirituales en la obra del Espíritu de hacer que la presencia de Dios sea una realidad viva?[39]

Pablo declara en 1 Corintios que el Espíritu da manifestaciones de Su presencia "para el bien común" de la iglesia (12:7). Al ver y escuchar evidencias de la actividad del Espíritu en nuestras reuniones, nos percatamos de que Dios está realmente con nosotros y desea edificar, fortalecer y animar a la iglesia a través de Su gente.

Pero como vimos en el Capítulo 10, debemos ser fieles para responder a toda manera en que el Espíritu se manifieste en nosotros para servir a otros. No te contengas porque estás asustado de fallar o parecer un tonto. Si lo estropeas, te sentirás humillado, lo cual es ganancia delante de Dios.

Durante muchos años he interpretado cantos espontáneos durante la adoración congregacional que creo son una forma de profecía. Son similares a una impresión profética del Señor, solamente que son cantados, riman, y a menudo se cantan "de parte de Dios para nosotros". Nunca he creído ni por un momento que las palabras que canto son "palabra por palabra" de Dios. Esa es la Biblia. Pero estos cantos parecen comunicar en verso el corazón del Señor para un particular individuo, grupo o situación[40].

El efecto a través de los años ha sido un reconocimiento mayor del cuidado de Dios para Su gente. Al principio me molestaban mis preguntas que me impedían manifestar este don. ¿Qué si llego a la mitad de una línea y me bloqueo? ¿Qué si las personas piensan que estoy tratando de llamar la atención? ¿Qué si nadie es afectado? Finalmente me di cuenta de que mis preguntas me impedirían responder a lo que pensaba eran indicaciones del Espíritu. Desde entonces simplemente decidí ser fiel, y Dios me ha dado cientos de cantos para animar a Su pueblo.

No me malinterpretes. Tú no tienes que interpretar cantos espontáneos para que Dios te use. El Espíritu de Dios está operando en una variedad de maneras. Él podría repentinamente traer a tu mente un pensamiento de la Escritura que afecte la dirección de la reunión. Tú podrías ser guiado a detener la adoración y dirigir en oración por una necesidad específica.

Queremos estar muy atentos para escuchar lo que el Espíritu podría estar guiándonos a hacer mientras cuidamos al pueblo de Dios.

Nosotros honramos al Hijo y traemos gloria al Padre al permitir que el Espíritu opere poderosamente a través nuestro.

Es importante comprender que muchos de estos momentos espontáneos en público son el fruto de una preparación consistente en lo privado. Conforme estudie la Palabra de Dios en mi tiempo devocional, estaré más propenso a recordarla en público. Orar por la letra de las canciones antes de una reunión me prepara para escuchar más cuidadosamente cuando dirijo a la iglesia.

Buscar la presencia del Espíritu significa involucrar a otros. En nuestra iglesia cualquiera de nuestros pastores podría ofrecer una impresión espontánea. A menudo lo hacen. Además, animamos a que miembros de la congregación participen, y para ello colocamos un micrófono al frente del auditorio. Esto es supervisado por uno o más pastores, quienes revisan cada contribución de acuerdo a su contenido, conveniencia y actitud antes de ser compartida.

Cuando se hace responsablemente y con humildad, esta es una manera en que podemos dirigir a la iglesia a amar la presencia de Dios entre nosotros.

ANTICIPAR LA PRESENCIA DEVELADA DE DIOS

He tenido el privilegio de participar en reuniones donde la magnificencia de la gloria de Dios, o un mayor grado de conciencia de Su misericordia, ha hecho difícil para mí quedarme de pie. Cuando eso sucede, estoy siempre consciente de una cosa: esto es solamente la más pequeña visión, el más débil susurro, de lo que nos espera en el cielo.

Ninguna reunión en esta vida podrá jamás competir con el esplendor del cielo.

La Biblia habla del cielo como un lugar donde Dios está presente. "Porque Cristo (el Mesías)... entró... en el cielo mismo, para presentarse ahora en *la presencia de Dios* por nosotros" (Heb. 9:24, énfasis añadido). Aunque Dios está presente en todas partes, el cielo es diferente.

En el cielo nuevo y la tierra nueva no habrá templo en el cual adorar a Dios. Ninguna estructura o lugar representará Su presencia más que otra, porque Dios y el Cordero serán el templo (Apoc. 21:22). Viviremos, respiraremos, comeremos, cantaremos, trabajaremos y descansaremos por siempre en el lugar santísimo, donde habita siempre la presencia de Dios.

El cielo es nuestro hogar, pero no estamos allí todavía. Lo mejor está por venir. En esta vida nuestra experiencia de la presencia de Dios está limitada por lo que Dios nos muestra y lo que nosotros podemos percibir. Algunas veces reconocemos que Dios está cerca, pero normalmente no lo experimentamos de una manera pronunciada. En el cielo las cosas serán diferentes. La presencia completa e inmediata de Dios estará en todas partes. Y nosotros la amaremos como nunca antes.

Muchos de nosotros no tenemos el cielo en mente cuando adoramos a Dios en la tierra. Pero, conforme nos demos cuenta de hacia dónde vamos, querremos vernos y actuar como adoradores celestiales.

Muy pronto tú y yo estaremos de pie ante la majestad y la gloria de Dios. Tomaremos nuestro lugar entre las multitudes del cielo, compuesto de todas las naciones y tribus y pueblos y lenguas, quienes han sido comprados por la sangre del Cordero. Entenderemos que nuestras vidas en este mundo solo habían sido la portada y la página del título de lo que nos espera. Comenzaremos "Capítulo Uno de la Gran Historia", como lo escribe C. S. Lewis, "la que dura para siempre jamás, aquella en la cual cada capítulo será mejor que el anterior"[41].

No sabemos cuándo vendrá ese día. Podría ser mañana. Podría ser décadas a partir de ahora. Pero vendrá. ¡Cerraremos nuestros ojos momentáneamente, luego los abriremos... y estaremos en casa!

Entonces oí una gran voz que decía desde el trono: "El tabernáculo de Dios está entre los hombres, y Él habitará entre ellos y ellos serán Su pueblo, y Dios mismo estará entre ellos. Él enjugará toda lágrima de sus ojos, y ya no habrá muerte, ni habrá más duelo, ni clamor, ni dolor, porque las primeras cosas han pasado. Apocalipsis 21:3-4

Amén. Ven, Señor Jesús.

Capítulo 17

… Y A VIVIR PARA LA GLORIA DE DIOS

"Los cristianos no son perfectos", dice el viejo refrán, "solamente han sido perdonados". Y es cierto, pero solo parcialmente.

Somos perdonados para que seamos diferentes. Somos justificados para que seamos santificados. Aunque nunca seremos perfectos en esta vida, Dios está comprometido en hacernos conforme a Jesús (Rom. 8:29).

Pablo nos dice:

Pero todos nosotros, con el rostro descubierto, contemplando como en un espejo la gloria del Señor, estamos siendo transformados en la misma imagen de gloria en gloria, como por el Señor, el Espíritu. 2 Corintios 3:18

Mientras contemplamos la gloria del Señor, el Espíritu de Dios está operando para transformarnos a la imagen del Hijo de Dios. Esta es una de las razones primarias por la que nos reunimos: contemplar y ser cambiados.

Quisiera sugerirte seis maneras de adorar a Dios los domingos que deben transformar la manera en que vivimos el resto de la semana.

ADORAR A DIOS DEBE HACERNOS HUMILDES

Captar tan solo un destello de la gloria y el esplendor de Dios producirá una humildad genuina en nuestros corazones. Esa fue la respuesta de Moisés, de los israelitas, Isaías, Jeremías, Pedro y el apóstol Juan, y de muchos otros en la Escritura. Nada nos debe exaltar en el encuentro con Dios.

Una razón por la que a menudo no nos sentimos humillados cuando adoramos es que nos centramos en otras cosas y terminamos oscureciendo la gloria de Dios. Sería como visitar el Gran Cañón del Colorado y fascinarnos tontamente con las señales de parqueo, las tiendas de *souvenirs* y las barandillas. Disfrutamos una comida, lanzamos una pelota de fútbol y nos marchamos. Felices, pero sin ser afectados por la gloria de la creación de Dios.

Eso no le pasa a nadie. No permitimos que los alrededores nos distraigan del esplendor maravilloso del cañón. Y el efecto es siempre el mismo. Repentinamente nos sentimos pequeños, indefensos, insignificantes. Como dice John Piper, nadie sale del Gran Cañón sin sentirse sobrecogido.

Por eso es tan importante que adoremos a Dios a través del lente del evangelio. Nada nos humilla más que adorar a los pies de la cruz. Ningún pensamiento penetra la raíz de nuestro orgullo como percatarnos de que Dios mismo tuvo que pagar por nuestra rebelión contra Él.

Yo soy un adorador de Dios porque Jesús murió y resucitó para hacerme uno, no porque gané el derecho de serlo.

Si adorar a Dios nos deja pensando en lo increíbles que somos, hemos puesto las cosas al revés. La adoración en general, y la adoración congregacional en particular, tienen la intención de hacernos humildes.

Hemos encontrado letras, como esta, que nos ayudan a cultivar actitudes que no se centran en nosotros mismos sino que exaltan a Cristo en nuestros corazones:

En rumbo a mi perdición
Indiferente aún
De mí tuviste compasión
Me guiaste a la cruz
Y contemplé tu gran bondad
Sufriste tú por mí
Al tú morir en mi lugar
Tu gracia recibí.

ADORAR A DIOS DEBE DARNOS SEGURIDAD

El fundamento de nuestra seguridad en Dios no es nuestra preparación y planes, ni lo que otros puedan proveer para nuestra protección. Nuestra seguridad no descansa en nuestro sistema de alarma, nuestro poder militar, la policía o nuestra cuenta de bancos. Nuestra seguridad en definitiva descansa en el amor inmutable de Dios, manifestado gloriosamente en el Calvario.

Una de las razones por la que los cristianos a menudo cuestionan el amor y la protección de Dios es que el Salvador crucificado y resucitado no es central en su adoración. El consuelo y la fortaleza que la adoración congregacional nos transmite es más que el resultado de música relajante o un ambiente conocido. Es el recordatorio de que nada en el cielo, infierno o lo que haya entre ambos "nos podrá separar del amor de Dios, que es en Cristo Jesús, Señor nuestro" (Rom. 8:39). Joel Scebel captura bien esta idea:

¿Qué puede separarnos de Tu amor?
¿Podrá romperlo prueba o aflicción?
¿Podrá acusarnos la condenación
Contra el perdón que Tu sangre nos dio?
Y aunque el viaje largo es
Yo triunfante cantaré
Nada en la tierra o en las alturas
Podrá arrancarnos de Tu eterno amor, Señor[43].

ADORAR A DIOS DEBE HACERNOS AGRADECIDOS

Existe una razón por la cual Dios manda "Entren por Sus puertas con acción de gracias, Y a Sus atrios con alabanza" (Sal. 100:4). "Porque el Señor es bueno; Para siempre es Su misericordia" (Sal. 100:5). Él ha sido indeciblemente bondadoso para con nosotros.

Cuando las personas le preguntan a mi amigo C. J. Mahaney cómo está, él normalmente menciona la bondad de Dios al responder: "Mejor de lo que merezco". Alguien pensaría que acaba de recibir un regalo o que es un tipo optimista. Pero es algo mucho más profundo. Está recordándose a sí mismo el evangelio.

La verdad es que estamos mucho mejor de lo que merecemos. Porque a causa de nuestro pecado, todos merecemos el infierno.

Aun así, muchas veces, las personas entran insatisfechas, descontentas y malagradecidas a las reuniones de la iglesia. Han estado pensando en otras personas que son más ricas, más hermosas, mejor conocidas, más fuertes, más talentosas o más piadosas.

Adorar a Dios correctamente debe abrir nuestros ojos a la increíble gracia de Dios. Recordamos cómo en Cristo Jesús somos redimidos y reconciliados con el Padre, y por eso somos capaces de abundar en gratitud y acciones de gracias. Nuestra necesidad más grande ha sido resuelta en la cruz.

Cuando miramos la cruz de Cristo y reconocemos que nosotros somos los que deberíamos estar colgados allí, ¿qué otra respuesta puede haber sino gratitud abundante? El canto de Pat Sczebel es una expresión de esto:

El misterio de la cruz no puedo comprender
La angustia que llegó a sufrir.
El perfecto Dios, Su Hijo entregó
La copa amarga Él bebió por mí.
Tu sangre, mi maldad lavó
Gracias, Cristo.
Fue satisfecha la ira de Dios
Gracias, Cristo.
Tu enemigo fui y hoy me siento a Tu mesa
Gracias, Cristo[45].

ADORAR A DIOS DEBE HACERNOS SANTOS

Es imposible pensar correctamente en Dios separado de Su santidad. Su ira en contra de nuestro pecado, Su firme oposición a la injusticia y Su justo juicio al malvado. Estos no son temas populares, pero describen al Dios que adoramos. Y mientras más amemos adorarlo, más aborreceremos el pecado en todas sus manifestaciones. Si Dios no estuviera celosamente opuesto a la maldad en todas sus formas, incluyendo nuestro pecado, no merecería nuestra adoración. Él no sería bueno. Él no sería Dios.

Por eso, aquellos que llevan Su nombre y habitan en Su presencia son llamados santos como Él: "Serán, pues, santos, porque yo soy santo" (1 Ped. 1:16, citando Lev. 11:44-45).

Una manera en que hemos buscado incrementar nuestra percepción de la santidad de Dios es confesando, ocasionalmente, juntos como iglesia, nuestros pecados ante Dios. No es que disfrutemos de una malsana introspección. No es que hemos olvidado que somos salvos. Al contrario, estamos buscando contrarrestar nuestros continuos esfuerzos de justificar, minimizar e ignorar nuestros actos de desafío contra un Dios santo.

Dios es santo. Como líderes de adoración tenemos el privilegio de recordar a la iglesia que Dios nos ha redimido para compartir esa santidad, para Su gloria. Steve y Vicki Cook nos ayudan a hacerlo en su canto *I Bow Down* [Me postro]:

Tu inmensa belleza
Y majestad cubren todo el firmamento

Santo eres, Señor.
Exaltado sobre todo
Los cielos no encierran Tu presencia.
Santo eres, Señor.
Y mientras contemplo Tu gloria
Quebrantado soy.

Me salvaste siendo pecador
Tu sangre me hizo blanco como nieve.
Te amo, mi Señor.
Me amaste, Tu enemigo
Tu gracia mi corazón ganó por siempre.
Te amo, mi Señor.
Y al contemplar Tu misericordia
Quebrantado soy[46].

ADORAR A DIOS DEBE MOTIVARNOS A AMAR

Cuando nos reunimos para adorar, lo que debe capturar nuestra atención, agitar nuestros afectos y despertar nuestra adoración es Dios mismo, revelado en Jesucristo. Pero mientras contemplamos Su gloria, nuestro afecto por aquellos que Él creó se profundizará también. "Si alguien dice: 'Yo amo a Dios', pero aborrece a su hermano, es un mentiroso. Porque el que no ama a su hermano a quien ha visto, no puede amar a Dios a quien no ha visto" (1 Jn. 4:20).

Jesús dejó a Sus seguidores con un claro mandato: "Este es mi mandamiento: Que se amen los unos a otros, así como Yo los he amado" (Juan 15:12). Él entonces da el importante ejemplo de amor entregando Su vida por aquellos que vino a redimir. Es inconsistente profesar que amamos a Dios y no mostrar amor por aquellos que Él vino a salvar.

Los buenos líderes reconocen que exaltar el evangelio de Cristo debe motivarnos a entregar nuestras vidas en amor para otros. Isaac Watts expresó esa realidad en su himno *When I Survey the Wondrous Cross* [La cruz excelsa al contemplar]:

El mundo entero no será
Dádiva digna de ofrecer.
Amor tan grande sin igual,
En cambio exige todo el ser.

ADORAR A DIOS DEBE INSPIRARNOS A LAS MISIONES

Las personas que están centradas en las misiones son aquellos que comparten las buenas nuevas de la salvación de Dios con otros a través de sus palabras y sus vidas.

Los líderes de adoración somos grandes evangelistas. Después de todo, es nuestra pasión ayudar a las personas a ver claramente por qué Dios merece adoración, y queremos que tantas personas como sea posible compartan el gozo de conocerlo. Alabamos al Dios que desea que todas las personas vengan al conocimiento de la verdad y que no desea que nadie se pierda (1 Tim. 2:4; 2 Ped. 3:9).

¿Cómo no quisiéramos que nuestra familia, amigos, vecinos, compañeros de trabajo y algunas veces completos extraños conocieran acerca del glorioso Salvador que adoramos? ¿Por qué no les contaríamos acerca de la fuente de toda verdad, vida, significado y gozo?

Mientras dirigimos a la iglesia para que medite en estos pensamientos, queremos evitar cantos que pongan mucho énfasis en la energía y poco en el contenido. Es fácil entusiasmarse momentáneamente con alcanzar las naciones y no poder cultivar ningún deseo de compartir el evangelio con nuestros vecinos.

Nuestra iglesia consistente y apasionadamente predica el evangelio, ofrece capacitación de evangelización y ofrece reuniones orientadas para los amigos no cristianos. Pero también animamos a tener un panorama más claro del corazón de Dios por los perdidos a través de cantos como estos:

Tu causa, ¡oh Señor! llena nuestro ser
Que a Cristo el Salvador puedan conocer.
No a nosotros Dios, la gloria sea a Ti.
La cruz ya nos salvó
Tu reino venga ¡Oh Dios!

Venga Tu reino, Dios
Se haga Tu voluntad.
Sea Tu nombre dado a conocer.
Se oiga Tu canción
En cada nación.
Hasta que Tu obra hecha esté
¡Venga Tu reino, Dios!

LA ADORACIÓN GENUINA CAMBIA VIDAS

En su teología bíblica de la adoración, *Recalling the Hope of Glory* [Recordando la esperanza de la gloria], Allen Ross confirma las observaciones que he hecho en este capítulo:

> Si los adoradores se marchan de un servicio sin pensar en llegar a ser más piadosos en sus vidas, entonces el propósito de la adoración no se alcanzó. Si se marchan de una asamblea sin la convicción de que necesitan conformar sus vidas de acuerdo a la Santa Escritura, aunque signifique cambiar sus estilos de vida, entonces la adoración se ha pervertido en alguna parte… La clara enseñanza de la Escritura es que la adoración genuina cambia la vida[47].

¿En realidad crees esto? Que "la adoración genuina cambia la vida".

Si comprendemos las implicancias de esa declaración, la forma que pensamos en cuanto a la adoración en la iglesia y en cuanto a la dirección de la adoración será dramáticamente impactada. Nunca más estaremos contentos con simplemente prepararnos para una reunión. No estaremos tentados a esperar solo "un buen tiempo de adoración". Haremos todo lo que podamos para servir al propósito de Dios para la iglesia mientras contemplamos Su gloria.

Recordaremos esto:

Pero todos nosotros, con el rostro descubierto, contemplando como en un espejo la gloria del Señor, estamos siendo transformados en la misma imagen de gloria en gloria, como por el Señor, el Espíritu. 2 Corintios 3:18

Dios tiene la intención de transformarnos a Su imagen mientras contemplamos Su gloria.

La clase de cambio que Dios quiere producir en nosotros se da en el contexto de la iglesia local. Mientras juntos glorificamos a Dios el domingo, Él produce en nosotros "tanto el querer como el hacer, para Su buena intención" (Fil. 2:13).

El gozo es nuestro. La gloria es de Él.

Parte tres

TENSIONES SALUDABLES

Capítulo 18

PRINCIPIOS GENERALES

Ministerios Gracia Soberana, la familia de iglesias que tengo el privilegio de servir, tiene sus raíces en el movimiento carismático de los años setenta. Mucho de lo que hicimos en nuestras primeras reuniones fue una reacción a las liturgias formales con las que habíamos crecido.

Ahora, casi sin darnos cuenta, nosotros desarrollamos nuestra propia liturgia. Desde luego, nunca lo llamaríamos así. Sin embargo, una liturgia, que literalmente significa "una manera pública de hacer las cosas" es simplemente una descripción de lo que una iglesia hace durante la adoración congregacional. Y la nuestra llegó a ser bastante predecible.

La mayoría de las reuniones comenzaban con dos cantos rápidos, un canto un poco más lento, y luego con dos o tres cantos lentos. Durante ese tiempo (que duraba entre treinta y cincuenta minutos), las personas contribuirían con palabras proféticas o lecturas de la Escritura, y ocasionalmente oraríamos por grupos específicos de personas. Después de la "adoración", daríamos la bienvenida a los visitantes, daríamos los anuncios y recibiríamos la ofrenda. También dedicaríamos a los bebés o daríamos la bienvenida a nuevos miembros. Finalmente, escucharíamos un mensaje que duraría una hora, seguido por un canto y un tiempo de oración por quien lo necesitara.

Todas las iglesias de *Gracia Soberana* que visitaras seguirían algo cercano a este modelo.

Conforme creció el número de iglesias de *Gracia Soberana,* tuvimos que hacernos algunas preguntas: El programa que desarrollamos cada domingo ¿lo hacemos porque es bíblico, o porque es nuestra preferencia? ¿O simplemente lo hacemos así porque es lo que siempre hemos hecho? ¿Hay algún orden habitual en el servicio que esté basado en las Escrituras que las iglesias deberían seguir?

PRINCIPIOS DE NUESTRO PASADO

Sé que no somos el primer grupo de iglesias que se hace estas preguntas.

En los siglos XVI y XVII, la adoración congregacional se convirtió en un asunto candente cuando los primeros protestantes buscaron reformar las prácticas litúrgicas no bíblicas del catolicismo romano. Juan Calvino y otros desarrollaron lo que llegó a conocerse como el principio regulativo de la adoración[48]. Esta es la convicción de que toda cosa que se hace en la reunión pública de la iglesia debe estar claramente ordenada e implícita en la Escritura. Ocasionalmente, el principio regulativo se usa para prohibir instrumentos y el uso de cantos que no sean los Salmos en la adoración congregacional.

Otro acercamiento se llama el principio normativo, practicado por Martín Lutero y adoptado por los luteranos y los metodistas. Claramente establecido, el principio normativo sostiene que se acepta todo lo que la Escritura no prohíbe. Esto le permitió a Lutero mantener mucho de las prácticas litúrgicas y sacramentales de la Iglesia católica.

En los siglos que siguieron a Calvino y Lutero, se han dividido iglesias y se han formado denominaciones en base a cómo deberían ser nuestras reuniones. Y los conflictos continúan hasta hoy.

¿Por qué es tan difícil determinar lo que Dios quiere que hagamos cuando nos reunimos?

Pienso en algunas razones.

Primero, aunque cada generación e iglesia es responsable de considerar sus prácticas y tradiciones a la luz de la autoridad inmutable de la Palabra de Dios, Él no ha sido tan específico en esta área como algunos quisiéramos. La Biblia no da un orden del servicio que se aplique a todas las culturas en todos los tiempos. El Antiguo Testamento incluye amplias referencias a coros, músicos, procesiones, sacerdotes, vestiduras, celebraciones anuales y alabanzas instrumentales. Pero ¿cuán relevantes son esas cosas hoy, dado el hecho de que el Nuevo Testamento escasamente las menciona? ¿Deberíamos entrar a la presencia de Dios con cantos, danza e instrumentos, en consonancia con el Salmo 149? ¿O estas cosas están excluidas en el Nuevo Testamento por el mandamiento de adorar a Dios "con temor y reverencia" (Heb. 12:28)? Depende a quién se lo preguntes.

Segundo, nosotros tendemos a leer la Biblia a través del filtro de nuestras propias preferencias y prácticas. Los carismáticos abren los Salmos y encuentran mandamientos para aplaudir, cantar con júbilo y danzar (como en Sal. 35:27; 47:1; 149:3). Los presbiterianos insisten en que la Escritura debe ser leída por ministros ordenados (siguiendo el modelo en Neh. 8:2-7) y que todo debe ser hecho "decentemente y con orden" (1 Cor. 14:40). Ya fuera una tradición que tiene trescientos, treinta o tres años de antigüedad, el peligro es el mismo. Comenzamos con la Escritura y con el tiempo ponemos la autoridad final en nuestras propias tradiciones u opiniones.

Tercero, algunos cristianos piensan que Dios no ha dicho cómo debemos adorarlo. Yo le llamo el *Principio de lo que tú quieras*. Este dice que podemos adorar a Dios como queramos. El énfasis está en nuestras propias ideas y en la expresión personal. El problema con esta línea de pensamiento es que Dios nos ha dado ejemplos y mandamientos en la Escritura que comunican claramente lo que quiere que hagamos cuando la iglesia se reúne. Debemos orar juntos (1 Tim. 2:1-2). Los pastores deben predicar y explicar la Palabra de Dios (2 Tim. 4:2). Debemos cantar alabanzas a Dios (Col. 3:16). Además, Pablo especifica cuántas profecías consecutivas pueden darse en una reunión y enuncia la manera adecuada de participar en la Cena del Señor (1 Cor. 14:29; 11:17-34).

Dios no nos ha dicho todo, pero tampoco ha estado callado respecto a esto.

TRES PRINCIPIOS

Con profundo respeto por los que nos han antecedido, en nuestra iglesia tratamos de seguir tres principios en cuanto al orden en nuestros servicios:
1. Hacer lo que Dios claramente ordena.
2. No hacer lo que Dios claramente prohíbe.
3. Usar la sabiduría de la Escritura en todo lo demás.

Reconocemos que Dios no nos ha dado un orden prescrito del servicio que defina la adoración bíblica. Pero buscamos fielmente aplicar los preceptos y ejemplos bíblicos.

También entendemos el papel esencial que la fe tiene en la adoración congregacional. Por eso nunca queremos que nuestra manera de hacer las cosas sustituya una confianza activa en la obra consumada de Cristo para hacer nuestra adoración aceptable.

Siempre estaremos aprendiendo, siempre mejorando, siempre buscando aprender de otros sobre cómo podemos exaltar más eficazmente la grandeza de Dios en Jesucristo cuando nos reunimos.

¿Qué podemos aprender de otros?

Hace unos años le pedí a Mark Dever, pastor de la Capitol Hill Baptist Church que hablara en nuestra conferencia bianual de adoración.

Las reuniones del domingo en la iglesia de Mark lucen *muy* diferentes de las nuestras. Su servicio es formal, el nuestro es menos regulado. La congregación de Capitol Hill es bastante más reservada en el lenguaje corporal, mientras los visitantes a nuestra iglesia encuentran de todo, desde manos levantadas a ponerse de rodillas o hasta danza. Mark planifica los cantos con meses de anticipación, mientras nosotros normalmente nos centramos en los próximos dos domingos. Su iglesia utiliza mayormente un himnario; nosotros proyectamos la letra en una pantalla. Su grupo de músicos consiste de dos guitarras y unos pocos vocalistas. Nosotros usamos una banda completa y algunas veces añadimos un coro que interpreta música contemporánea de adoración. Capitol Hill es una iglesia bautista del sur. La nuestra es una iglesia no denominacional que cree que todos los dones espirituales de 1 Corintios 12 están todavía vigentes.

Entonces ¿qué podría enseñarnos Mark acerca de la adoración?

Bastante, en realidad.

Con todas nuestras diferencias, hemos tenido buenas discusiones acerca de la adoración y de lo que hemos observado en la iglesia de cada uno. Me he beneficiado enormemente de sus reflexiones y puntos de vista, y espero que Mark haya ganado algo de mis pensamientos también.

¿Qué nos permite entablar un diálogo como este?

Para empezar, estamos de acuerdo en los asuntos más importantes. La Biblia es nuestro paradigma autoritativo y suficiente para la vida y la doctrina. Solo Dios determina cómo nos acercamos a Él, cómo lo llamamos y cómo nos relacionamos con Él. Jesús es el único Salvador, quien murió y resucitó por aquellos que se arrepienten de sus pecados y confían en Su sacrificio expiatorio para el perdón. Adorar a Dios es imposible sin el poder del Espíritu. Estas son verdades no negociables que no están abiertas a la discusión.

Pero, como dije anteriormente, hay varios aspectos de la adoración que nosotros vemos, al menos en la práctica, de diferente manera. En vez de discutir interminablemente sobre las cosas en las cuales disentimos, tratamos de aprender del otro lo que nosotros no tenemos. Estamos tratando de aprovechar lo que yo llamo las tensiones saludables de la adoración.

TENSIONES SALUDABLES

Hace un tiempo traté de instalar una red de voleibol para nuestras vacaciones anuales. Afortunadamente nadie lo grabó. Instalé el primer poste con guías enganchadas a estacas en la arena. Entonces corrí tan rápido como pude hacia el otro lado antes de que el primero se cayera. No llegué a tiempo. Traté otra vez. Repetí el proceso tres veces antes de darme cuenta de que era un tonto. Sí, me tomó bastante tiempo darme cuenta.

Necesitaba la ayuda de alguien más porque la red no podía instalarse hasta que no hubiera una tensión saludable entre los dos postes.

Algo similar sucede con la adoración. Una iglesia argumenta por la reverencia, otra por la celebración. Una afirma correctamente que adorar se trata de Dios, pero otra señala todos los versículos sobre la edificación de los creyentes. ¿No habrá alguna manera de que se puedan apreciar ambas perspectivas?

En los próximos capítulos trataremos nueve tensiones saludables relacionadas a la adoración. Estoy seguro de que tú podrías pensar en muchas más.

Mi objetivo al examinar estas tensiones no es tanto llegar a ser balanceado sino entender, buscar y disfrutar todas las maneras en que Dios nos ha capacitado para que lo adoremos.

En la mayoría de los temas tratados en los siguientes capítulos, lo que se da por sentado es preferir un lado y no el otro. Esto requiere una consistente sumisión a la Palabra de Dios y dependencia humilde del Espíritu Santo para asegurarse de que ambos lados son debidamente representados.

Examinar estas tensiones a la luz de la Palabra de Dios puede revelar la necesidad de cambios en tu iglesia. Si este fuera el caso, recuerda que los cambios deben tomar lugar con el tiempo por la gracia de Dios. La verdad debe enseñarse y volverse a enseñar con paciencia y humildad, así como modelarse. Tu iglesia no cambiará de la noche a la mañana.

Que nuestras reuniones e iglesias sean lugares donde Dios es verdaderamente adorado en espíritu y verdad, donde las personas exalten a Dios sin tener que elegir lados, y donde la gloria de Jesucristo se vea claramente en todo lo que hacemos.

Capítulo 19

TRASCENDENTE E INMANENTE

Yo crecí en un ambiente religioso caracterizado por la solemnidad, la reverencia y el silencio. Los chistes, el corretear, el hacer travesuras y la bulla estaban completamente fuera de lugar los domingos. Un padre o alguna otra figura de autoridad estaban usualmente cerca para asegurarse de que no hiciéramos nada inapropiado. Estábamos en la casa de Dios, y así había que comportarse.

Tal reverencia es comprensible a la luz de quién es Dios. Él es trascendente. Él trasciende, o excede, todas nuestras ideas, pensamientos y opiniones acerca de Él. Trascendente quiere decir que Dios es independiente de Su creación y superior a ella. Mientras adoramos a Dios, debemos reconocer que Él no es uno de nosotros. Él es el Rey soberano, infinitamente majestuoso y glorioso. Su justicia es como los montes, y no hay santo como el Señor (ver Sal. 36:6; 1 Sam. 2:2). Dios es Dios, y nosotros no lo somos. Esa es una de las actitudes más provechosas que podemos cultivar cuando nos reunimos para adorar a Dios.

LA RAZÓN PARA LA REVERENCIA

Nuestra respuesta adecuada a la trascendencia de Dios es reverencia, honor y respeto.

En la Biblia, cuando algunas personas se encontraron ante la presencia de Dios, nunca lo tomaron a la ligera o como algo casual. En el Monte Sinaí los israelitas "temblaron, y se mantuvieron a distancia" (Ex. 20:18). Cuando vio al Señor sentado sobre un trono, Isaías gritó; "¡Ay de mí! Porque perdido estoy, Pues soy hombre de labios inmundos Y en medio de un pueblo de labios inmundos habito, Porque mis ojos han visto al Rey, el Señor de los ejércitos" (Isa. 6:5). Cuando Juan vio al Cristo resucitado en su visión del cielo, dijo "caí como muerto a sus pies" (Apoc. 1:17).

La reverencia es esencial para adorar. Porque "nuestro Dios es fuego consumidor", "sirvamos a Dios agradándole con temor y reverencia" (Heb. 12:28-29 RVR1960).

Las liturgias formales pueden a veces ayudarnos a adorar de esta manera, con cada palabra cuidadosamente escogida, devotamente dicha, y diseñada para poner nuestra atención en la majestad y la trascendencia de Dios.

Las catedrales hacen lo mismo. Sus elevados techos, imponentes vitrales y cavernosos pasillos nos ayudan a estar más conscientes de nuestra insignificancia ante el Dios Todopoderoso.

Ciertos himnos, como Santo, Santo, Santo (y más si se cantan "a capella") pueden ayudarnos a enfatizar esta realidad.

La adoración que se acerca a Dios de manera casual pierde de vista esta verdad. En nuestro sincero deseo de hacer a Dios más cercano, no debemos olvidar que Dios es totalmente distinto de nosotros. Él es "el único que tiene inmortalidad, y habita en luz inaccesible; a quien ningún hombre ha visto ni puede ver" (1 Tim. 6:16). Él es santo, nosotros somos pecadores. Él declara: "Porque yo soy Dios, y no hay otro; Yo soy Dios, y no hay ninguno como Yo" (Isa. 46:9).

CERCA Y MÁS CERCA

Pero, Dios no es solo trascendente: Él también es inmanente, lo cual significa que está cercano a nosotros. Él no está distante o aislado de Su creación. "Porque en El vivimos, nos movemos, y existimos" (Hech. 17:28). Aunque sintamos a veces como que Dios está a un millón de kilómetros de distancia, Él nunca lo está. Él está justo aquí.

Una de las demostraciones más increíbles de Su inmanencia es la encarnación, donde Dios se hizo carne y sangre, y se hizo uno de nosotros. Él se rio, comió, durmió, conversó e interactuó con aquellos que había creado. ¿Puede Dios estar más cerca?

Sí.

La inmanencia de Dios toma un significado radicalmente nuevo para los cristianos: Dios no solamente está con nosotros: Él mora en nosotros. El Cristo que ascendió ahora ha enviado al Espíritu Santo para vivir dentro de nosotros. "¿O no saben que su cuerpo es templo del Espíritu Santo que está en ustedes, el cual tienen de Dios, y que ustedes no se pertenecen a sí mismos?" (1 Cor. 6:19). El Dios trascendente ha fijado Su residencia en medio de Su pueblo, para Su gloria. Y ese conocimiento es una fuente constante de asombro, gratitud y consuelo.

Dios es inmanente. Él es nuestro hermano, pastor y salvador. Sus misericordias son "nuevas cada mañana", y se compadece de nosotros en nuestras debilidades (Lam. 3:23; Heb. 4:15). Él es Emmanuel, Dios con nosotros (Mat. 1:23; citando Isa. 7:14).

Una catedral no comunica muy bien la cercanía de Dios. En vez de eso, piensa en una iglesia local, que tiene contacto con la pobreza, el crimen y la necesidad que a menudo caracteriza el centro de una ciudad.

Muchos de los coros de alabanza en las décadas recientes enfatizan la inmanencia de Dios. Nos ayudan a cantar no solo *acerca* de Dios sino *a* Él.

MANTENIENDO LA TENSIÓN SALUDABLE

Hay diversas maneras de mantener la trascendencia y la inmanencia en una tensión saludable.

Una opción es reconocer que servicios diferentes pueden reflejar temas diferentes. Un domingo se centraría en la grandeza de Dios, mientras otro se centraría en su inmanencia.

Intencionalmente también podemos dirigir a la iglesia a que responda adecuadamente a la trascendencia y a la inmanencia, no siendo casuales cuando deberíamos ser serios, o tristes cuando deberíamos estar alegres.

Pero la mejor manera de mantener esta tensión es meditar continuamente en el evangelio. La santidad y la justicia trascendentes de Dios demandaron el sacrificio del Hijo de Dios para que fueran satisfechas. En el Calvario nos maravillamos por la justicia perfecta, justicia santa y los juicios inefables. No podemos ofrecer excusas o justificación por nuestro pecado. Estamos completamente a la merced de nuestro Creador y Rey soberano.

Aun así, el evangelio nos asegura que Cristo pagó por nuestros pecados. Ya no somos enemigos de Dios. Somos Sus hijos adoptados. Él está con nosotros, cerca de nosotros y en nosotros: todo hecho posible por medio de la vida, la muerte y la resurrección de nuestro glorioso Salvador.

Dios es *tanto* trascendente como inmanente. Así lo afirma este pasaje:

Porque así dice el Alto y Sublime, que vive para siempre, cuyo nombre es Santo: "Yo habito en lo alto y santo, y también con el con-

trito y humilde de espíritu, para vivificar el espíritu de los humildes, y para vivificar el corazón de los contritos. Isaías 57:15

Nuestra adoración en la comunidad de creyentes debe reflejar esta distinción. Charles Spurgeon dijo una vez:

> Yo puedo admirar el lenguaje solemne y majestuoso de adoración que reconoce la grandeza de Dios; pero no enfervorizará mi corazón ni expresará mi alma, hasta tanto no haya mezclado con ello la gozosa cercanía de ese perfecto amor que echa fuera el temor, y se aventura a hablar con Su Padre celestial como el niño habla con su padre terrenal. Hermano mío, ya no permanece ningún velo.[49]

Sí, nuestro Dios es fuego consumidor. Y sí, ya no hay velo.

Capítulo 20

MENTE Y CORAZÓN

Cuando ayudamos a comenzar una iglesia en Carolina del Norte, a menudo escuchamos la misma queja de parte de los visitantes. Era algo así:

Hay dos clases de iglesias en la ciudad. La primera ama la exposición bíblica, el estudio de la Biblia y la teología. Pero no hay vida. Las personas parecen frías e indiferentes a la enseñanza.

La segunda es amorosa y amigable, y canta apasionadamente. Pero no hay verdad. La Escritura es con frecuencia tomada fuera de contexto y la espontaneidad lo es todo.

Desde luego, yo sabía que estaban exagerando. Pero es muy cierto que las iglesias tienen dificultad en conectar el conocimiento de la mente con las pasiones del corazón. Pero estas cosas están íntegramente ligadas. Y ambas son esenciales para la adoración bíblica.

USAR NUESTRAS MENTES

Cada vez que dirigimos a la iglesia en adoración estamos haciendo algo más que cantar. Estamos guiando a los creyentes en una batalla por la verdad. El mundo ha estado tratando de meternos dentro de su molde, atrayéndonos con sus sonrisas, asustándonos con su ceño fruncido. Nuestra carne nos dice que no vale la pena seguir a Dios; que no se puede confiar en Él. Y nosotros estamos tentados constantemente a creer las mentiras.

Es por eso que adorar a Dios con nuestras mentes es importante. Dios quiere que luchemos duro contra las aparentes contradicciones entre la Escritura y la vida. Él quiere que pongamos nuestras *mentes*, no solo nuestras emociones, en las cosas de arriba (Col. 3:2).

Dirigir la adoración implica más que ayudar a las personas a "abandonarse" en Dios o encontrar un "lugar seguro". Dios quiere que nuestra adoración sea inteligente e informada. Quiere que estiremos nuestras mentes hasta el límite cuando consideramos la grandeza de Su ser y la maravilla de Sus obras. Eso significa que algunas de nuestras canciones requieran que las escuchemos más de una vez para poder comprenderlas plenamente. Y puede que no quepan en una página porque pudieran ser más extensas de lo usual.

Ayudar a las personas a adorar a Dios con sus mentes significa además usar cantos que van más allá de los agotados *clichés* cristianos a los cuales nos hemos acostumbrado. No son verdades nuevas, pero sí nuevas formas de decir y presentar la verdad. Dirigir la adoración de una manera que Dios parezca aburrido es un pecado. Pero no es la creatividad ni la calidad de la producción lo importante, sino ayudar a las personas a comprender el carácter y las obras de Dios.

También podemos explicar el significado de palabras, frases bíblicas o términos que pueden ser desconocidos o demasiado conocidos. *Justificado*, *Sion*, *gracia* y *gloria*. Los no creyentes, los nuevos creyentes, los niños y los miembros regulares pueden beneficiarse de entender lo que están cantando.

USAR NUESTROS CORAZONES

Creo que el problema de la mayoría de las iglesias en mi país no es el énfasis excesivo en la doctrina y la verdad. Sospecho que es igual en otros lugares. Sin embargo, tampoco muchas iglesias se distinguen por una adoración apasionada.

El pastor puritano Jonathan Edwards consideraba su deber "levantar los afectos de mis oyentes tan alto como me sea posible, siempre y cuando sean afectados solo con la verdad y con afectos que estén de acuerdo a la naturaleza de aquello con que son afectados"[50]. Ese es nuestro deber también.

Los afectos que estamos buscando despertar son algo más que emociones efímeras, superficiales o autoinducidas. No estamos tratando de entusiasmar a las personas solo por entusiasmarlas. Los afectos piadosos son profundos y tienen repercusiones duraderas. Son el resultado de centrarnos en lo que Dios ha hecho y en quien es Él.

Una imagen clara del Dios vivo conmueve nuestros corazones. Su trascendencia nos causa temor. Su santidad evoca tristeza por nuestro pecado. Una visión de Su misericordia nos conduce a la gratitud. El conocimiento de Su sabiduría nos produce una gran paz. Meditar en el precio que el Salvador pagó para reconciliarnos con Dios nos deja abrumados, y así debe ser.

Cuando fallamos en demostrar deleite y satisfacción en Dios, no solo lo estamos deshonrando, sino que lo estamos desobedeciendo. Más que nadie sobre la tierra, los cristianos tienen una razón para celebrar.

CONTROLAR LAS EMOCIONES

En lo que respecta a involucrarnos emocionalmente, es posible que los sentimientos y las experiencias –en vez de Dios mismo– se conviertan en nuestro objetivo. Esperamos sentirnos bien y no estamos interesados acerca de qué lo produce o cómo lo expresamos.

Expresar nuestras emociones de modo confuso o inadecuado puede causar problemas.

En general, evito los cantos que usan en exceso palabras que nuestra cultura asocia con el amor romántico. Durante más de cien años hemos preferido cantos que apelan a las emociones, cantos de respuesta, en vez de aquellos que exaltan la naturaleza de Dios, Sus atributos y Sus obras. Nosotros nos inclinamos a favorecer la devoción sobre la doctrina. Ese orden debe revertirse, sin que la una sustituya a la otra. Necesitamos más cantos que nos ayuden a pensar profundamente acerca de Dios y que nos ayuden a responder con emoción sincera.

Este tema es mucho más que himnos contra coros contemporáneos. Algunos himnos son sentimentales y orientados hacia las emociones; algunos cantos contemporáneos son ricos en contenido teológico. Sobre todo, Dios tiene la intención de que recordemos que ni la verdad bíblica ni la profunda emoción están fuera de lugar cuando lo adoramos; las dos deben ir juntas. Mantengamos fuerte esta tensión saludable.

Capítulo 21

INTERIOR Y EXTERIOR

Cuando alguien dice: "Susana es una verdadera adoradora", usualmente se refieren a que Susana es expresiva cuando canta.

Esa expresividad puede ser por varias razones. Puede que Susana sea efusiva por naturaleza. Quizá viene de una familia de extrovertidos. Podría estar tratando de llamar la atención, o de impresionar a otros con su espiritualidad. O tal vez está adorando a Dios bíblicamente.

Nunca sabremos si Susana es una adoradora al observarla desde afuera. Tendríamos que saber qué está sucediendo dentro de ella.

De la misma manera, Dios mira el corazón (1 Sam. 16:7), y reprende a aquellos que piensan que el cumplimiento externo compensa la frialdad interna. La adoración que complace a Dios implica participación del corazón y una fe activa (Heb. 11:6).

El estado de nuestro corazón es de fundamental importancia porque "de él brotan los manantiales de la vida" (Prov.4:23). En la Escritura el corazón abarca todo, desde lo que pensamos a lo que sentimos y también a lo que escogemos. Por eso, no es suficiente que las personas simplemente asistan a las reuniones. Tenemos que preguntarnos qué está sucediendo en sus deseos, pensamientos y sentimientos.

Aunque la adoración del corazón es muy importante, lo que hacemos con nuestros cuerpos no es de poca importancia o irrelevante. No es suficiente decir, "Yo adoro en mi corazón, y Él lo sabe". Si yo le dijera a mi esposa Julie que la amo, pero nunca luzco feliz cuando la veo, nunca la

163

abrazo y nunca demuestro mi afecto en formas concretas, ella no estaría muy contenta. Tampoco tendríamos un gran matrimonio.

GUIAR A TU IGLESIA A UNA EXPRESIVIDAD QUE HONRE A DIOS

De mis conversaciones con pastores y líderes de adoración, sé que este tema de lo interior versus lo exterior es difícil.

Surgen toda clase de preguntas: ¿Cuánta expresión física es demasiado? ¿Cuánto podemos animar a que haya una respuesta física sin sentirnos como porristas? ¿Qué si una iglesia es reservada, conservadora e impasible? ¿Cómo motivas a una congregación a expresarse físicamente en respuesta a la gloria de Dios?

Aquí hay cuatro principios a considerar cuando diriges a tu iglesia en esta área.[51]

Dirige la atención de las personas hacia Dios y el evangelio

No ayudamos a las personas solo con decirles: "¡Canten con ganas!" o "¡Vamos a celebrar!". Nuestra meta es dirigir su mirada hacia la gloria de Dios en Cristo. Si motivamos a nuestra iglesia a expresarse más, sin fundamentarlo en una visión clara de la gloria de Dios revelada en el evangelio, eso entorpecerá, en vez de ayudar, a una verdadera adoración.

Nuestros cuerpos naturalmente responden a lo que afecta nuestras almas. Yo extiendo mis brazos cuando mi hija corre hacia mí para saludarme. Salto del sofá con mis manos en el aire cuando mi equipo mete el gol de la victoria. Me abalanzo cuando un vaso de leche está a punto de voltearse. Aplaudo agradecido los actos heroicos de altruismo. Lloro cuando muere el hijo de un amigo. Nadie tiene que enseñarnos cómo reaccionar. De manera similar, la expresividad que honra a Dios en la adoración congregacional comienza con ver claramente a Quien adoramos.

Enseña acerca de la conveniencia y las limitaciones de las expresiones físicas

Dios creó nuestros cuerpos para glorificarlo a Él (1 Cor. 6:20). Las palabras en griego y hebreo que traducimos a menudo como "adoración" contienen la idea de inclinarse o postrarse. Si queremos amar a Dios con todo nuestro corazón, alma, mente y fuerzas, eso ciertamente incluye los cuerpos que Él nos ha dado.

Algunos cristianos no están conscientes de que responder físicamente en adoración se estimula y se modela a través de la Escritura. Diversas acciones físicas pueden glorificar a Dios, incluyendo batir las manos, cantar, postrarse, arrodillarse, alzar las manos, aclamar, interpretar instrumentos, danzar, ser sobrecogido con temor (Sal. 47:1,6; Ex. 12:27; Sal. 95:6; 134:2; 33:1; 150:3-4; 33:8).

Estas expresiones no tienen que manifestarse cada vez que nos reunimos. Pero tampoco debemos insistir en que estas expresiones son culturales, y que pueden ignorarse hoy, o que las podemos observar espiritualmente ("estoy aclamando al Señor en mi corazón"). La pregunta crucial es esta: ¿hay alguna expresión física de adoración que Dios nos ha dado en la Escritura que yo nunca he mostrado? ¿Por qué?

Sin embargo, las expresiones físicas por sí solas no son una señal segura de adoración bíblica. Hay personas que han sido exuberantes en la adoración congregacional mientras vivían en adulterio. Algunos cristianos manifiestan poca expresión física los domingos pero tienen un profundo amor por el Señor, una vida ejemplar y un amplio conocimiento de la Escritura.

Una respuesta genuina a Dios no puede medirse por nuestras expresiones físicas. Podríamos haber sido llevados por el entusiasmo de una gran multitud. Todavía recuerdo la primera vez que alcé mis manos para adorar a Dios. Estaba en un festival al aire libre celebrando a Jesús, a mediados de los setenta, y vi a todos los que estaban a mi alrededor levantando sus manos. Así que yo lo hice también. Pero sentía que mis brazos pesaban cincuenta libras. Y no estoy seguro de cuán genuino era lo que estaba pasando en mi corazón. Estaba demasiado preocupado sobre lo que los demás podrían pensar de mí.

La Escritura ofrece numerosos ejemplos de expresiones físicas de adoración que en verdad ofendieron a Dios. Aunque manos alzadas pueden expresar dependencia, gratitud, o celebración, Dios una vez dijo a Israel: "Cuando extiendan sus manos, esconderé mis ojos de ustedes. Sí, aunque multipliquen las oraciones, no escucharé. Sus manos están llenas de sangre" (Isa. 1:15). Las manos que levantamos para adorar a Dios deben ser "manos santas" (1 Tim. 2:8); santificadas por medio de nuestra confianza en la obra expiatoria de Cristo y consagradas para Sus propósitos.

Las expresiones externas en adoración dicen mucho, pero no todo.

Aborda aquellos aspectos que obstaculizan las expresiones físicas en la adoración

Si tu iglesia es generalmente incapaz de expresarse en la adoración congregacional, puede haber un número de razones que tú o tu pastor podrían abordar.

Algunos limitan sus expresiones a Dios porque temen lo que otros puedan pensar. Se preguntan si su imagen como cristianos "respetables" se manchará. Les preocupa que sus acciones se vean como inmaduras o indignas. Eso es el temor al hombre (Prov. 29:25). Nuestras respuestas a Dios se basan en Su dignidad, no en alguna imagen o reputación que pudiéramos estar tratando de proteger.

Algunos cristianos piadosos tienen una visión limitada de lo que constituye una respuesta adecuada a Dios. Enfatizan "temor y reverencia" como aspectos de la adoración (Heb. 12:28), y correctamente promueven actitudes de sobriedad y solemnidad. Es verdad que el temor y la reverencia son esenciales para la adoración bíblica. Pero es imposible ignorar la multitud de ejemplos y mandamientos en la Escritura que enfatizan celebración, pasión, deleite, y exuberancia, todas expresadas a través de manos que se alzan, pies que danzan y voces de júbilo.

Otro grupo reprime sus expresiones externas debido a cierta consideración por otros. No quieren hacer nada que les distraiga de centrarse en la gloria de Cristo. Eso nos lleva a un punto final.

Enseña la consideración por los demás

La expresividad tiene sus limitaciones. Nuestra máxima prioridad cuando nos reunimos no es nuestra propia experiencia sino el privilegio de servir a otros (1 Cor. 14:12; 13:1-8). Los individuos deben seguir tu ejemplo y dirección en esta área, sin interrumpir con voces de júbilo o danza entusiasta solo porque les apeteció. Nosotros debemos preocuparnos por "los intereses de los demás" (Fil. 2:4). Al mismo tiempo, los miembros que son más reservados no deben asumir que los más expresivos son hipócritas, o que están buscando llamar la atención o que son descorteses. Deberían considerar que pueden aprender de la expresividad sincera y sin obstáculos.

Es la responsabilidad del pastor, de manera gentil y en privado, conversar con aquel cuyas expresiones físicas distraen o son inapropiadas. Yo iniciaría animándole acerca de su aparente amor por Dios, luego le preguntaría si ha pensado acerca del efecto que sus acciones provocan en otros. Usualmente una conversación le ayudará a darse cuenta de que Dios no es honrado por todo lo que "sentimos" que lo honrará, si no consideramos el efecto sobre los demás.

Las personas en tu iglesia aprenderán más de lo que es modelado por ti y los otros líderes.

Las iglesias raras veces irán más allá de lo que irán sus líderes en sus expresiones físicas y compromiso genuino. Así diseñó Dios la iglesia.

Si yo no tuviera otras opciones, preferiría estar sentado en medio de una quieta congregación cantando verdades doctrinalmente ricas que estar brincando con una animada congregación e interpretar cantos superficiales y centrados en el hombre.

Pero Dios nunca tuvo la intención de que tuviéramos que escoger. Nosotros debemos ir en busca de expresiones teológicamente profundas y apasionadas.

En última instancia, ninguna expresión física será, alguna vez, adecuada para expresar plenamente nuestro asombro ante el hecho de que Dios nos acercó a Él por medio del Salvador. Nuestras respuestas serán diferentes en distintos momentos, en distintas iglesias y en distintas culturas. Pero no hay duda de que debemos ayudar a nuestra congregación a entender que Dios es digno de nuestros más profundos, fuertes y puros afectos. Y nuestros cuerpos deben mostrarlo.

Capítulo 22

VERTICAL Y HORIZONTAL

La adoración, de principio a fin, se trata de Dios. Ahora bien, ¿qué significa esto? ¿Por qué es así? Vamos al principio.

No me refiero a Adán y Eva en el Edén. Me refiero a antes de eso. ¿Cómo era cuando no había nada sino Dios? "Antes que los montes fueran engendrados, Y nacieran la tierra y el mundo, desde la eternidad y hasta la eternidad, Tú eres Dios" (Sal. 90:2). Padre, Hijo y Espíritu. Absolutamente felices, perfectamente contentos, deleitándose en la gloria mutua (Juan 17:5) y habitando "en luz inaccesible" (1 Tim. 6:16).

No podemos imaginar cómo sería porque no somos Dios y porque no estuvimos allí. Pero una cosa es cierta: Dios no creó el mundo porque se sentía solo.

EL ELEMENTO VERTICAL DE LA ADORACIÓN

Entonces, ¿en qué se ocupaba el corazón de Dios antes de que "juntas las estrellas del alba" cantaran de gozo en los albores de la creación (Job 38:7)?

En Dios.

¿Qué trae el mayor gozo, satisfacción y deleite a Dios?

Ser Dios.

¿Cuál será el centro de atención del cielo y el objeto de nuestros afectos a través de la eternidad?

Dios.

Pero ¿y nosotros? ¿Acaso le importamos? Sí. La naturaleza de Dios es dar, y creó el mundo para que pudiéramos compartir en el gozo de conocerle, para Su gloria.

De esto nos habla Pablo en su carta a los efesios:

Bendito sea el Dios y Padre de nuestro Señor Jesucristo, que nos ha bendecido con toda bendición espiritual en los lugares celestiales en Cristo. Porque Dios nos escogió en Cristo antes de la fundación del mundo, para que fuéramos santos y sin mancha delante de Él. En amor nos predestinó para adopción como hijos para sí mediante Jesucristo, conforme a la buena intención de Su voluntad, *para alabanza de la gloria de Su gracia que gratuitamente ha impartido sobre nosotros en el Amado.*
Efesios 1:3-6

Dios nos escogió antes de la fundación del mundo porque nos amó. Pero ¿por qué nos escogió? No para que siempre pudiéramos reflexionar sobre nosotros mismos, sino para la "alabanza de Su gloria". Cuando adoramos a Dios, nosotros nos unimos a una actividad que comenzó en la eternidad y continuará por siempre. El Dios Trino estima Su belleza y dignidad sobre todo lo demás.

John Piper, como siempre, lo dice mucho mejor que yo:

Desde la eternidad, Dios que siempre existe, que nunca cambia, siempre perfecto, se ha conocido a sí mismo y amó lo que conoce. Él ha visto eternamente Su belleza y saboreó lo que ve. Su comprensión de Su propia realidad es perfecta y Su exuberancia en disfrutarla es infinita. Él no tiene necesidades, pues no tiene imperfecciones. Él no se inclina ante la maldad porque no tiene deficiencias que pudieran tentarlo a hacer iniquidad. Él es por tanto el ser más santo y más feliz que es o se puede concebir... Compartir esta experiencia – la experiencia de conocer y disfrutar de Su gloria – es la razón por la cual Dios creó al mundo.[52]

¿Por qué necesitamos que se nos recuerde que la adoración comienza y termina con Dios, que es acerca de Dios y es para Dios? ¿No es esto evidente?

Aparentemente no. La mayor parte del tiempo cuando pensamos acerca de la adoración, comenzamos con lo que *nosotros* hacemos. Nuestras intenciones son nobles; venimos con nuestros cantos, nuestras oraciones, nuestras ofrendas y nuestras vidas para decirle a Dios cuán grande es Él. Pero asumimos que la adoración aceptable finalmente depende de nosotros.

No es así, y nunca lo será.

Es cierto que el honor dado a Dios se magnifica cuando más gente se reúne para proclamar Su grandeza, pero esto no le añade nada a Su gloria intrínseca. Él no nos manda adorarlo porque tenga alguna deficiencia, sino por una deficiencia en nosotros. Nosotros *necesitamos* adorar a Dios.

Dios también nos manda a adorarlo porque Su perfección moral lo requiere. Es idolátrico adorar otro ser distinto de aquel que es superior a todo lo demás. Y solamente Dios está en esa categoría.

La adoración es un don de gracia de Dios para nosotros antes de que sea nuestra ofrenda para Dios. Nosotros simplemente nos beneficiamos de la perfecta ofrenda del Hijo para el Padre a través del poder del Espíritu (Ef. 2:18). La adoración es nuestra humilde, constante, adecuada y alegre respuesta a la revelación de Dios acerca de sí mismo y Su oportuna invitación.

La adoración bíblica se enfoca en Dios (Dios se ve claramente), se centra en Dios (Dios es claramente la prioridad), y exalta a Dios (Dios es claramente honrado).

Reunirse para alabar a Dios no puede ser un medio para un fin "mayor", como el crecimiento de la iglesia, el evangelismo o el ministerio personal. Dios no es un genio que se convoca al frotar la lámpara llamada "adoración". Él no existe para ayudarnos a llegar donde nosotros *realmente* queremos ir. Dios está donde nosotros queremos ir.

Así que la gloria de Dios es el fin de nuestra adoración, y no simplemente un medio para otra cosa. Él es santo, santo, santo. No hay otro, no hay nada como el Señor.

EL ELEMENTO HORIZONTAL DE LA ADORACIÓN

Más de una vez he escuchado a alguien decir que Dios nos salvó para Su gloria, no para nuestra felicidad. O que cantar acerca de lo que Dios ha hecho por nosotros hace que la adoración se centre en el hombre. O que nosotros adoramos a Dios porque Él es digno, no porque nosotros como adoradores obtenemos algo de todo esto. O que emplear tiempo ministrándonos unos a otros no es adoración. Estas son dicotomías innecesarias y lamentables.

Una de las maneras primarias en que adoramos a Dios es a través de la proclamación de Sus glorias, perfecciones y obras. Pero otra manera igualmente significativa en que adoramos a Dios es a través de la edificación de unos a otros. Distintas actividades, pero el mismo fin.

Sí, nosotros nos reunimos para adorar a Dios. Pero ¿cómo hacemos eso? No es solo a través de cantos y palabras dirigidas a Dios.

Los cristianos del Nuevo Testamento se reunían mayormente para fortalecerse los unos a los otros con el propósito de glorificar a Dios en sus vidas cotidianas. Hebreos 10:24-25 nos exhorta a no dejar "de congregarnos" para poder "estimularnos unos a otros al amor y a las buenas obras". Debemos "estimularnos unos a otros".

Pablo escribe una nota similar para los corintios: "Cuando se reúnan, cada cual aporte salmo, enseñanza, revelación, lenguas o interpretación. *Que todo se haga para edificación*" (1 Cor. 14:26, énfasis añadido). Todo en nuestro tiempo juntos tiene el mismo propósito: "edificación".

Aun nuestros cantos de alabanza son una manera en que nos ministramos los unos a los otros para la gloria de Dios. Eso es evidente en Efesios 5:19, donde Pablo dice que "*hablen entre ustedes* con salmos, himnos y cánticos espirituales" y al mismo tiempo "cantando y alabando con su corazón *al Señor*" (énfasis añadido).

No estamos para tener nuestras propias experiencias de adoración independientemente de los demás. Cuando cantamos, estamos enseñándonos y amonestándonos "unos a otros" (Col. 3:16). Para expresar esa realidad, a menudo abriré mis ojos y miraré a la congregación mientras canto ciertos versos. Quiero recordarme a mí mismo y a la iglesia que estamos afirmando la verdad juntos.

Pero el aspecto horizontal de la adoración puede ser aún más directo. Podríamos orar por aquellos que están luchando con enfermedades. Alguien podría compartir una impresión profética para los santos de más edad. Podríamos honrar a una persona o grupo en la iglesia por su fiel servicio o ejemplo piadoso.

Si buscamos el honor y la edificación por sí mismos, rápidamente perdemos de vista al que estamos buscando complacer. Las reuniones se reducen a lo que estamos haciendo los unos por los otros, satisfaciendo las necesidades de las personas, y asegurándonos que todos están felices.

Pero hecho de modo que se enfoque en la gracia de Dios, estamos simplemente cumpliendo con los mandamientos "con honra, dándose preferencia unos a otros" (Rom. 12:10) y dando "al que honor, honor" (Rom. 13:7). Y, en el proceso, glorificamos a Dios.

David Peterson señala acertadamente que "la edificación y la adoración son los lados distintos de una moneda". Entonces añade: "Esto no significa que la oración o alabanza es un medio para un fin, en particular la edificación. Nosotros adoramos a Dios debido a quien es Él y debido a Su gracia hacia nosotros".[53]

Por eso necesitamos mantener esta tensión saludable, de manera que Dios sea adorado y Su pueblo edificado. Todo para Su gloria.

Capítulo 23

PLANIFICADO Y ESPONTÁNEO

A finales de los setenta dirigía la adoración en una iglesia en el centro de Filadelfia. Fue una completa aventura.

Casi nunca ensayábamos. Creo que nos imaginábamos que el Espíritu Santo sería más libre de esa forma. Usualmente llegaba cinco minutos antes de la reunión y solo a veces tenía la primera canción preparada.

Después de eso, todos estábamos en libertad de participar. De vez en cuando alguien en la congregación comenzaría un canto, por lo que teníamos que ser flexibles y capaces de seguir en cualquier tono que comenzaran. Aun si estaban desafinados.

Saltemos treinta años. En mi iglesia, entre seis y siete personas se reúnen temprano en la semana para planificar los siguientes dos domingos. Ese grupo incluye a nuestro pastor principal, el director técnico, el director de música, un asistente y otros pastores. Al final de la semana, se envía un correo electrónico informando a todos quién hace qué, cuánto debería tomar cada sección de la reunión del domingo, cualquier anuncio y evento, qué cantos se van a interpretar y más. El sábado en la noche ensayamos dos horas, más cuarenta y cinco minutos extra el domingo temprano por la mañana.

Estos dos escenarios ilustran otra tensión saludable: planificación y espontaneidad. A algunos líderes les gusta que cada detalle esté planificado y ensayado con anticipación. Otros prefieren hacer las cosas sobre la marcha.

Yo estoy definitivamente en la última categoría. Desde luego, en algunas iglesias la tecnología no deja opciones. Una vez visité una "megaiglesia" donde cualquier cambio en el guión tendría que comunicarse a veinticuatro personas distintas. No hay espacio para la improvisación.

Mientras más grande sea tu iglesia, más importante será la planificación y el ensayo consistentes. Pero, aun cuando tu iglesia sea pequeña, es sabio desarrollar la práctica de la planificación. No es falta de espiritualidad determinar con anticipación cuándo las cosas se llevarán a cabo, dónde se explicarán las transiciones, cuántas canciones vamos a hacer, qué elementos creativos se incluirán, o cuándo terminará la reunión. Hemos encontrado que la más importante guía del Espíritu Santo a menudo viene antes de que la reunión comience.

Tan importantes como son la planificación y los ensayos, hay algunas cosas que estos pueden hacer y algunas cosas que no pueden hacer. Debemos conocer la diferencia.

LO QUE LA PLANIFICACIÓN NO PUEDE HACER

La planificación no puede reemplazar la dependencia del Espíritu Santo.

Hace unos años, nuestro pastor principal llevó al equipo pastoral a través de un estudio sobre la oración. Uno de los efectos fue darnos cuenta de cuán poco buscamos la ayuda del Señor para confirmar nuestros pasos. Desde entonces tomamos tiempo sin apresurarnos para expresar nuestra necesidad de la sabiduría de Dios y fortaleza cuando nos reunimos para planificar los detalles de una reunión. La frase clave es *sin apresurarnos*. La oración tiene la intención de ser más que un deber. Realmente necesitamos a Dios.

La planificación tampoco sustituye escuchar al Espíritu Santo durante la reunión. Nuestra meta debe ser planificar sabia, humildemente y con oración, esperando plenamente que Dios provea dirección fresca e inesperada durante la reunión. El Espíritu Santo puede habernos ayudado, pero eso no significa que ya hemos escuchado todo lo que Él quiere decir.

La planificación tampoco puede asegurarnos que todo saldrá bien. De seguro ya lo sabes. Hacer planes no significa que todos los seguirán, o que serás inmune a los errores, desastres o alteraciones. Un *capo* en el lugar incorrecto puede alterar a toda la banda cuando menos lo esperas.

Planificar tampoco puede garantizar que tenemos los planes *correctos*. Podemos tener un increíble arreglo preparado para el canto equivocado. O preparar una introducción musical extendida que efectivamente apague lo que el Espíritu está haciendo y convertir la adoración del domingo en una representación musical.

Nuestros planes no son sagrados. No debemos darles autoridad divina.

LO QUE LA PLANIFICACIÓN SÍ PUEDE HACER

Los planes deben servirnos, no gobernarnos. Y pueden servirnos de muchas maneras.

Planificar nos hace estar conscientes de nuestra necesidad de Dios antes de la reunión. Mientras nos sentamos y reflexionamos sobre qué quiere Dios que logremos el domingo, podemos comenzar a sentirnos muy necesitados. Las personas estarán caminando confusas, vacías y amargadas, enfrentando preocupaciones financieras, enfermedades que amenazan sus vidas y problemas familiares. Nosotros sabemos que Dios es soberano, sabio y bueno, y que tiene interés en nosotros. Pero ellos han olvidado eso. Tenemos la Palabra de Dios, cuatro o cinco canciones, y treinta minutos para ayudarles a ver que Dios es más grande que sus problemas y que Jesucristo es un Salvador maravilloso. ¿Cómo podemos organizar este tiempo para que las personas estén en la mejor posición para escuchar de Dios y recibir Su gracia? ¿Qué podemos hacer para servir a la iglesia más eficazmente?

Nunca estoy perfectamente seguro. Eso me lleva a orar.

Planificar puede ayudarnos a aclarar nuestras metas y cómo alcanzarlas. Hace unos años, un número de personas en nuestra creciente iglesia no parecían tener una comprensión bíblica de la expresión física en la adoración congregacional. Por tanto, queríamos equipar a la iglesia en esa área. Por un mes tomamos un tiempo adicional cada domingo para explicar cómo las expresiones físicas son señales de un corazón que adora. Por varias semanas aplaudimos y levantamos nuestras manos, o danzamos y saltamos, o aclamamos y cantamos, o nos arrodillamos y postramos. Planificar nos permitió escoger los cantos que mencionaban esas acciones y preparar los comentarios que conectaban el alabar a Dios con servirlo en todas las áreas de la vida.

Planificar nos ha ayudado a usar diferentes estilos musicales, diversificar la mezcla racial de nuestro equipo y usar la Palabra de Dios de manera más consistente en los tiempos de los cantos.

Planificar también puede ayudar a que todos los miembros del equipo se preparen. Que los músicos ensayen adecuadamente permite que se enfoquen en adorar a Dios cuando están dirigiendo en vez de ser absorbidos por su música.

Para sacarle el máximo provecho al tiempo del ensayo, yo trato de cubrir estos elementos:

* cuáles acordes y letra;
* qué dinámica o matices;
* cómo comienzan y terminan los cantos;
* quién comienza cada canto;
* cuándo entrar y cuándo no;
* cómo repetir un coro;
* cuándo debe alguien interpretar un instrumento o cantar un solo.

Planificar puede también preparar a las personas para compartir testimonios personales. Hemos encontrado que es preferible que las personas los escriban. El inconveniente es que pueden sonar un poco impersonales o rígidos. Pero los beneficios superan por mucho las desventajas. Además de poder editar sus pensamientos con antelación para claridad y contenido, las personas están menos ansiosas, menos inclinadas a cambiar lo que se supone que deben decir, y más probablemente se mantengan dentro del tiempo permitido. Se pueden desviar brevemente cuando sea apropiado, y todavía tener sus notas a las cuales regresar.

LOS BENEFICIOS DE LA ESPONTANEIDAD

Buscar la espontaneidad no es simplemente romper nuestra rutina o ser creativo. Queremos que el Espíritu manifieste Su poder a través nuestro de tantas maneras como sea posible para que los corazones y las vidas sean afectados. La espontaneidad puede ser un medio para ese fin.

De pasajes como 1 Corintios 12 y 14 aprendemos que la iglesia primitiva ejerció los dones espirituales espontáneos que eran "la manifestación del Espíritu para el bien común" (1 Cor. 12:7).

Martin Lloyd-Jones animaba a los pastores en tal espontaneidad dirigida por el Espíritu, y sus comentarios pueden aplicarse fácilmente a aquellos que dirigen la adoración congregacional:

> ¿Esperas que algo te suceda cuando predicas desde el púlpito? …Busca Su poder, espera este poder, anhela este poder; y cuando este poder viene, ríndete ante Él. No te resistas. Olvida todo acerca de tu sermón si es necesario. Permítele que te libere, permítele que se manifieste Su poder en ti y a través de ti.[54]

La espontaneidad nos da la libertad de responder a las necesidades presentes y las acciones del Espíritu. Antes mencioné que hay que dejar espacio para las contribuciones espontáneas que aumentan nuestra consciencia de la presencia activa del Espíritu. Esto podría incluir un comentario no planificado, una oración, una lectura desde la Escritura o una profecía. Las iglesias más pequeñas pueden hacer esto más a menudo, pero aun en una iglesia más grande podemos hacer espacio para momentos que no están planificados. Ya sea que tu iglesia sea pequeña o grande, es importante que las contribuciones sean evaluadas por un pastor. El mérito de la espontaneidad no niega la necesidad de un liderazgo piadoso.

CRECER EN LA ESPONTANEIDAD

Charles Spurgeon compartió estos sabios pensamientos acerca de las impresiones espontáneas:

> Yo he sido sujeto de tales impresiones, y he visto resultados muy singulares. Pero vivir de impresiones es a menudo vivir la vida de un tonto e incluso caer en total rebelión en contra de la Palabra de Dios revelada. Sus impresiones no deben guiarle, sino lo que está en esta Biblia es lo que debe guiarle siempre.[55]

"Vivir de impresiones" es diferente a ser simplemente receptivo a ellas. Si nuestros pies están firmemente plantados en la suficiencia de la Palabra de Dios, entonces estamos más preparados para beneficiarnos al escuchar la voz del Espíritu cuando dirigimos.

Practica la espontaneidad en tus ensayos. En vez de solo ensayar cantos, yo trato de mezclar cosas durante los ensayos. Repetiré un verso inesperadamente o cantaré un estribillo a capela. Si la banda no me sigue, tendríamos un problema de comunicación. Cuando menos, eso les recuerda a los músicos que deben estar mirándome por posibles cambios en la dirección.

Interpretar espontáneamente nos da una herramienta musical más para ayudar a las personas a ver las glorias de nuestro gran Dios y Salvador. Puede ser tan simple como interpretar un breve interludio como punto de transición entre dos cantos o repetir el último verso para saborear la verdad que estamos cantando. Puede ser tan complejo como componer un canto en el momento para que la congregación responda al mensaje. En cualquier caso, ser capaz de interpretar espontáneamente nos permite responder en cualquier momento a las maneras en que el Espíritu Santo podría dirigirnos.

Desde luego, el Espíritu puede también usarnos en poderosas maneras mientras interpretamos notas que hemos practicado durante meses de ensayos. Pero, ¿no es útil poder usar ambas?

Capítulo 24

ARRAIGADO Y RELEVANTE

Durante años pensé en las tradiciones religiosas como un obstáculo para la espiritualidad bíblica. Yo asociaba las oraciones repetidas, la repetición de credos, la confesión de pecados, la lectura de la Escritura, los calendarios de la iglesia y el orden de los servicios con el legalismo y la esclavitud.

Tenía la misión de comenzar desde cero en mi forma de pensar acerca de la adoración congregacional. Yo miraría solo a la Escritura en vez de depender de cualquier cosa que las personas hubieran hecho en los siglos anteriores. Pensé que estaba siendo original.

En realidad, estaba siendo simplemente ignorante. Y orgulloso.

BENEFICIOS DE ESTAR ARRAIGADO

Si vinieras a mi oficina hoy, verías libros viejos sobre mi escritorio. Uno es la copia de 1778 de *Discourses on the Love of God* [Los discursos sobre el amor de Dios], escritos por Isaac Watts. Además, tengo una copia de 1721 de sus sermones. La pila de libros incluye himnos del siglo XIX y la biografía de Watts escrita por Thomas Gibbons, publicada en 1780.

A menudo me preguntan por qué mantengo todo sobre mi escritorio, y siempre doy la misma respuesta: Nunca quiero olvidar que mi generación no es la primera en buscar la adoración bíblica y pensar acerca de ella.

Cuando decidimos la forma de nuestra reunión dominical, no estamos comenzando desde un vacío histórico. La proyección, el sistema de iluminación, la amplificación de sonido no significan que todo lo que proviene de los siglos anteriores es irrelevante o de poca ayuda. Aunque la tecnología cambia muchas cosas, no cambia el evangelio que proclamamos o nuestra necesidad de humildad.

¿Cómo podemos llegar a estar más arraigados en lo que Dios ha hecho en el pasado?

Podemos comenzar abriendo nuestros ojos. Yo no crecí cantando himnos clásicos. Para remediar el problema, pasé un verano cantando himnos en mis devocionales. Estuve sorprendido. ¡Tantas verdades, tanta profundidad teológica, tanta belleza poética, tanta pasión! ¿Dónde habían estado estos himnos?

Tan agradecido como estoy por la cantidad de cantos contemporáneos de adoración, pienso que las riquezas de los himnos superan con creces lo que hemos producido en los últimos treinta años. Cubren una amplia gama de temas, son más densos y teológicamente más precisos, y a menudo escritos magistralmente. No es una sorpresa. Los himnos que cantamos hoy han sido puestos a prueba durante siglos, causando que los mejores sobresalgan.

Hay también riqueza para nosotros en las formas litúrgicas del pasado. Los cristianos a través de las épocas han buscado articular lo que es más importante escuchar y decir cuando se reúnen. Una liturgia repetida que está basada en la Escritura puede ayudar a las personas a practicar y recordar la historia de la redención cada vez que la iglesia se reúne.

A través de la historia, las liturgias han ayudado a regular la dieta teológica de una congregación y protegerla de los vientos de doctrinas falsas que se propagan a través de cada generación. Las buenas liturgias pueden además guardar a una iglesia de conformarse a la cultura o de comprometer su fe. Tener un calendario le permite a la iglesia interpretar las notas correctas en la sinfonía de la redención cada año.

Eso no significa que tenemos que incorporar todo de las distintas tradiciones litúrgicas. Pero tampoco deberíamos ignorarlas por completo.

Nosotros compartimos una herencia común con los santos que se nos han adelantado. En realidad, es más que eso. Cuando la iglesia se reúne, no estamos solos. Nos unimos con "la asamblea general e iglesia de los primogénitos que están inscritos en los cielos" (Heb. 12:23), conformada por aquellos a quienes Cristo ha redimido de cada generación. Volver a usar los himnos y las formas litúrgicas que se remontan a varios siglos es una manera de afirmar que seguimos una línea de adoradores que han buscado glorificar a Dios.

Como con cualquier tensión saludable, está el inconveniente de enfocarse excesivamente en uno de los dos lados. Demasiado énfasis en las tradiciones y raíces puede inducirnos a depender de ellas. Muchas tradiciones comenzaron como un honesto intento de proteger las verdades de la fe, pero con el paso del tiempo llegan a separarse de la fe, resultando en una ortodoxia muerta. Practican una forma de piedad, pero carecen de verdadero poder espiritual. Nunca habrá una liturgia perfecta o tradición que garantice la constancia de la fe de las futuras generaciones.

LA PERTINENCIA DE LA RELEVANCIA

Las mejores tradiciones en el mundo no tienen sentido si no comunican la verdad de Dios a las personas que vienen a nuestras reuniones. En cada época, la iglesia debe combatir la tendencia de crecer mecánicamente en su adoración, de la misma manera que las prácticas inspiradas por el Espíritu en generaciones anteriores se convirtieron en las prácticas olvidadas y muertas para la próxima generación. Eso significa que necesitamos preguntar si los cantos, las palabras, los arreglos, los elementos visuales, las expresiones y las tradiciones que estamos usando dicen las cosas que queremos que digan; y si las personas en realidad entienden lo que estamos diciendo.

Por eso buscamos tradiciones que sean flexibles y apropiadas para la cultura presente. Queremos proclamar el evangelio inmutable de maneras que nuestra cultura pueda comprender, en formas que faciliten que las personas perciban quién es Jesús y cómo nos ha cambiado.

Una aplicación de esto es evitar versos de los himnos antiguos con letras cuyo significado es poco claro (o hacerlos más relevantes al alterar unas palabras o frases).

Otra aplicación es usar elementos visuales relevantes. Ser la iglesia no es razón para estar treinta años atrasados en estilos de decoración, gráficas y tecnología. Pero nuestro objetivo es comunicar claramente, no distraer o abrumar.

La relevancia se ve diferente en los diferentes países, y aun dentro de un mismo país. Una iglesia llegará a ser más informal, otra más ordenada. Una iglesia grande en una gran ciudad añadiría una banda de jazz y usaría el internet para toda su comunicación, mientras una iglesia en un área rural de Bolivia puede añadir una buena guitarra acústica al equipo de adoración y seguir usando el boletín impreso del domingo.

Cada iglesia debe asegurarse de que la historia de la redención de Dios puede ser claramente entendida y experimentada por aquellos a quienes está buscando alcanzar con el evangelio.

LOS PELIGROS DE BUSCAR LA RELEVANCIA

No debemos asumir que podemos adaptar cualquier cosa que el mundo hace y confiar que Dios lo use para Su gloria. El medio puede afectar e incluso oscurecer el mensaje.

Por ejemplo, la comunicación en nuestra cultura ha venido a estar más impulsada por imágenes y menos por textos. Pero el exceso en las imágenes en nuestras iglesias puede menguar el impacto de la Palabra y alimentar el deseo por más imágenes.

Como ya se ha dicho, aquello *con* lo que ganas a la gente es generalmente aquello *para* lo que la ganas.

La relevancia puede ser además un ídolo. Nos hemos convencido de que una idea culturalmente a la moda, fresca, diferente hará nuestra adoración más poderosa o atrayente. Quizá son las luces o velas o vídeos creativos o una "actividad interactiva artística".

Pero podemos encontrarnos a nosotros mismos en la rutina del cambio cultural. Nos mantenemos en movimiento, pero no estamos haciendo ningún progreso. Lo que es peor, no podemos parar. Olvidamos que lo que una vez era contemporáneo es ahora tradicional. Un parpadeo, y el estilo musical o la forma litúrgica más nuevos de hoy son ya de *ayer*.

Uno de los beneficios de las tradiciones enraizadas es su capacidad de inmunizarnos contra los cambios implacables en nuestra cultura y ponernos más en sintonía con la fe.

La iglesia está separada del mundo. Esa diferencia, en ocasiones, será repulsiva; en ocasiones, será atractiva. No deberíamos sorprendernos cuando los no creyentes que nos visitan en nuestras reuniones no entienden todo lo que está pasando. "Pero el hombre natural no acepta las cosas del Espíritu de Dios, porque para él son necedad; y no las puede entender, porque *son cosas que* se disciernen (se examinan) espiritualmente" (1 Cor. 2:14).

Cuando se evalúan maneras en que podemos llegar a ser más relevantes, nuestras preguntas deben incluir un enfoque sobre la base teológica de nuestras acciones (¿Qué verdades bíblicas estamos buscando comunicar más claramente a través de estos cambios?). Además un cuidadoso análisis de nuestros motivos (¿Solo queremos estar a la vanguardia?). Y una anticipación realista de las consecuencias (¿Qué tendremos que dejar de hacer para comenzar a hacer esto?).

PRIMERO LO PRIMERO

Cuando se trata de formas de adoración, toda forma que facilite y estimule a un grupo particular a la adoración en espíritu y verdad, en un tiempo particular de la historia, dentro del contexto particular de una cultura, es agradable a Dios. Eso implica que no hay forma que pueda expresar plenamente la inmensidad de Dios. No se ha dado un tiempo, cultura o generación que pueda dar a Dios el honor que Él merece.

Esta comprensión mantiene primero lo primero. La cultura cambia, los estilos cambian, las tradiciones cambian, los tiempos cambian. Dios permanece siempre igual.

Por medio del liderazgo sabio y del ejemplo fiel, formemos a nuestra gente para que aprovechen la rica herencia del pasado, mientras, al mismo tiempo, buscamos comunicar el eterno evangelio en maneras que nuestra cultura pueda entender.

Capítulo 25

HÁBIL Y AUTÉNTICA

Aquí tengo una pequeña prueba. ¿Qué es más agradable a Dios?

a) Un coro de cien voces cantando El *Mesías* compuesto por Georg Friedrich Händel, acompañado de una orquesta completa.

b) Un guitarrista promedio que está sinceramente dirigiendo a su iglesia en una interpretación apasionada de *Sublime gracia*.

La respuesta depende de si definimos excelencia desde nuestra perspectiva o la de Dios.

Ciertamente (a) involucra más personas, horas y preparación que (b). Pero eso no significa automáticamente que Dios está más complacido. Todo el talento musical en el mundo no reemplazará un corazón genuino de adoración.

Pero (b) tampoco es una apuesta segura. Las iglesias que banalizan la necesidad de la habilidad se inclinan hacia el sentimentalismo, la pereza y el orgullo por su "sinceridad".

Dios quiere que busquemos tanto la habilidad como el corazón, así como los artesanos que construyeron el templo. "Entonces Moisés llamó a Bezalel y a Aholiab y a toda persona hábil en quien el Señor había puesto sabiduría, y a todo aquel cuyo corazón le impulsaba a venir a la obra para hacerla" (Ex. 36:2).

Ya tratamos este tema anteriormente, pero tomaré este capítulo para contestar preguntas específicas. ¿Podemos buscar demasiado la habilidad? ¿Es posible adorar a Dios y guiar hábilmente al mismo tiempo? ¿Cuán importante es la excelencia en el equipo de adoración?

¿PODEMOS EXPERIMENTAR UN ÉNFASIS DESMEDIDO EN LA HABILIDAD?

Cuando adoramos a Dios de manera hábil, le ofrecemos lo que es excelente, lo mejor de nosotros (Ex. 23:19; Núm. 18:29-30). Pero llevado al extremo, un énfasis en la habilidad y la excelencia puede inclinarse hacia la arrogancia, el formalismo y la adoración al arte.

El panorama religioso hoy está lleno de iglesias que ofrecen música increíblemente hermosa, digna de una sala de conciertos, interpretada y cantada por músicos que no conocen a Cristo como Su Salvador. Esas mismas iglesias a menudo tienen predicadores que son grandes oradores, capacitados en retórica y oratoria. Desafortunadamente, no tienen buenas nuevas para predicar, solamente sus propias opiniones y tópicos moralistas. La excelencia artística ha reemplazado a Dios como el objeto de adoración.

Entonces, ¿debemos preocuparnos acerca de cómo interpretamos, si estamos afinados, o qué canciones usamos? Desde luego. Dios elogia la excelencia musical (Sal. 33:3; 1 Crón. 15:22; 2 Crón. 30:21-22). Pero en la adoración congregacional, la excelencia tiene un propósito: enfocar la atención de las personas en los maravillosos atributos y actos de Dios.

En la adoración congregacional, entonces, la habilidad y la excelencia son funcionales. Tiene que ver más con la edificación y el estímulo que con los estándares musicales. Yo quiero ser lo mejor que puedo para poder servir a otros más eficazmente para la gloria de Dios.

Un nivel básico a lograr es interpretar lo suficientemente bien de manera que no distraiga a aquellos que estoy buscando servir. Esto significa que podría interpretar pocas notas para que las personas escuchen las palabras. Esto significa sacrificar mis ideas de "excelencia" musical para hacer la verdad musicalmente más accesible a mi congregación. Esto significa que podría hasta no tocar, con tal de que la congregación pueda escuchar claramente sus propias voces sonando en alabanza a Dios.

La excelencia musical, entendida correctamente, es una búsqueda digna. Pero como todos los ídolos, es un terrible dios.

DIRIGIR O ADORAR, ¿ESA ES LA PREGUNTA?

Anteriormente mencioné que me preguntan a menudo cómo es posible dirigir la adoración y al mismo tiempo enfocarme en exaltar al Salvador en mi corazón. Un orador en una conferencia dijo que nosotros deberíamos "sacrificar" nuestra adoración por el bien de la iglesia. No estoy de acuerdo.

¿Es posible dirigir eficazmente a las personas en adoración, dar pistas o señales musicales, interpretar los acordes correctos, y aún adorar a Dios? Absolutamente.

Asumiendo que soy suficientemente hábil, ¿tengo que sacrificar mi adoración a Dios para facilitar la adoración de otros? No. La única cosa que tengo que sacrificar es mi visión limitada de lo que es la adoración.

La adoración no es solamente lo que está sucediendo entre Dios y yo: nos concierne a *nosotros* y a Dios. Mientras ayudo a las personas a exaltar la grandeza de Dios por medio del canto, estoy contribuyendo a alabar a Dios. Mientras doy una señal verbal en su debido tiempo, percibo cómo las personas están respondiendo, o cuando me comunico con la banda, estoy queriendo ver que las personas celebren la dignidad suprema de Dios. Eso es dirigir adoración. Si esa no es la razón por la cual estoy haciendo estas cosas, no estoy adorando a Dios.

El liderazgo efectivo y la adoración a Dios son dos lados de una misma moneda. Nunca tuvieron la intención de oponerse uno al otro. Y, desde luego, mientras más hábil soy en las áreas prácticas, será más fácil para mí adorar a Dios por medio de los cantos. Todo lo que hago es para alabar la grandeza de Dios en Jesucristo. Eso es adoración.

¿CALIDAD O CANTIDAD?

Conforme tu iglesia crece en tamaño, también lo hará tu equipo. Un día descubrirás que tienes múltiples músicos para cada instrumento y quince vocalistas. Calendarizar se ha convertido en una pesadilla. Sabes que algo tiene que cambiar, pero no estás seguro de qué.

Cuando miras tu lista de nombres, piensas que unos son definitivamente músicos y vocalistas tipo "A". Ellos tienen las cualidades de carácter y el talento. Esos son escasos. La mayoría de los otros son músicos tipo "B": genuinos adoradores de Dios, pero no tan talentosos. Incluso tienes unos vocalistas tipo "C", quienes estaban con el equipo cuando llegaste a la iglesia hace tres años (incluyendo la esposa del pastor).

¿Reduces el tamaño del equipo y haces tu vida más fácil, pero con el riesgo de ofender a algunas personas? ¿O permites que continúen las cosas tal como están, valorando el genuino deseo de las personas de adorar a Dios con sus dones musicales, a pesar de lo limitados que pudieran estar? ¿Hay otras opciones?

Lo primero es pedirle a Dios sabiduría y gracia. Tú las necesitarás.

Romanos 12:3-6 nos da las verdades fundamentales acerca de los dones que Dios nos da y cómo debemos verlos. Provee los principios bíblicos que pueden ayudarnos a manejar un grupo cada vez mayor de músicos. Se nos recuerda que no debemos pensar de nosotros mismos más de lo que debemos, "sino que piense con buen juicio". Nos dice que "no todos los miembros tienen la misma función", que somos "un cuerpo en Cristo", que somos "individualmente miembros los unos de los otros", y que tenemos "diferentes dones, según la gracia que nos ha sido dada".

En armonía con estas verdades, no tenemos que disculparnos al usar los músicos más hábiles. "No todos los miembros tienen la misma función". En 1 Crónicas 15:22, Quenanías dirigía el canto "porque era hábil".

Nuestra primera responsabilidad no es hacer felices a individuos específicos, sino servir a la congregación con los dones que Dios ha dado a la iglesia. Dios da estos dones para edificar a la iglesia, no para cumplir las aspiraciones de diferentes miembros. Nosotros les pedimos a nuestros miembros más sociables o extrovertidos que sean los que dan la bienvenida, y a los que son administradores que se encarguen de las finanzas. Aquellos con el don de liderazgo encabezan equipos de servicio, y personas con el don de evangelismo sirven en el ministerio de discipulado. Así que nadie debería pensar que es raro que queramos personas hábiles musicalmente para que sirvan en el equipo de música (asumiendo que no estamos valorando más la habilidad que el carácter: ambos son importantes).

Además, no debemos equiparar el *deseo* de alguien de servir con el *don* de servir. Debemos pensar de nosotros mismos "con buen juicio". *American Idol* y *Operación Triunfo* nos han demostrado cuán engañados pueden estar los músicos acerca de su talento. Querer cantar no significa que alguien tiene el llamado o el talento para cantar.

Es siempre una buena idea que te reúnas con tu equipo para explicar los requisitos de formar parte del grupo. Como mínimo, estos requisitos deberían incluir piedad, habilidad musical y expresividad natural. Haz claro que conforme la iglesia crezca, nuevos miembros podrían superarlos en esas áreas. Cuando el tiempo llegue, queremos hacer espacio para esos nuevos miembros.

Siempre enfatizo que estar en el equipo de música es una oportunidad para servir, no un derecho a proteger. De hecho, si nosotros humildemente buscamos la voluntad de Dios para nuestras vidas, seremos los primeros en animar a otros a que se involucren. Eso significa que los miembros presentes podrían terminar sirviendo menos o en otro ministerio. Pero eso no disminuye su importancia para el equipo ahora.

Si no conoces el nivel de habilidad de todos, puedes planear breves entrevistas y ajustar cuándo participan los músicos de acuerdo a sus habilidades. Comunica a los músicos menos hábiles que podrían no estar calendarizados tan a menudo, pero que aún son valiosos para el equipo. Los equipos de atletas típicamente tienen muchos más jugadores de los que realmente están jugando en un momento determinado, pero cada jugador es necesario. Tus músicos tipo "B" necesitan ser los mejores músicos tipo "B" que pueden ser. Cuando tu principal soprano tiene laringitis, cuando tu guitarrista se corta su dedo, cuando tu mejor baterista tiene un conflicto de horarios, uno de los músicos menos habilidoso disponible es útil.

En *Music Through the Eyes of Faith* [La música a través de los ojos de la fe] Harold Best define la excelencia como "el proceso de llegar a ser mejor de lo que una vez fui". Dios usó esa definición para ayudar a nuestro equipo a darnos cuenta de que estamos llamados a desarrollar los dones que Dios nos ha dado, no a ser mejores que otros.

Si hay individuos que no deberían estar en el equipo porque no tienen el don, yo les hablaría personalmente, les agradecería por su servicio y les ayudaría a encontrar otro ministerio en el cual puedan servir. En ocasiones podría ser necesario incorporar a un pastor en esta conversación.

Otra opción es calendarizar a los músicos menos talentosos con los músicos más hábiles para que puedan apoyarlos y aprender de ellos. Nosotros hemos animado a nuestros mejores músicos a reunirse con los menos hábiles fuera de las horas de ensayo. Todos se benefician. Si ninguno en el equipo está disponible para enseñar, puedes recomendar lecciones privadas.

Para los vocalistas que no son solistas, considera ponerlos juntos como un grupo. Los coros y los grupos no solo incluyen más personas, sino que contribuyen a un mayor sonido, una expresividad más exuberante, y arreglos más creativos. Podrías usarlos una vez al mes, pero es otra manera para que más personas usen sus dones para bendecir a la iglesia.

Lleva a las personas a comprender que sus dones son de Dios, que sus dones son distintos y que son para glorificar a Dios. Mientras estimulamos y ayudamos a las personas a servir "según la medida de fe que Dios ha distribuido a cada uno", podrán hacerlo con gozo, no importa cuándo, dónde o cómo.

Capítulo 26

PARA LA IGLESIA Y PARA LOS NO CREYENTES

Nos encanta tener invitados en nuestra casa, ya sea si es una reunión social espontánea el sábado por la noche, un almuerzo después de la iglesia los domingos, o una buena comida con el grupo de adoración.

Ahora bien, no importa cuántas personas vienen o cuán a menudo lo hacen, nunca nos confundimos acerca de quién vive con nosotros. Con Julie y los chicos nos interesamos por todos los que vienen a nuestra casa, pero no en la manera que nos interesamos los unos por los otros. Porque somos familia.

Nuestra responsabilidad hacia la iglesia es similar. Cada semana tenemos invitados y visitantes que llegan a nuestra congregación por diversas razones. Yo quiero servir a cada uno de ellos. Pero mi preocupación más grande es hacia aquellos que Dios ha puesto en mi congregación.

UNA COMUNIDAD ADORADORA DEFINIDA

La iglesia no está constituida por todo aquel que está en el edificio el domingo por la mañana. Es el pueblo reunido por Dios en una localidad específica por medio de la sangre de Su Hijo y el poder de Su Espíritu (Ef. 2:19-22).

El Nuevo Testamento pone de manifiesto que la iglesia es una comunidad definida. La Mesa del Señor es compartida por aquellos quienes son parte de ese cuerpo (1 Cor. 11:27-29). Pablo instruyó a la iglesia de Corinto para que removieran de entre ellos a un hombre que no se había arrepentido de su pecado (1 Cor. 5:2). El mismo Jesús facilitó un procedimiento para expulsar a alguien de la comunidad de la iglesia (Mat. 18:15-17). 1 Corintios 14:24 habla de las "personas de afuera" que vienen a nuestras reuniones. Eso significa que debe haber "personas de adentro".

Las iglesias ven la membresía de distintas maneras. Algunas la toman bastante a la ligera. Tú puedes llegar a ser miembro en tu segundo domingo. Otras, como la nuestra, la toman seriamente. Las personas que quieren ser miembros deben tomar un curso de varias semanas donde aprenden de nuestros distintivos doctrinales y de nuestras prácticas, se reúnen con un pastor, son presentados a la iglesia en una reunión de miembros y se unen a un grupo pequeño.

Independientemente de cómo tu iglesia pudiera ver o practicar la membresía, nosotros tenemos una especial responsabilidad de pastorear a quienes están caminando su vida cristiana con nosotros. La primera prioridad de nuestras reuniones dominicales es fortalecer a la iglesia. Somos el pueblo del pacto de Dios que se reúne en Su presencia para ser edificados como una "casa espiritual" a través del evangelio (1 Ped. 2:5).

Dios no tiene la intención de que las personas a las cuales dirigimos cada domingo permanezcan inmaduras. Él quiere que de todas las maneras posibles lleguen a ser como Cristo. Así que, como líderes, nuestro trabajo es apoyar a nuestro pastor en su rol de asegurar que la iglesia está creciendo hacia la madurez.

Esa madurez puede ser estorbada cuando nos enfocamos principalmente en los que no pertenecen a la familia. Cuando todos los programas de la iglesia giran en torno a atraer nuevas personas, cuando todas las elecciones musicales están orientadas a la obra con los no cristianos, se vuelve difícil, si no imposible, proveer la enseñanza y el alimento que la iglesia necesita.

Imagina el efecto si el *crecimiento de la iglesia* se refiriera a que las iglesias están creciendo en su comprensión del evangelio, en santidad personal, en involucrarse en la iglesia, y en un corazón por los perdidos, en vez de simples números.

TENER PRESENTE A LOS NO CREYENTES

Entonces, ¿qué sucede cuando los no creyentes aparecen en nuestras reuniones? ¿Nos importa si se sienten confundidos por nuestro "cristianismo"? ¿Reconocemos su presencia? ¿Los tenemos en mente cuando planificamos?

Pablo desafía a los corintios a considerar a los no creyentes cuando se reúnen. Él insiste en que tengan en cuenta al incrédulo cuando ejercen sus dones (1 Cor. 14:23-25). Tu iglesia puede que no crea en las lenguas, pero para muchos no cristianos, eso es exactamente a lo que suenan algunas de nuestras reuniones.

Estar consciente de que hay no cristianos en nuestras reuniones hace que yo diga las cosas de manera más simple, explique palabras o frases cristianas comunes, y ocasionalmente me dirijo a aquellos que están con nosotros que no conocen al Salvador.

Estuvo de moda, durante muchos años, hacer encuestas en las comunidades y conocer qué les gustaba o no les gustaba de las iglesias a los no cristianos. Luego, las iglesias desarrollaron estrategias de publicidad y reuniones que reflejaran los deseos expresados de la comunidad incrédula.

Ese es un problema. Los no cristianos están conscientes de sus deseos, pero no de su verdadera necesidad de ser reconciliados con Dios. Y lo que satisface esa necesidad se encuentra en toda reunión de adoradores que exaltan a Cristo.

No importa lo que digan las encuestas, esto es lo que más afecta a los no creyentes cuando nos reunimos.

Pasión auténtica. He leído los estudios que dicen que tú no puedes cantar durante más de diecisiete minutos, que los mensajes no deben durar más de veinte, y que las personas son ahuyentadas por la expresividad. Esa no ha sido la experiencia de mi iglesia.

Cuando los no creyentes visitan nuestra iglesia, ellos encuentran personas que han sido impresionadas y conmovidas por la bondad y la misericordia de Dios. Y nosotros buscamos dejar claro que la gracia de Dios es lo que nos ha afectado tan profundamente. No nos reunimos solo para hablar acerca de Dios; nos encontramos con la gracia de Su presencia. Y no somos reacios en expresar exteriormente lo que nos ha afectado interiormente. Las personas muestran emociones todo el tiempo en los conciertos de rock y los juegos de baloncesto, y nadie lo cuestiona. ¿Por qué pensamos que los invitados se sorprenderán de ver algo similar en aquellos que afirman tener las mejores noticias que el mundo haya escuchado?

Amor. Una de las maneras más significativas de impactar a los no creyentes en nuestras reuniones es a través de la forma en que llegamos a ellos. Hemos experimentado con diferentes maneras de identificar a los visitantes. Siempre les pedimos que se pongan en pie mientras les agradecemos por su visita a través de nuestro aplauso. Esto les da la oportunidad a los que están a su alrededor de presentarse, invitarlos a nuestra bienvenida que está diseñada solo para ellos, y a menudo invitarlos a almorzar. Queremos conquistarlos con nuestro amor.

Vez tras vez los visitantes han comentado no solamente sobre el amor genuino que han recibido, sino sobre el amor que han observado entre los miembros de la iglesia. Eso es lo que Jesús dijo que sucedería. Él oró por nuestra unidad "para que el mundo crea" que el Padre le envió (Juan 17:21). Mientras estimulamos a los creyentes en la iglesia a servir unos a otros de maneras prácticas, no solamente estamos cumpliendo la adoración bíblica, sino que las personas lo notarán y serán atraídas hacia el Salvador.

El evangelio. La mejor manera de mantener la tensión saludable de edificar la iglesia y alcanzar a los no creyentes es proclamando y exponiendo el evangelio: Jesucristo fue crucificado por nuestros pecados para llevarnos a Dios.

El evangelio, claramente proclamado y fielmente aplicado, hablará a los no creyentes porque es "el poder de Dios para la salvación de todo el que cree" (Rom. 1:16). No tenemos mejor forma de servir a los no cristianos que ayudarlos a escuchar, entender y experimentar la gran historia de la redención de Dios en Jesucristo. El evangelio también hablará a los cristianos porque hemos de "[permanecer] en la fe bien cimentados y constantes, *sin [movernos] de la esperanza del evangelio que [hemos]* oído" (Col. 1:23, énfasis añadido).

No ignoremos a los no creyentes cuando nos reunimos para adorar a Dios. Pero tampoco les permitamos que dicten nuestra dirección, métodos y valores. Han sido determinados y modelados por el Salvador resucitado, quien ahora nos invita a celebrar como una familia e invita a otros a unirse a la fiesta.

Capítulo 27

EL EVENTO Y EL DÍA A DÍA

Hace años asistí a un retiro para líderes de grupos pequeños. Durante una de las reuniones me sentí abrumado al experimentar el amor de Dios hacia mí mientras le cantaba. Por unos momentos me sentí completamente deshecho. Ajeno a los que me rodeaban, las lágrimas rodaron libremente por mis mejillas.

No estaba seguro de lo que estaba sucediendo, pero sabía que quería más. En los próximos días, alabanzas fluían constantemente a través de mi corazón. Me iba a la cama cantando y me levantaba con un canto en mis labios. Dios incluso me dio gracia para cantar en medio de la noche cuando mecía a nuestro hijo recién nacido, Jordan, para que se durmiera otra vez. Estaba rebosando de gozo. Siempre que adoraba a Dios con un grupo, saltaba alto y cantaba con todo mi corazón. Estaba comprometido a ser un adorador veinticuatro horas al día, siete días a la semana.

Pero adorar a Dios a tiempo completo tiene sus inconvenientes. Como cuando caminé por un centro comercial y la música ambiental sonó estruendosamente por los altavoces. "¿No saben que estoy tratando de adorar a Dios? ¿Cómo voy a glorificar a Dios si no puedo cantar?".

LA ADORACIÓN EN TODOS LOS ASPECTOS DE LA VIDA

Como muchas personas, pensaba que la adoración significaba cantar cantos de adoración. Tú y yo sabemos que no es así, pero a menudo hacemos comentarios como estos:

• Volveremos a adorar después del sermón.

• ¿Quién estará adorando esta mañana?

• Tenemos solamente veinte minutos para la adoración la próxima semana.

Si hubiéramos dicho algo como eso a los cristianos del primer siglo en Roma o Éfeso, seguramente nos hubieran mirado de manera peculiar.

Aunque hay varias palabras griegas en el Nuevo Testamento que se traducen como "adoración", ninguna de ellas significa "cantar". Extraño, ¿no crees?

Incluso en el Antiguo Testamento, Dios nunca tuvo la intención de que Su pueblo confinara la adoración a los sacrificios en el templo. La mayoría de las palabras hebreas que nosotros traducimos como "adoración" se refieren a gestos, actitudes y acciones que podían suceder en cualquier momento, juntamente con la acción de cantar o sin ella.

De hecho, los escritores del Nuevo Testamento consistentemente toman palabras del Antiguo Testamento relacionadas con la adoración –palabras como *altar, sacrificio, sacerdote, templo* – y las aplican a la vida en general.

Romanos 12:1 es uno de los pasajes más familiares que conectan la adoración a todos los aspectos de la vida: "presenten sus cuerpos *como* sacrificio vivo y santo, aceptable (agradable) a Dios, *que es* el culto racional de ustedes". Los sacrificios que complacen a Dios ya no son toros, carneros y ovejas, sino nuestras vidas, indicaba Pablo por el uso intencional de la palabra "cuerpos".

Así que, ¿cómo es adorar a Dios todo el tiempo?

Es centrar nuestra atención en Su grandeza y bondad. Es hacer las cosas que nos manda y evitar lo que prohíbe, todo con un corazón que busca complacerlo y reflejar al Salvador cuyo sacrificio nos rescató de la condenación eterna. Es amar a nuestra esposa e hijos, servir a otros, utilizar nuestro dinero, ayudar a los pobres, manejar nuestro automóvil, ir a la escuela y trabajar en nuestros respectivos lugares de empleo en maneras que glorifiquen al Salvador cuya alabanza nunca cesará.

Bíblicamente, no hay una distinción entre sagrado y secular en nuestras vidas. Cada momento es una oportunidad para adorar a Dios. Los edificios donde se reúnen iglesias locales no son sagrados, y las habitaciones familiares no son seculares; ambos son lugares donde Dios puede ser adorado en espíritu y verdad.

ADORAR CON LA IGLESIA REUNIDA

Así que, si estamos adorando a Dios cada día, ¿cuán importante es que nos reunamos como iglesia cada domingo?

Muy importante.

A los primeros cristianos casi siempre se los ve adorando, evangelizando, orando, cantando y viviendo juntos. De la misma manera, en el Antiguo Testamento, el enfoque arrollador está en el pueblo de Dios, no en los individuos.

La adoración como comunidad es más que una buena idea. Es crucial para los propósitos de Dios para Su pueblo. Vimos anteriormente que Dios demuestra Su presencia de manera única cuando nos reunimos, y que nuestras reuniones proveen oportunidades para la edificación mutua. Aquí hay unas pocas razones por las cuales nos reunimos semanalmente como iglesia:

Necesitamos el estímulo y el apoyo. Podemos estudiar nuestras Biblias, leer libros cristianos, interpretar cantos de adoración, orar y conversar con Dios en la privacidad de nuestros hogares. Y debemos hacerlo. Pero somos fácilmente engañados por nuestros corazones pecaminosos. Dios ha diseñado la iglesia de tal manera que es imposible crecer en la piedad y conocer de la plenitud de Su gracia apartado de la iglesia. Eso te enseña humildad. Va en contra de nuestras tendencias de autosuficiencia. Por eso necesitamos la iglesia. Además nos da una oportunidad de apoyar y animar a otros.

Dios recibe mayor gloria. La gloria inherente a Dios nunca aumenta o disminuye. Pero como Donald Whitney explica:

> Cuando un equipo de fútbol gana el campeonato nacional, recibe más gloria si el juego se muestra a millones a través de todo el país que si nadie más lo viera sino tú mediante circuito cerrado de televisión… La gloria pública obviamente trae más gloria que la gloria privada. Asimismo, Dios recibe más gloria cuando tú le adoras con la iglesia que cuando tú le adoras a solas.[56]

Ninguna reunión pública puede sustituir las devociones privadas, lo cual honra a Dios. Ninguna reunión pública puede reemplazar a los individuos cuando muestran el amor de Cristo hacia otros y proclaman Su verdad en las escuelas, lugares de trabajo y vecindarios. Sin estas acciones individuales, la adoración pública avanzará inexorablemente hacia la superficialidad y la hipocresía. Pero cuando nos reunimos para "proclamar con entusiasmo la memoria de Tu mucha bondad" (Sal. 145:7), más personas verán que Dios es digno de alabanza.

Nosotros recibimos la enseñanza y el cuidado de los pastores puestos por Dios. Los pastores son dones del Cristo ascendido para equiparnos para el ministerio (Ef. 4:11-12). Ellos tienen la responsabilidad de dirigir, guiar, cuidar y alimentar al pueblo de Dios (1 Ped. 5:2; Hech. 20:28), lo cual hacen de manera especial en el contexto de la iglesia reunida. Un día ellos tendrán que dar cuenta a Dios por aquellos que Él puso bajo su cuidado (Heb. 13:17).

Como líderes de adoración, necesitamos pastores maduros en nuestras vidas. No queremos estar por nuestra propia cuenta. Los pastores se aseguran de que nosotros valoramos el conocimiento bíblico y el carácter piadoso, no solo las cualidades musicales. Ellos nos recuerdan que la adoración es más que música. Y mucho más importante, ellos nos dirigen en el cuidado de la iglesia de Dios que "El compró con Su propia sangre" (Hech. 20:28).

Se nos recuerda que hemos sido apartados del mundo y unidos para Dios. Reunirnos es una demostración física de nuestro carácter distintivo del mundo y de nuestra unidad en el evangelio. Desde luego, ir a las reuniones no significa que estamos unidos. Pero reunirnos nos recuerda el evangelio que nos ha reconciliado unos con otros y hace que nos "esforcemos por preservar la unidad del Espíritu en el vínculo de la paz" (Ef. 4:3). Nos obliga a pasar tiempo con aquellos que son diferentes de nosotros, tal vez ni siquiera son de nuestro agrado, y a reconocer nuestra necesidad de misericordia a los pies de la cruz. Juntos.

PONER EL "EVENTO" Y EL "CADA DÍA" JUNTOS

A menudo, al terminar nuestro tiempo de los cantos le pido a Dios que las realidades que acabamos de declarar sean proclamadas en nuestras vidas diarias. Le pediré que nos ayude a recordar que Él no cambia cuando estamos en medio de las pruebas. Él es tan digno de adoración cuando nuestros automóviles se averían como cuando nos reunimos el domingo. Frecuentemente oraré que Dios traiga a nuestras mentes durante el resto de la semana las verdades del evangelio que hemos estado celebrando.

Además, podría dirigir cantos que hablen acerca de vivir cada día para la gloria de Dios, como el último verso de "Mi vida es Cristo" por Jordan Kauflin:

Usa mi vida, oh Señor,
Como lo quieras Tú.
Y que sea siempre mi canción
Mi gloria eres Tú.[57]

También podemos referirnos como adoración a partes no musicales de la reunión. "Continuemos nuestra adoración a través de nuestros diezmos y ofrendas". "Preparemos nuestros corazones para adorar a Dios mientras escuchamos Su Palabra proclamada". Eso ayuda a que las personas se den cuenta de que todo lo que hacemos para la gloria de Dios es adoración.

A fin de cuentas, adorar a Dios en todos los aspectos de la vida no es solo un asunto de cambiar la manera en que usamos la palabra "adoración", sino de cambiar la manera en que pensamos acerca de la conexión de la mañana del domingo con el resto de la semana. Todos necesitamos ayuda para transferir la verdad que cantamos el domingo a los detalles diarios de nuestras vidas.

El domingo puede ser el punto culminante de nuestra semana, pero no es el único punto. Durante la semana vivimos vidas de adoración cuando amamos a nuestras familias, resistimos la tentación, con entusiasmo levantamos la voz por los oprimidos, nos oponemos al mal y proclamamos el evangelio. En todas esas cosas somos *la iglesia dispersa que adora*.

Sin embargo, nos cansamos de nuestra batalla contra el mundo, nuestra carne y el diablo, y necesitamos ser fortalecidos y estimulados por la Palabra de Dios y el cuidado de otros santos. Queremos estar en comunión con quienes Dios nos ha puesto juntos por medio de la sangre de Su Hijo. Así que nos reunimos para ser *la iglesia reunida que adora*.

En ambos contextos –juntos y dispersos– somos conscientes de que esta es la razón para la que hemos sido creados: para exaltar la grandeza de Dios en Jesucristo por medio del Espíritu Santo.

Parte cuatro

RELACIONES CORRECTAS

Capítulo 28

LAS PERSONAS PRIMERO

¿**Podemos irnos a casa?** No tengo idea cuántas veces escuché esa pregunta mientras mis hijos crecían. Si tienes hijos, probablemente la has escuchado también. Ahora bien, tal vez la escuchaste de tu esposa.

Usualmente me hacen esa pregunta los domingos después del servicio. Mis hijos aprendieron desde muy temprano que siempre seríamos los últimos en irnos de la iglesia el domingo. El almuerzo y la siesta tendrían que esperar.

Aunque pensándolo bien, nosotros siempre somos los últimos en marcharnos donde sea que estemos. Si es la casa de alguien más, tendemos a dar vueltas por ahí mientras los últimos invitados se despiden. Nos encanta estar con la gente, ya sea que vengan a cenar a nuestra casa, estemos conversando en una boda, o que tomemos unas vacaciones juntos. Somos adictos a las relaciones.

En esta última sección compartiré algunos pensamientos sobre tu más significativa relación, después de tu familia. Estoy hablando de tu iglesia, tu equipo y tu pastor. Los tres han sido importantes medios de gracia para mí a través de los años, y han tenido un papel crucial en mi ministerio. Pero, antes de mirar estas áreas específicamente, echemos un vistazo a las relaciones en general.

POR QUÉ NO PODEMOS SOLOS

Es fácil olvidar qué privilegio es servir a nuestra iglesia, nuestro equipo y nuestro pastor. Llegamos a estar cada vez más conscientes de aquello que no nos gusta, lo que va mal, quien no está haciendo su trabajo, quien no está de acuerdo con nosotros, y por qué las personas no están respondiendo.

Aquí hay tres cosas que he aprendido acerca de por qué necesito trabajar a través de los obstáculos en las relaciones que Dios me ha dado.

El pecado es engañoso

Una vez me encontraba aconsejando a un amigo que tenía dificultad de recibir lo que le estaba diciendo sobre un pecado específico. Finalmente le sugerí: "Pienso que este es un punto ciego en tu vida".

"Pero ¡yo no lo veo!", contestó, ligeramente exasperado.

"Pues, por eso se llama punto *ciego*. Todos lo ven menos tú".

No puedo decirte cuán a menudo otros han sostenido un espejo y me han mostrado lo que yo no podía ver. En cierto momento, algunos miembros del equipo que se preocupaban por mí, me hicieron saber que yo no parecía estar muy abierto a las ideas de otros. Yo creía que estaba al mando de una "semidemocracia", pero era más como "el show de Bob". Otra vez, alguien me llevó aparte y me dijo que yo tendía a reaccionar pecaminosamente con uno de los miembros de la banda cuando él compartía su opinión. Yo no era tan misericordioso como pensaba. Un pastor con el que trabajé mencionó que yo me "resentía" cada vez que él cuestionaba mis planes, y su comentario me llevó a ver cuán profundamente enraizado estaba mi orgullo en mi corazón.

Yo le agradezco a Dios por las personas que ha colocado alrededor mío, y me han ayudado a ver lo que yo no puedo ver por mí mismo.

Necesitamos las contribuciones de otros

Me gusta pensar que puedo hacer un gran trabajo guiando la adoración sin nada más que mi propia experiencia, recursos, sabiduría y el don de liderazgo. Pero no puedo. Dios nunca quiere que lo haga. Ciertamente puedo dirigir, pero no será tan efectivo o productivo como cuando otros están incluidos.

¿Por qué el modelo del líder solitario es tan atractivo? Porque somos orgullosos. Si yo soy el único responsable de ordenar las cosas, yo recibo todo el crédito. Pierdo de vista darle la gloria a Dios.

He recibido sugerencias de cantos por parte de pastores, músicos del equipo y miembros de la iglesia. No todos son buenos, pero oye, tampoco lo son los míos. Personas en la congregación me han dado sus reacciones acerca del volumen, la mezcla y cómo los cantos son recibidos. Me han dicho que es difícil aprender la melodía si yo canto la armonía la mitad del tiempo. Estas son unas pocas de las maneras en que me he beneficiado de los dones, perspectivas y contribuciones de otros.

Mi dependencia de las contribuciones de otros se hizo evidente una Semana Santa mientras estaba escribiendo este libro. No podía estar tan comprometido como hubiera querido. Pero me pidieron que dirigiera la adoración congregacional. Así que lo hice.

Cualquiera esa mañana probablemente sobrevaloró mi parte en ordenar todo. Aquí está lo que *no hice*: planificar la reunión, escoger las canciones, adaptar las partes del coro, ensayar con el coro, probar a los vocalistas, escoger a los solistas, elegir los textos de la Escritura que se iban a leer, diseñar la iluminación, inventar partes para las voces, asignar a los músicos, encontrar y adaptar el canto especial, planificar el canto para el final de la reunión.

Aquí está lo que *hice*:

1. Oré.
2. Asistí a los ensayos.
3. Dirigí.

(Escribí esto como una lista para que luzca más impresionante).

Soy increíblemente bendecido al estar en una iglesia donde muchos siervos con diferentes dones están deseosos de ayudar en cualquier forma que pueden. En otro momento yo podría haber contribuído más. Y un día ya no seré necesario en lo absoluto.

El principio es el mismo: cada semana es otra oportunidad para beneficiarnos de las contribuciones y percepciones de los demás.

Adoramos a Dios a través de las relaciones

Dios está tan interesado en cómo tratamos a los demás como en nuestros cantos de alabanza. En realidad, Él está *más* interesado en aquello que en esto.

Tu congregación nunca verá algunos de tus actos de adoración más significativos. Puede que ocurran mientras estás en un parqueo de automóviles, sentado frente a tu computadora, hablando por teléfono o en la casa de alguien más. Estos actos son las decisiones que tú haces de morir al egoísmo de manera que Cristo pueda ser visto más claramente en tu vida. Puede ser cuando tomas quince minutos para averiguar cómo le está yendo a tu bajista en su nuevo trabajo. O cuando agradeces al guitarrista antes de la reunión por su humildad y le dices cuán fácil es servir junto a él. Puede ser cuando con gozo te sometes a la elección de cantos que hizo tu pastor (y más tarde admites que era mejor que la tuya). O cuando respondes rápida, humilde y consideradamente a un correo electrónico que expresa preocupación acerca del volumen.

No hay música en esos momentos, pero si eres perceptivo, reconocerás que estás adorando a Dios. Jesús está recibiendo la gloria a través de tu fiel obediencia. Dios está siendo exaltado.

A UNA VOZ

Las relaciones son complicadas. No siempre funcionan de la manera que nos gustaría. Innumerables variables afectan las relaciones, y el pecado viene en un millón de diferentes paquetes. Nada de lo que yo diga aquí negará tu necesidad de la constante dependencia del Espíritu Santo. Tu situación tiene matices que requerirán que busques en la Escritura, ores por sabiduría y busques consejo.

Pero esto sí sé: la iglesia no necesita líderes que amen dirigir a las personas en adoración, pero no amen a las personas que están sirviendo. Trabajar en las transiciones musicales es secundario en importancia a trabajar en las deficiencias relacionales que puedan existir en nuestro equipo. No podemos estar alabando a Dios en un momento, criticando a nuestro pastor en el siguiente, y pensar que estamos ofreciendo alabanzas aceptables a Dios por medio de Jesucristo.

Por eso aprecio la oración de Pablo en Romanos 15:

Y que el Dios de la paciencia (perseverancia) y del consuelo les conceda tener el mismo sentir los unos para con los otros conforme a Cristo Jesús, para que unánimes, a una voz, glorifiquen al Dios y Padre de nuestro Señor Jesucristo (el Mesías) (vv. 5 y 6).

Vivir en armonía requiere resistencia y ánimo de parte de Dios. No es algo que podemos lograr con nuestras propias fuerzas o con nuestra propia sabiduría. Nosotros solo empeoraremos las cosas.

Así que mientras lees esta sección final sobre honrar a Dios en nuestras relaciones, es mi oración que reconozcas tu necesidad de Su gracia. Que tengas una clara visión de servir a otros. Y que a una voz, tú, tu pastor, tu equipo y tu iglesia glorifiquen cada vez más al Dios y Padre de nuestro Señor Jesucristo.

Capítulo 29

TU IGLESIA

Las reacciones que recibo de la congregación no son siempre muy buenas.

• ¿Se puede saber por qué María cantó ese solo? Ella es una terrible cantante.

• ¿Cuándo vamos a cantar más himnos?

• ¿Por qué no interpretamos más canciones originales en español?

• Tú hablas demasiado. Suenas como predicador frustrado.

• Me parece que Juan entendía mejor la adoración que tú, lástima que ya no está liderando él.

He recibido muchos comentarios como esos, que me ayudan a recordar que ser un líder de adoración es más acerca de dirigir a individuos que de dirigir canciones. Preocuparse por ellos y servirlos es mucho más importante que lograr una excelente reunión.

Se necesita mucho tiempo, reflexión y energía.

Se necesita a Dios.

LA PRIORIDAD DE LA ORACIÓN

La importancia de la oración es algo que necesitamos escuchar una y otra vez. Si no oramos por aquellos en nuestra iglesia, nos faltará poder, gracia y amor cuando los dirigimos.

He visto que *la oración me recuerda lo que no puedo hacer*. Solamente el

Espíritu puede abrir los ojos de las personas para que vean la esperanza del evangelio, su gloriosa herencia en los santos, y el poder de Dios operando en sus vidas (Ef. 1:16-19).

La oración abre mis ojos al propósito de Dios. Lo que yo quiero de una reunión es a menudo distinto de lo que Dios quiere. Yo quiero que todo salga perfecto, que todos los músicos lleguen a tiempo, que el bajista y el baterista estén sincronizados, y que las personas me digan qué buen trabajo hice. Dios quiere recordarle a una madre soltera que Él no la ha abandonado aunque su esposo lo haya hecho. Él quiere mostrarle a un adolescente que Jesús es más deslumbrante, glorioso y gratificante que el videojuego que lo tiene cautivado. Él quiere liberar a las personas del legalismo y la condenación. Él quizá quiera sanar a alguien o consolar a una pareja que acaba de perder a un hijo. Y Él quiere hacerlo todo para exaltar la grandeza del Salvador a los ojos de aquellos.

Y *la oración cultiva el afecto por otros.* Cuando estoy frente a la congregación, me pregunto, ¿estaré más consciente de dirigirlos o de amarlos? ¿Pensaré que mi rol es enseñarles o servirlos? Dirigir y enseñar son dos actividades; amar y servir deben ser las motivaciones.

PALABRAS DE ÁNIMO Y DE CORRECCIÓN

Los líderes de adoración, como todos los líderes, tienen la oportunidad de relacionarse con personas que los aman como con aquellas que no los aman.

Aprender cómo responder a ambas requiere sabiduría y humildad.

Cómo recibir los elogios

Incómodo (adjetivo): Como te sientes cuando alguien te felicita o elogia.

¿Por qué es tan difícil recibir elogios?

Muchos de nosotros, a menos que seamos descaradamente arrogantes, nos sentimos avergonzados cuando alguien nos elogia. Quizá están resaltando algo sobre lo cual no estamos seguros que deberían felicitarnos: "Oye, ¡me encantaron esos *riffs*!" O, "Gracias por no tardarte tanto tiempo como usualmente lo haces".

O, podría ser una alabanza un poco vaga: "¡Buen trabajo! Me encanta cuando diriges".

Quizá estamos escuchando lo que *no dijeron*: "Me gustó realmente la guitarra eléctrica hoy". (¿Será que ni escucharon mi piano?). "Me gustó la última canción que cantamos". (¿Y las otras?). "Samuel hizo un magnífico trabajo dirigiendo mientras tú no estabas". (¿Cuán malo es cuando estoy aquí?).

He tenido estos pensamientos en varias ocasiones.

Pero, incluso cuando es un elogio sincero, nos podemos sentir incómodos. Usualmente estamos luchando con que nos gusta que nos alaben pero no queremos enorgullecernos. Deseamos que la gente no diga nada, pero otra parte de nosotros está pidiendo a gritos: "¡Más! ¡Más!". Es el dilema de Romanos 7:21: "Así que, queriendo yo hacer el bien, hallo la ley de que el mal está presente en mí".

Aquí enumero algunas prácticas que he aprendido y que me ayudan a recibir los elogios (al menos, mejor de lo que solía hacerlo):

Agradece a la persona por tomar el tiempo para felicitarte. No estamos buscando más alabanza; es solo que ayuda saber cómo Dios operó específicamente en el corazón de una persona.

Expresa gratitud por la oportunidad de servir. Mi respuesta más común a las felicitaciones es: "Es un privilegio y un gozo". Porque realmente lo es.

Llama la atención hacia las contribuciones de otros. Una de las mejores formas de cambiar la incomodidad por gratitud es recordando cómo Dios ha usado a otros en mi vida. Y cuando estoy activamente buscando evidencias de gracia en otras personas, tengo menos tiempo para pensar en mí mismo.

Internamente e intencionalmente "transfiere la gloria a Dios". Esa es una frase que aprendí de C. J. Mahaney, quien citaba al pastor puritano Thomas Watson. Significa reconocer que cualquier beneficio o fruto es debido a Su gracia, y por lo tanto toda la gloria es completa y justamente suya. No es mía. Así que, en algún momento después de la reunión, posiblemente cuando estás conduciendo hacia tu casa, es sabio darle gracias a Dios de manera específica y darle a Él la gloria por todo lo que te han elogiado.

Cómo recibir las críticas

Los líderes, debido a su rol público, siempre están siendo evaluados. ¿Cómo nos preparamos para las críticas inevitables que vienen con cualquier posición de liderazgo?

Nos preparamos no siendo torpes. Sí, eso es correcto: no siendo *torpes*.

Así dice Dios: "El que ama la instrucción, ama el conocimiento, pero el que odia la reprensión es torpe" (Prov. 12:1).

Dios me dice que soy un torpe si no aprecio la reprensión. Él quiere que *ame* la reprensión y la corrección, no que huya de ella. ¿Por qué?

Porque amar la reprensión me hace más consciente de mi necesidad de la gracia de Dios en mi vida. Me ayuda a luchar contra la exaltación propia. Es una señal que necesito de otros en el proceso de la santificación. Y es una manera de reconocer que *yo no lo sé todo*.

Así que, *ora por corrección*. Pídele a Dios que traiga personas a tu vida que te señalen dónde estás cometiendo errores, o estás pecando, o podrías hacer mejor las cosas.

Espera corrección. Cuando alguien se sorprende por reacciones de crítica, es usualmente porque está buscando alabanzas. Solamente gente perfecta y orgullosa nunca espera hacer algo mal.

Toma la iniciativa. Pídele a personas en quienes confías –familia, pastor, amigos, otros líderes– aportes o sugerencias.

Pide información adicional. A menudo, mi primera inclinación es justificarme o echarle la culpa a alguien más: quiero que esta conversación se termine lo más pronto posible. Un mejor acercamiento es pedirles que piensen más detenidamente para dar más detalles de lo que están diciendo. Eso te ayudará a escuchar más claramente y responder con mayor humildad.

Agradécele a Dios por la corrección. Muchas de las críticas son dones de Dios. Es difícil ver eso cuando las palabras son desconsideradas, exasperadas, sarcásticas, reprobadoras. Pero, la mayoría de las reacciones que recibo no son tan fuertes como lo que necesito escuchar y vienen de corazones que quieren servir. Incluso cuando las represiones se dieran pecaminosamente, nos recuerdan de nuestro autoengaño y echan sobre nosotros la misericordia del Salvador que cubre todos nuestros pecados.

Y esa es probablemente la principal razón por la cual yo resiento la crítica. Yo no creo lo que Dios ha dicho acerca de mí en la cruz.

Alfred Poirier provee esta perspectiva tan vital:

> A la luz del juicio de Dios y de la justificación del pecador en la cruz de Cristo, podemos comenzar a descubrir cómo hacer frente a cualquier crítica. Al expresar mi acuerdo con la crítica de Dios hacia mí en la cruz de Cristo, puedo enfrentar cualquier crítica que el hombre presente en contra mía. En otras palabras, ninguno puede criticarme más de lo que la cruz lo hace.[58]

Vaya pensamiento. La cruz es la declaración de nuestro pecado, indignidad y necesidad. Y a la luz de la cruz, podemos recibir las críticas con amabilidad, porque Dios, quien conoce nuestra maldad mejor que nadie, nos ha perdonado y justificado totalmente. ¡Ya no hay condenación para nosotros (Rom. 8:1)! Por lo que podemos orar confiadamente con David; "Que el justo me hiera con bondad y me reprenda; es aceite *sobre* la cabeza; no lo rechace mi cabeza" (Sal. 141:5).

OTROS DESAFÍOS DEL LIDERAZGO
Manejar las recomendaciones de canciones

Tú sabes cómo es esto: se te acercan y te hablan con mucho entusiasmo acerca de una canción que escucharon en una conferencia, en la radio, o en otra iglesia. Te preparas para lo inevitable: ¿Por qué no la cantamos en nuestra iglesia?

¿Cómo responder? Esto es lo que generalmente trato de hacer.

Primero, *reviso mi corazón*. Sé que puede sonar redundante, pero tengo mucho pecado que mora en mí y no puedo evitar este paso. A menudo asumo que si alguien sugiere un canto es porque está insatisfecho con las canciones que usamos. Ese es un juicio pecaminoso. Cualquiera que sea mi respuesta, quiero hablar con gentileza, humildad y claridad.

Después de revisar mi corazón, *doy gracias por su sugerencia*. Es muy bueno cuando personas en la congregación se preocupan lo suficiente como para ofrecer una opinión.

Tercero, *les pregunto qué les gustó del canto*. Tal vez una línea abordaba una situación específica por la que están pasando. O tal vez disfrutaron el sonido de la banda o les cautivó la melodía. Yo no sé a menos que pregunte.

Una vez que escuche atentamente la canción (y quizá obtenga otras opiniones), puede que decida que no es para nosotros, y necesitaré explicar la razón. No quiero desechar una canción solo porque "No me gusta". Dios ha usado muchos cantos que no me gustan para ministrar a las personas. Sin embargo, solo porque una canción es popular no significa que es buena o que es la mejor para nosotros.

Hay diversos elementos dentro de una canción que podría tener en cuenta para no incluirla. Tal vez alguna línea (o más de una) son teológicamente confusas, aunque no haya sido la idea del autor. Tal vez los coros no dicen mucho pero se cantan repetidamente. O puede ser la falta de claridad, falta de originalidad en la música o la letra, o el contenido está tan disperso que cubre demasiados temas. En ocasiones, he cambiado de parecer acerca de usar alguna canción en particular después de pensar más acerca de esto, o porque pudiera funcionar en un contexto específico.

Estoy seguro de que tomaremos decisiones equivocadas al escoger no usar ciertos cantos. Pero, si nuestra meta es siempre interpretar cantos que exalten la gloria de Dios en Cristo en los corazones y mentes de las personas, en las mejores y más claras formas, no tendremos de qué lamentarnos.

Introducir y dirigir a través de los cambios

Otro desafío que los líderes de adoración pueden enfrentar es ayudar a las personas a comprender los cambios. La mayoría de las personas disfrutan lo conocido. Nos sentimos cómodos sabiendo lo que viene. Cuando las cosas no son de la manera en que solían ser, las personas usualmente quieren saber por qué (o ellos inventan sus propias razones). Los pequeños cambios no requieren ninguna explicación mientras las personas se ajustan bastante rápidamente. Pero, lo que nos parece pequeño a nosotros puede no serlo para alguien en nuestra iglesia.

La mayoría de los líderes de adoración introducirán cambios a la iglesia en algún punto. Si tú has guiado bien a tu iglesia, estos cambios pueden ser buenos. Si no lo has hecho, el cambio usualmente crea problemas. O más bien, los expone.

Cada iglesia tiene que enfrentar desafíos únicos cuando se trata de cambios. Cualquiera sea tu situación, los siguientes principios pueden ayudarte a que la transición sea un poco más fácil.

Asegúrate de que tus líderes estén de acuerdo. En ocasiones tú lees un libro, o asistes a una conferencia y regresas a casa rebosando con ideas innovadoras y planes creativos que no puedes esperar introducir a tu iglesia. Aquí hay una sugerencia. Espera. Guiar a una iglesia a través de los cambios es en última instancia la responsabilidad del pastor. Asegúrate de que te apoya con los cambios que quieres hacer. Quizá has construido un grado significativo de confianza con él. Eso es muy bueno. Pero, aun si él confía en ti, recuerda que tú le sirves a él.

Enseña regularmente a la iglesia lo que es la adoración bíblica. Tu iglesia será más receptiva al cambio cuando los miembros entiendan lo que es la verdadera adoración. Pero, no importa cuán madura es una iglesia, necesitará que se le recuerde cómo adorar bíblicamente. Cada semana los miembros serán tentados por ídolos y engañados por el pecado que habita en ellos. Además, tenemos invitados y nuevos cristianos que vienen con ideas equivocadas. Finalmente, y quizá lo más importante, a veces nosotros olvidamos lo que ya conocemos. Lo que una vez fue un encuentro lleno de fe con el Dios vivo se convierte en la misma experiencia aburrida y fría de cada semana. Necesitamos recordar que adorar a Dios es un evento que altera la vida y te causa una enorme admiración.

Dirige teológicamente. Si tú estás introduciendo un nuevo estilo de música, usa esto como una oportunidad para enseñar que la gloria de Dios no se expresa solamente con un estilo de música. Si quieres comenzar a repetir partes de cantos, que la iglesia sepa de tu deseo de ser más sensible a la guía del Espíritu. Cada vez que hacemos un cambio, es una oportunidad de enseñarles principios básicos que les servirán en otros contextos.

Dirige humildemente pero con seguridad. Una vez que has orado, has hecho tu tarea y te has preparado, no dudes acerca de tu decisión si recibes reacciones negativas. También significa que estamos abiertos a las preguntas, pero no cambies el curso solo porque alguien no esté de acuerdo.

Enseñar nuevos cantos

Otro aspecto del liderazgo que tiene un impacto significativo en nuestra relación con la iglesia es cuándo y cómo introducimos nuevos cantos. . .

Hemos enseñado nuevos cantos en una diversidad de formas a través de los años. En ocasiones presentamos el nuevo canto mientras tomamos la Cena del Señor, primero como una meditación para que la congregación lo escuche, y luego para que participe. Algunas iglesias usan el preludio o el tiempo de la ofrenda como una oportunidad para presentar una canción nueva que ellos cantarán congregacionalmente la semana siguiente.

Si el canto es más movido, más rítmico, generalmente digo algo de antemano para ayudar a las personas a entender algún aspecto de la canción. Puedo decir: "Nos gustaría introducir un nuevo canto esta mañana para celebrar la espléndida misericordia de Dios mostrada en la cruz". O "Vamos a interpretar una canción esta mañana para ayudarnos a recordar las maneras en que Dios ha sido fiel con nosotros". Enseñar una canción nueva es una oportunidad para centrarnos en la verdad que contiene en vez de que las personas se enfoquen o sean conmovidos por la música. (No es una buena idea introducir un nuevo canto con la expresión: "¡Y ahora vamos a cantar una canción genial!").

Generalmente le digo a la congregación que escuche mientras cantamos el verso y el coro; entonces los invito a que participen. Quizá les pida que comencemos con el estribillo (si tiene uno) en vez del verso, porque a menudo es más fácil aprenderlo. En otras ocasiones, enseñaré el canto línea por línea, y le pido a la congregación que repita línea por línea después de cantarla. Ese método puede ayudar a las personas a aprender la melodía con más exactitud.

Trato de evitar comenzar la reunión con una canción que nadie conoce o interpretar más de una canción nueva por reunión. Ha habido ocasiones cuando simplemente introdujimos un canto sin decir nada porque era fácil de aprender.

PRECIOSO A LOS OJOS DE DIOS

Guiar a la iglesia puede ser gratificante un momento y exasperante el próximo. Pero Dios quiere preguntarte: ¿amas a tu iglesia?

Dios ama a la iglesia. Él nunca pierde la esperanza ni se desanima. Nunca se cansa de escuchar las ofrendas de adoración casi afinadas, más o menos unidas, llenas de fe. Él nunca abandona Su plan de revelar Su gloriosa sabiduría a través de la iglesia (Ef. 3:10).

A menudo consideramos nuestra congregación y vemos gente normal, nada especial. Pero Dios ve Su preciada posesión. Somos el pueblo que compró con la sangre de Su propio Hijo (Hechos 20:28). Son preciosos a Sus ojos.

Que sean preciosos a nuestros ojos.

Capítulo 30

TU EQUIPO

No hay dos equipos de adoración que sean exactamente iguales. Quizá uses los mismos instrumentos que otra iglesia, pero los músicos son un grupo muy variado. Vienen de diferentes contextos, cada uno con experiencias, fortalezas y debilidades únicas.

Por esa razón, no puedo entrar en todo tipo de detalles sobre cómo debes relacionarte con tu equipo. Ni puedo abordar cada tema práctico que enfrentarás. Eso tomaría un libro completo.

Sin embargo, lo que puedo hacer es darte cinco categorías para considerar. Cinco maneras de pensar acerca de tu equipo que te ayudarán a hacer las preguntas correctas y buscar las soluciones correctas. Estas no son decisiones o acciones aisladas, sino procesos que, cuando se practican fielmente, crean una nueva manera de relacionarse –una cultura– que honra a Dios.

CÓMO FORMAR EL EQUIPO

No hay versículo que diga que los músicos del equipo de adoración deben formar un grupo muy unido ni hay uno que diga lo contrario. Está bien ser flexible y escoger la estructura que responda a tus metas presentes y recursos.

Roles diferentes

Como líder, tú provees dirección para el equipo no solo musicalmente sino espiritualmente. El grado de supervisión o dirección espiritual variará según sean tus dones y el nivel de responsabilidad que te ha dado tu pastor. Puede que tú mismo seas pastor en tu iglesia. Pero no necesariamente debes formar parte del equipo pastoral para preocuparte por las almas de las personas. Eso significa que tu interés debería ir más allá de hacer buena música. Cuando se trata de los miembros de tu equipo, debes ser tan sensible al estado de sus corazones como lo eres a la precisión de las notas que tocan.

El director de música o el "músico principal", como solíamos llamarlo en los ochenta, cumple otro rol. La responsabilidad primaria de esta persona es asegurarse de que se han hecho bien los arreglos, se ha ensayado bien y que se toque bien. Un líder de adoración podría cumplir con este rol, pero no siempre. Algunas veces yo he dividido las obligaciones entre un líder instrumental y un líder de las voces. Es útil durante los ensayos tener a alguien más trabajando con los vocalistas mientras yo trabajo con la banda.

Los equipos pueden también usar un coordinador o facilitador. Esta es la persona que se asegura de que se copien los cantos, que los demás conocen el calendario y reciben los cantos, y que todas las piezas encajen. Y no tienes que ser tú. Si no tienes a alguien todavía, pregunta. Te sorprenderá cuántas personas están queriendo ayudar cuando saben de una necesidad específica.

Los estándares del equipo

En el Nuevo Testamento, a aquellos que dirigían se les demandaba un estándar más estricto en cuanto al carácter (1 Tim. 3:2-12; Tito 1:5-9; Sant. 3:1). Aunque los músicos no necesariamente son "ancianos" o "maestros", su presencia al frente de la congregación semana tras semana implica que su vida es digna de imitar. No es perfecta, pero debe demostrar el fruto del evangelio. Cuando eso no es verdad, la iglesia recibe este mensaje: la adoración es más acerca de la música que de la manera en que vivimos. Asimismo, cuando usamos músicos no cristianos, estamos diciendo que el *arte* de la adoración es más importante que el *corazón*.

En nuestra iglesia nosotros requerimos de cada miembro del equipo de adoración que:

• Sea miembro de la iglesia y esté activamente involucrado en un grupo pequeño.

• Esté de acuerdo con las doctrinas y las prácticas de la iglesia.

• Esté creciendo en su conocimiento de Dios y su amor por Él a través de la oración y el estudio de la Palabra.

• Pueda genuina y visiblemente relacionarse con Dios mientras dirige a otros en adoración corporativa.

• Esté comprometido con la búsqueda de humildad y con el servicio.

• Sea fiel y puntual en asistir a las reuniones y los ensayos requeridos.

- Esté comprometido a crecer en sus destrezas musicales.
- Sea fiel para comunicar al pastor asignado sobre cualquier circunstancia que pudiera afectar la integridad de su participación en el grupo.

Conforme tu iglesia crece, los parámetros espirituales no deben cambiar. En una iglesia grande el impacto de un equipo piadoso será mucho mayor, como también las consecuencias negativas si un miembro del equipo está involucrado en un pecado sin arrepentimiento. Mientras crecemos en tamaño, estaremos tentados a minimizar la madurez espiritual en aras de la excelencia musical. Ese es un peligroso intercambio.

Nivel de compromiso

Muchos equipos sirven cada semana, con la participación de los mismos músicos. Ese calendario requiere más de un líder en términos de preparación, cuidado y seguimiento. Si tienes suficientes músicos, yo trataría de calendarizarlos de una a tres veces al mes. Eso les permite servir en otros ministerios y provee variedad a la iglesia.

Yo solía esperar el mismo grado de compromiso de todos en el equipo. No quería que nadie fuera percibido como la persona más importante del grupo. Ahora pienso que hay buenas razones para distintos niveles de compromiso. (Egoísmo no es una de ellas). Las madres con niños pequeños, estudiantes y personas que viajan debido a sus trabajos pueden tener la oportunidad de servir si somos flexibles en cuán a menudo necesitan participar.

También necesitamos evaluar nuestro propio nivel de compromiso. Muchos líderes de adoración confiesan que nunca tienen suficiente tiempo para hacerlo todo: adaptar los cantos, investigar nuevos, escribir los cifrados, llamar a las personas, enviar el horario, practicar y dirigir los ensayos semanalmente.

Hudson Taylor dijo: "El trabajo de Dios, hecho a la manera de Dios, nunca faltará de la provisión de Dios". Por eso no deberíamos hacer *nuestro* trabajo a *nuestra* propia manera.

Entonces, "todo" debe definirse de otra manera. Quizá no hay que hacerlo todo. (O al menos no tienes que hacerlo tú). Un líder de adoración con el que hablé trabajaba duro en los arreglos mientras su esposa luchaba con una enfermedad grave. ¿Mi consejo? Olvídate de los arreglos y cuida a tu esposa. La iglesia podrá adorar a Dios perfectamente sin esa perfecta transición entre dos canciones.

CÓMO ANIMAR AL EQUIPO

Me encanta la fiesta anual de navidad que tenemos en nuestro equipo de adoración. Durante una noche de deliciosa comida, intenso compañerismo y mucha alegría, generalmente honramos a dos miembros del equipo por su fidelidad y ejemplo piadoso con una tarjeta de regalo para que la usen en un centro comercial local. Pero, el momento más relevante es compartir por qué están siendo reconocidos y luego pedir a otros miembros del grupo que se nos unan. Escuchar palabras de ánimo de parte de otros miembros del grupo es uno de los momentos más memorables de nuestro año.

Nuestra fiesta de navidad es una de las muchas maneras en que tratamos de cultivar una *cultura de gratitud*. Ese es un ambiente en el cual las personas intencionalmente enfatizan las evidencias de la gracia de Dios que ellos ven en otros, en vez de ponerse como jueces justos criticando sus debilidades.

Cuando piensas en los miembros de tu equipo, ¿qué viene a tu mente? ¿Problemas o gozo? ¿Dolor o deleite? Lo que sea que hay en tu corazón se revelará en tus palabras y tus acciones.

Cada vez que estés con tu grupo, identifica y enfatiza las evidencias de la gracia de Dios en ellos. ¿Quién llegó temprano al ensayo? ¿Quién se quedó hasta tarde para ayudar a desmontar todo? ¿Alguien ha estado practicando en casa? ¿Quién organizó la barbacoa para el equipo de música? ¿Quién ha estado sirviendo fielmente en medio de pruebas personales?

Expresar gratitud puede tener un efecto conmovedor en un equipo que no está acostumbrado a esto. Enviar notas o correos electrónicos después de una reunión de domingo o un ensayo agradeciéndoles por una manera en particular en que Dios los usó es otra forma en que puedes mantener la conversación consistente.

CAPACITA A TU EQUIPO

Nosotros también servimos a nuestro equipo asegurándonos de que estén equipados con las habilidades que necesitan. La meta es crear una *cultura de crecimiento*.

Crecimiento teológico

La fuente primaria de crecimiento para tu equipo vendrá de la predicación de la Palabra cada semana. Pero, nosotros tenemos una oportunidad única de equiparlos en el conocimiento de Dios y en la comprensión de la adoración.

Los recursos abundan en esta área, pero hay unos pocos libros que yo recomendaría: *Sed de Dios* y *Cuando no deseo a Dios* por John Piper; *El gozo de temer a Dios* por Jerry Bridges; *Vivamos centrados en la cruz* y

Humildad, grandeza verdadera por C. J. Mahaney; *El conocimiento del Dios santo* por J. I. Packer; *La santidad de Dios* por R. C. Sproul y *La búsqueda de Dios* por A. W. Tozer. [59]

Hemos alentado a cada uno en el equipo a que lea un capítulo de un libro y esté listo para compartir lo que aprendió y cómo eso lo ha afectado. Tú también puedes escuchar un mensaje[60], leer un artículo, o descargar materiales de la web. Otro recurso excelente es el capítulo sobre adoración en la *Teología sistemática* de Wayne Grudem.

Crecimiento musical

Un número cada vez mayor de instrumentalistas en el equipo de adoración leen cifrados para guitarra. En ese contexto, he identificado ocho áreas cruciales con las cuales trabajar:

• *Tiempo*: Mantener el tempo consistentemente.

• "Groove": Tocar "en el bolsillo", estar conscientes del *feel* de la canción, usualmente provisto por el bajo y el bombo.

• *Espacio*: Dejar lugar para que otros instrumentos sean interpretados.

• *Ritmo*: Entender y ser capaz de interpretar patrones rítmicos y ritmos simples.

• *Melodía*: Ser capaz de crear melodías que complementen la melodía congregacional.

• *Conjunto*: Interpretar juntos.

• *Matices*: Usar el volumen efectivamente.

• *Sensibilidad*: Interpretar lo que es apropiado y ser capaz de responder a la dirección del líder.

Tu iglesia podría tener una combinación de los que leen partituras y los que leen cifrados. Hay ventajas en ambos, aunque en música contemporánea, los cifrados para guitarra definitivamente tienen preponderancia.

Entre otras ventajas, usar partituras significa que los músicos pueden interpretar los cantos sin escucharlos, los ritmos pueden escribirse con precisión, y los vocalistas pueden aprender la melodía y la armonía inmediatamente. Los músicos que interpretan de oído aprenden por sentir, repetir e imitar, lo cual tiene sus propias ventajas. Esto permite mayor libertad y creatividad y suena más actual.

Cuando los que leen cifrados y los que leen partituras (o los músicos entrenados y los que no) trabajan juntos, a menudo surgen tensiones. Ambos lados tienden a pensar que el otro no aprecia la música "real". En esos casos, es importante que todos estén comprometidos a crecer en sus áreas débiles.

Es además importante desarrollar un lenguaje común de música. Los músicos calificados tienen la responsabilidad de hablar en términos que los que no tienen preparación puedan comprender.

Trabajar desde una partitura simple con letra, acordes y signos para los ritmos básicos es a menudo una buena concesión.[61]

Los vocalistas están usualmente ansiosos por crecer en sus talentos. Algunas de las áreas importantes para enfocar son el cuidado de la voz, la entonación, la mezcla con otros, estilos para solo, armonización y seguir al líder.

Nuestra meta es ver que todos crezcan en sus habilidades, de modo que nuestro equipo tenga más herramientas y oportunidades para servir al pueblo de Dios

Ensayos

Una vez, estaba hablando con un líder de adoración sobre el horario de los ensayos. ¿Cuán a menudo practicas? le pregunté. Él me dijo que tres o cuatro veces a la semana. Me sorprendí. "¿Por qué?", pregunté. Me contestó que practicar juntos los hacía una banda más acoplada.

Acoplada… y exhausta. No conozco a nadie que tenga tanto tiempo disponible. Ciertamente, yo no lo tengo.

Además, aunque practicar con frecuencia *puede* hacerte un mejor equipo, practicar con inteligencia es una mejor solución. Eso significa llegar preparado y emplear el tiempo de manera intencional, en vez de solo ir a través de los cantos.

Los ensayos no tienen que ser todos iguales. De hecho, te animaría el variar lo que haces. Pueden aprender nuevos cantos, revisar cantos antiguos, trabajar en nuevas adaptaciones, orar juntos, estudiar sobre la adoración, trabajar con los vocalistas, trabajar con la sección del ritmo y comer juntos.

Mientras muchos equipos ensayan cada semana, no hay regla en cuanto a esto. La frecuencia de los ensayos depende de tus fortalezas y disponibilidad, las fortalezas y los horarios de tu equipo, y la visión de tu pastor. Es una buena idea evaluar la frecuencia de los ensayos, al menos una vez al año.

¿Qué pasa si los miembros de tu equipo no están motivados para practicar fuera de los ensayos? ¿Cómo podemos inspirarlos para que quieran pasar al siguiente nivel? Estas son algunas sugerencias:

- Escuchar y criticar juntos un CD.
- Asistir a un concierto como grupo.
- Estimularlos con tu propio ejemplo al practicar fielmente.
- Pedir a diferentes personas que compartan cuando Dios usó a alguien

con habilidades musicales y les afectó.

• Pedir a miembros más hábiles del equipo que enseñen a los que son menos hábiles.

• Ver juntos un vídeo de capacitación musical.

• Felicitar efusivamente a alguien cuando trabaja mucho más duro para aprender bien sus canciones.

• Mencionar a menudo la importancia y los beneficios de practicar fuera de los ensayos.

EVALÚA A TU EQUIPO

Una de las mejores maneras para motivar a tu equipo para que continúe creciendo es ofrecer evaluaciones consistentes y ponderadas. Evaluar el progreso de tu equipo en diferentes áreas ayuda además a desarrollar una *cultura de humildad.*

Presentación musical

Una de las prácticas más fructíferas que he establecido con mi grupo es el de reunirnos después del servicio para evaluar. Los músicos y sonidistas nos reunimos en la plataforma, y lo primero que hago es enfatizar cómo Dios ha sido fiel para usarnos a pesar de nuestras fallas e imperfecciones.

Luego voy a través de los cantos, señalando cosas específicas que fueron de ánimo: "Jared, hiciste un buen trabajo captando mis indicaciones al final del segundo estribillo en 'Bendito sea Tu nombre'. Gracias por estar atento. Ben, ese fue un fuerte comienzo acústico para el tercer canto. Roger, los sonidos que usaste con el sintetizador durante la cuarta canción dejaron suficiente espacio para las voces. Hablando de las voces, gracias porque recordaron cantar al unísono durante la canción nueva". Además tomaré la oportunidad para elogiar a los encargados del sonido por la manera en que ellos sin descanso y con gozo nos sirven.

Después señalaré aquellas cosas que podrían haberse hecho mejor: "Don, recuerda que ese acorde cambia en el puente de "La gloria de la cruz". No te olvides de escribirlo. ¡Oh! ¿lo hiciste? Bien, entonces no te olvides de leer lo que escribiste. Y ¿qué sucedió antes de la coda de "Santo es el Señor"? ¿No quedó clara mi señal? Oh, perdón por eso. Trataré de darla con más anticipación". También discutiremos cualquier problema con los monitores o el sonido.

Concluiré la reunión pidiéndole al grupo palabras de estímulo o críticas. Normalmente uno de los líderes de adoración o de los músicos que estaban entre la congregación esa mañana ofrecerá sus opiniones también.

No quiero dar la impresión de que estas son reuniones pesadas. Usualmente duran menos de diez minutos. Reímos, nos empujamos unos a otros y siempre expresamos gratitud una vez más porque podemos servir a la iglesia con nuestros talentos musicales.

La evaluación consistente, hecha con misericordia y claramente, desinfla la burbuja de la autosuficiencia y la autocompasión. ¿Hiciste bien? ¡Esa fue la gracia de Dios! ¿Lo echaste a perder? Bienvenido al club. Y, gracias a Dios por la sangre de Cristo que perfecciona todas nuestras ofrendas manchadas por nuestro pecado.

Un pequeño detalle: Para que la evaluación sea efectiva, tengo que estar escuchando a otros además de a mí mismo mientras cantamos. Una buena mezcla en mi monitor es de primera importancia. Asegúrate de que puedes escuchar a todos para que puedas darles opiniones precisas acerca de lo que hicieron.

Los ensayos proveen otra oportunidad para evaluar tu presentación musical. La mejor práctica es escuchar la grabación o ver el vídeo de la reunión previa. Ellos no mienten. Puede ser un proceso doloroso, pero no hay nada como una grabación para abrir los ojos ciegos y los oídos sordos.

Carácter

Dave Campbell ha estado en nuestro equipo más de veinticinco años. Él es hábil, fiel y humilde. Cuando lo invito para interpretar en algún evento especial, regularmente me pregunta: "¿Estás seguro de que no le quieres dar la oportunidad a uno de los chicos más jóvenes?".

Casi semanalmente él me dice cuán agradecido está de servir en la iglesia, al cual Charles Spurgeon se refirió como "el lugar más precioso del mundo". Él siempre es puntual, y se asegura de que todo su equipo esté instalado antes de que comience el ensayo.

Gente como Dave –y nosotros tenemos muchos de ellos en nuestro grupo– establecen el estándar para lo que Dios está buscando en un músico.

Desafortunadamente, podemos acostumbrarnos a escuchar expresiones como estas por parte de los músicos en la iglesia: ¿Por qué *le toca a ella todos los solos? ¿Quién dijo que yo tengo que ensayar? ¿Por qué he tocado solo dos veces durante este trimestre? Mi idea para el final estaba mucho mejor que la tuya. Estoy cansado de que los cantantes siempre tengan un trato especial. ¿Otra vez esa canción estúpida?* Somos propensos a disculpar tanto orgullo, egoísmo, murmuraciones y crítica porque... bueno, somos músicos. ¿Qué esperabas?

Ser un artista no justifica el pecado. Si a mí me interesa mi equipo, yo los haré responsables de cultivar un carácter piadoso y los ayudaré en el proceso.[62] Tomaré el tiempo para dar seguimiento a preguntas y preocupaciones que pueda tener acerca de la conducta de alguien. Si no existe la voluntad de cambiar, le pediré a uno de los pastores que tome parte y posiblemente le pediré que por un año no participe en este ministerio. Su actitud piadosa es más importante para mí que su destreza musical.

Talento

Yo tengo una idea bastante acertada del talento de una persona cuando se une al grupo. Pero con el tiempo yo quiero ver tres cosas.

Primero, ¿están creciendo en sus habilidades? Ser parte de un equipo no significa que ya llegó, que ya no hay más que hacer. Significa que ahora hay una motivación mayor para mejorar.

Segundo, ¿el tamaño de la iglesia ha superado el talento del individuo? Un guitarrista que puede servir a una iglesia de setenta y cinco puede que no sea tu mejor elección una vez que la iglesia ha crecido hasta quinientos.

Tercero, ¿han venido a la iglesia otros que son tan piadosos pero más talentosos que las personas que están en tu equipo? Nosotros tratamos de preparar a nuestro equipo para la inevitabilidad de ser reemplazados. Y mencionamos con frecuencia esa posibilidad.

Si tú te das cuenta de que a alguien le falta el talento para ser parte del equipo, háblale. He visto que cuando se eleva el nivel de la excelencia o cuando aparecen músicos más talentosos, las personas a menudo comprenden que no deben estar en el equipo. Si no se dan cuenta, tendremos que decírselo nosotros. Tenemos que temer a Dios más que la desaprobación de ellos.

En treinta años, he tenido que hacer esto solo en pocas ocasiones. Nunca ha sido fácil. Pero, les recuerdo que Dios tiene un lugar único para que sirvan. Ellos disfrutarán mucho más servir con los dones que Dios les ha dado que tratar de probar donde Dios no les ha dado dones para servir.

DISFRUTA DE TU EQUIPO

No hace mucho ensayamos durante tres horas preparándonos para un domingo por la mañana. Un ensayo de tres horas puede ser normal para ti, pero para mí ya me hace sentir incómodo. Sin embargo, me sentí revitalizado por nuestra práctica. Recuerdo que pensé cuánto amaba estar con estas personas, trabajar duro juntos, desafiarnos unos a otros, servir a la iglesia con nuestros dones. Estas personas no eran solo músicos o encargados de la tecnología; eran mis queridos amigos. Fuimos unidos a través del Salvador y estamos comprometidos a servir en Su iglesia. Estaba experimentando el fruto de una *cultura de gozo*. Es el fruto de experimentar juntos la gracia de Dios y verlo a Él operar a través nuestro para glorificar al Salvador.

Desde luego, dirigir a un equipo no siempre es alegre. Los ensayos pueden volverse tensos o aburridos. Podemos perder a nuestra mejor gente porque se van a comenzar otras iglesias, por cambios en las estaciones de la vida, por transferencias en los trabajos o por pecado. Dirigir implica desafíos, frustraciones y decepciones. Pero dirigir mal trae aun peor fruto y ninguno de los beneficios.

Dirigir a tu equipo, ya sea que sean dos, veinte, o doscientos, provee una oportunidad para ver a Dios obrar cuando animas, equipas, evalúas y disfrutas a aquellos que Dios ha puesto bajo tu cuidado.

Dios no garantiza que tendremos el equipo de adoración más grande, más talentoso musicalmente, más entusiasta y más estable de la historia. O de nuestra ciudad. Ni siquiera garantiza que tendremos un equipo. Sin embargo, podemos confiar en la promesa de Dios: "No nos cansemos (No desmayemos) de hacer el bien, pues a su tiempo, si no nos cansamos, segaremos" (Gál. 6:9).

¿Qué clase de cosecha esperamos segar si con fidelidad y humildad hemos dirigido a nuestro equipo de las maneras que he descrito? Músicos que están creciendo en su amor por el evangelio, por los otros, y por su servicio en el reino de Dios. Una iglesia que exalta y encuentra al glorioso Salvador los domingos y cada día. Y el conocimiento de que Dios ha glorificado a Su Hijo a través de tu vida mientras diriges y sirves a tu equipo, solo por gracia.

Y esa es una rica cosecha.

Capítulo 31

TU PASTOR

Los pastores vienen en todos los tamaños y formas. Algunos son despreocupados, felices de que tú estés a cargo de la música para ellos dedicarse a la predicación. Otros están más comprometidos, precisando todos los detalles por adelantado y no queriendo ninguna desviación. Algunos son jueces severos. Solo los escuchas cuando has hecho algo malo.

Los pastores con los cuales es más fácil trabajar son los que quieren trabajar en equipo, pero toman completa responsabilidad por el resultado final.

Cualquier clase de pastor con el cual sirvas, Dios dice que él es un don para ti. En Efesios 4:11-12 se menciona a los pastores y maestros como dones del Cristo ascendido para equipar a la iglesia para el ministerio. Los líderes de adoración no reciben ningún reconocimiento. Eso no significa que no tienen un lugar en el plan de Dios: solo que nuestra responsabilidad es apoyar a nuestro pastor y no establecer nuestra propia agenda.

SIRVE A TU PASTOR

Hebreos 13:17 nos dice:

> Obedezcan a sus pastores (guías) y sujétense *a ellos*, porque ellos velan por sus almas, como quienes han de dar cuenta. Permítanles que lo hagan con alegría y no quejándose, porque eso no sería provechoso para ustedes.

¿Lo comprendes? Si no hago que sea un gozo para mi pastor el guiarme, no es beneficioso para mí.

Dios ha dado al pastor, no al líder de adoración, la responsabilidad final por la dirección de la iglesia. Eso incluye las porciones musicales de la reunión. Cuando vamos en contra de esto, la Escritura es clara: Yo soy el que necesita someterse.

Someterme a mi pastor significa servirle con gozo y con humildad. Yo puedo hacerlo mejor si conozco sus prioridades. ¿Qué es lo que realmente le importa? ¿Cuánto tiempo quiere dar al canto de la Palabra y cuánto a la predicación de la Palabra? ¿En qué piensa él que debería emplear mi tiempo? Si he estado escuchando correctamente, esto debería ser fácil de hacer.

Pedir dirección y claridad no es una declaración de que no sabes lo que estás haciendo. Es una señal de que quieres servir a los planes de otro, no a los propios.

Eso es especialmente verdad cuando se trata de planificar la reunión del domingo. ¿Presento mis cantos como sugerencias o como la lista final? ¿Veo el tiempo del canto como *mi* tiempo y resiento cualquier cambio? Estoy familiarizado con ese aguijón en mi corazón cuando mi pastor me informa que tengo que quitar algo. Es incluso peor cuando me lo dice justo antes de la reunión. Mi corazón grita: Pero *¡y mis planes, mis arreglos, mis transiciones!*

¿Y tu orgullo?, pregunta Dios.

Los líderes de adoración sirven como aquellos bajo autoridad. Nuestros pastores deben sentirse completamente libres de interrumpir o ajustar lo que estamos haciendo porque lo estamos haciendo para servir a sus prioridades, no a las nuestras. Nuestras reuniones no están conformadas por "mi" tiempo y "su" tiempo. Todo el tiempo es de Dios, y el pastor y yo estamos en el mismo equipo. Pero mi pastor tiene la palabra final acerca de cómo se usará el tiempo. Nunca quiero que él dude en cuanto a pedirme que quite una canción, acorte el tiempo que cantamos, o cambiar algo cuando él piensa que es lo mejor. Y quiero que sea un gozo para él si así lo desea.

También quiero servir de acuerdo a las preferencias de mi pastor. Eso incluye la comunicación. ¿Prefiere un correo electrónico, una llamada telefónica, una conversación cara a cara? ¿Prefiere hablar acerca de los cantos para el próximo domingo el martes o el viernes? Serví a un pastor que prefería hacerlo el domingo por la mañana. (Tal vez porque era cuando yo finalmente tenía la lista preparada). Era un poco complicado cuando él pedía los cambios, pero lo lográbamos.

Asimismo, quiero considerar las preferencias musicales de mi pastor. Si a él no le gusta cierta canción o solista, y él no está seguro del porqué, no necesito una declaración jurada que establezca las razones. Solamente saber que él no lo prefiere debe ser suficiente.

Quiero hacer de su trabajo un gozo. Eso no significa que no puedo, con humildad, hacerle preguntas y dialogar con él. Pero quiero asegurarme de que estoy preguntando, no acusando.

Probablemente no hay una manera más efectiva en la que pueda servir a mi pastor que orar por él, por su predicación, su familia, su salud, su calendario, sus decisiones y su corazón.

ESCUCHA A TU PASTOR

El necio no se deleita en la prudencia, sino solo en revelar su corazón.
Proverbios 18:2

En ocasiones estoy buscando un regalo para Julie y entro en una de esas tiendas en el centro comercial que venden jabones y perfumes. De repente me aborda una vendedora ligeramente ansiosa. "¿Le puedo ayudar?", pregunta ella, toda sonriente. Es evidente que su trabajo es por comisión.

"Sí, seguro". Sin realmente preguntarme qué quiero comprar o para quién, la vendedora me muestra todos los deliciosos aromas que ofrecen, lo que está de oferta, las ofertas combinadas, lo que recién ha llegado. Después de unos minutos me marcho de la tienda.

La vendedora podría haber conseguido una venta si tan solo me hubiera preguntado cómo es mi esposa y qué le gusta. Pero ella estaba más interesada en vender un producto que en saber qué era lo que yo quería.

Nosotros podemos ser así cuando estamos trabajando con nuestro pastor. Tratamos de vender nuestras ideas, nuestra selección de cantos, nuestro estilo de ministerio, nuestra manera de relacionarnos y no podemos imaginarnos por qué él no es receptivo. Es porque no nos hemos tomado el tiempo para hacerle preguntas y escuchar sus respuestas. O quizá pensamos que ya hemos escuchado lo que él tenía que decir y solo necesitamos defender nuestro punto de vista.

Escuchar requiere tiempo y dominio propio. Necesitamos escuchar la teología de nuestro pastor, su corazón, su comprensión de nuestro rol, la manera en que él se relaciona con su esposa y sus hijos, la manera en que se relaciona con todos los trabajadores de la iglesia, y una docena de otros detalles. He conocido a varios líderes de adoración que terminan mal parados por no escuchar con discernimiento antes de entrar en la posición.

Los pastores y los líderes de adoración no siempre hablan el mismo lenguaje, especialmente cuando se trata de música. Lo que él llama "simple" yo lo llamo "aburrido". Lo que para él es "frenético" para mí es "jubiloso". "Demasiadas palabras" para él significa "reflexivo" para mí.

Necesitamos definir términos, no discutir acerca de ellos. No te pongas a la defensiva cuando tu pastor te pide que hagas algo diferente. Averigua lo que está diciendo exactamente.

Tu pastor podría ser retraído. Pero tú, a pesar de ello, puedes escucharlo. Escucha sobre lo que predica y en qué pone énfasis. Escucha qué lo emociona. Escucha lo que *no dice* cuando habla acerca de la iglesia. En especial, escucha con atención cuando te dice qué estás haciendo bien y qué no. Esas son indicaciones de cómo apoyarlo.

INICIATIVA

No niegues el bien a quien se le debe, cuando esté en tu mano el hacerlo. Proverbios 3:27

Servir a tu pastor no anula tu iniciativa o creatividad. Simplemente da propósito y definición a tu creatividad.

Algunos pastores prefieren un ministro de música que simplemente hace lo que se le dice. Si esa es tu situación, entonces tus oportunidades para la iniciativa son limitadas. Sin embargo, existen.

Podemos escuchar cantos e investigar lo que ha sido producido así como lo que ha sido olvidado. Podemos hablar con otros líderes de adoración acerca de lo que están haciendo en sus iglesias. Podemos conseguir ideas de páginas en la web dedicadas a la adoración. Tú no estarás de acuerdo con todo, pero hay todavía bastante para aprender.

Déjale saber a tu pastor lo que estás haciendo y pensando sobre tal o cual área. No lo sorprendas. Introduce ideas en la etapa de planificación. Tú tendrás la ventaja de recibir reacciones antes de que trates de hacer algo nuevo.

Introduce palabras de ánimo también. Dios quiere que notemos cómo Él está operando en nuestros pastores y a través de ellos. Haz una lista de las cosas que aprecias de tu pastor, luego díselas. Sé específico. La meta es lograr que esas expresiones lleguen a ser una parte normal de su relación.

Otra área para tener iniciativa es la evaluación (de nosotros, no del pastor). Nosotros hemos desarrollado la práctica de enviar un correo electrónico a nuestros pastores después de un evento, pidiéndoles sus aportes y evaluación. Es mucho más fácil para otros compartir sus pensamientos cuando se los pedimos. Requiere humildad de nuestra parte, pero ¿no es eso lo que el Salvador vino a producir en nosotros? ¿No queremos parecernos más a Él? Y ¿no nos traerá gozo saber que estamos sirviendo al pueblo de Dios más eficazmente?

Una de las expresiones más importantes de apoyo para tu pastor (y quizá la más difícil de iniciar) es comunicar la disposición de retroceder o renunciar si él piensa que alguien más puede hacer el trabajo más eficazmente. Ese pensamiento podría ser completamente extraño para ti. No debe serlo. Un día cada uno de nosotros será reemplazado.

CRECIMIENTO

Si eres líder en la iglesia, todos se benefician cuando creces. Y todos sufren cuando no lo haces. Particularmente tu pastor.

Cuando creces espiritualmente, él está confiado en que dirigir a otros para exaltar a Cristo no es solo un trabajo para ti. Es tu vida. Conforme crezcas en humildad, él disfrutará más trabajar contigo. Conforme crezcas en tu amor por la Palabra de Dios, podrás proclamar la Palabra más efectivamente con los cantos que dirijas. Conforme crezcas en tu amor por tu esposa e hijos, el pastor estará libre de preocupaciones en cuanto a que deshonres al Salvador y a la iglesia al descuidar tu hogar.

Cuando creces teológicamente, puedes investigar temas que tu pastor puede no haber estudiado. ¿Por qué es tan importante cantar para Dios? ¿A Dios le importa lo que hacemos con nuestras manos y nuestros pies en la adoración congregacional? ¿Qué es la adoración al fin y al cabo? ¿Cómo ayudamos a las personas a enfocarse en exaltar a Dios? ¿Cómo la adoración en una reunión se relaciona con la adoración en todas las áreas de la vida? Nuestra dirección también será más real y más útil para la iglesia. Nosotros discerniremos mejor en cuanto a lo que dicen los cantos y cómo pueden servir a las personas.

Cuando creces musicalmente, tienes más herramientas disponibles para servir a tu pastor. ¿Estás en la posición de dirigir cualquier canto si el pastor te lo pide? Si no, ¿qué necesitas aprender para llegar allí? ¿Tu conocimiento de teoría musical y de tu instrumento solo te sirve para sobrevivir, o estás anticipando necesidades futuras? Muchos pastores no entienden estos temas, así que es incluso más importante que nosotros tomemos la iniciativa de progresar musicalmente.

En la parte administrativa, podemos crecer en servir a nuestro pastor al descubrir maneras de comunicar más rápidas, claras y efectivas. Estéticamente podemos pensar acerca de cuán bien presentados lucen los músicos y el escenario el domingo.

Podemos crecer tecnológicamente también. No soy un *geek* o un entusiasta de la tecnología, pero muchas veces mi conocimiento básico en sistemas y equipos de sonido me ha permitido decir si podemos cumplir una agenda específica para una reunión o mejorar la manera en que estamos haciendo las cosas.

CUANDO ESTÁS EN DESACUERDO

¿Cómo sirves y apoyas a tu pastor cuando piensas que su acercamiento no es bíblico? ¿Qué haces si tu pastor te pide cosas que tú piensas que no servirán a la iglesia a largo plazo? ¿Qué si se te hace difícil confiar en tu pastor?

Primero, asegúrate de haber identificado correctamente los problemas. Los conflictos se dan por distintas razones. Algunos son teológicos. Algunas diferencias son metodológicas. Algunos conflictos brotan de diferencias culturales o suposiciones generacionales. Pero la raíz de los problemas está casi siempre arraigada al pecado. La ambición egoísta lleva a la comparación, la envidia, la ofensa y la difamación. Juicios poco caritativos se convierten en la norma. Si eso describe tu relación con tu pastor, no hay otro camino más que la confesión y el arrepentimiento.

Segundo, agota todas las instancias de resolución. Si no estás orando por tu relación con tu pastor, comienza por ahí. Luego, con humildad, hazle preguntas para entender mejor su opinión. Si descubres que están en desacuerdo sobre asuntos teológicos, conversa sobre esto. Sugiérele que lea un artículo o un capítulo de un libro o que escuche un mensaje que claramente defina lo que tú piensas que él está pasando por alto. Pídele que te haga recomendaciones similares a ti. Luego, discútanlos juntos. Asegúrate de que tú entiendes cómo él percibe tu rol.

Si ves que tú has pecado, confiésalo de manera clara y completa. Pídele sus observaciones en cuanto a tu corazón, tus palabras y tu vida. Si fuera necesario, determinen juntos si deben incluir a alguien más.

Y sé paciente. Permite que Dios opere con el tiempo. Unas pocas semanas o meses a menudo traen una perspectiva más clara. Las cosas que pensaste que eran muy importantes resultan ser no tan importantes después de todo.

Tercero, quédate o vete, pero en fe. Yo serví en una iglesia donde creí que los desafíos que experimenté con mi pastor eran principalmente su problema. Por la gracia de Dios, mi perspectiva cambió. Un amigo con buen juicio señaló que mi falta de apoyo para mi pastor estaba arraigada en el orgullo, un pecado grave a los ojos de Dios. Yo quería que él no solamente se conformara a mis ideas sino que las aplaudiera. Después que dejé de juzgar sus motivos, las cosas cambiaron dramáticamente. Tuve fe renovada para apoyarlo porque, por la gracia de Dios, yo cambié.

Hay ocasiones, sin embargo, cuando el desacuerdo acerca de asuntos teológicos, tu rol y responsabilidades, o tu evaluación de su carácter hace difícil permanecer en esa iglesia. Las diferencias son tan importantes que no se pueden ignorar. En esas situaciones, después de mucha oración y orientación, podría ser sabio irte. Una cosa es cierta: tú necesitas estar en una iglesia donde puedas apoyar plenamente a tu pastor. Y, si te marchas, haz todo lo que puedas para marcharte con su bendición.

TÚ TAMBIÉN NECESITAS APOYO

Si se va a servir bien a una iglesia, no solamente el pastor necesita apoyo: el líder de adoración lo necesita también.

Por eso el capítulo final de este libro está dirigido a los pastores. Si tú eres un líder de adoración, podrías sugerirle a tu pastor que lo lea. Puedes decirle que yo te pedí que se lo dieras. Pretende equiparlo y animarlo en su rol de supervisar la adoración congregacional de su iglesia.

Y si eres un pastor, te agradezco por leer este libro y demostrar tu deseo de crecer en tu conocimiento de la adoración. El último capítulo es solo para ti.

Capítulo 32

PENSAMIENTOS PARA PASTORES

Había estado en mi nueva iglesia solo unos meses cuando C. J.,
mi pastor principal, llegó a mi oficina con una pila de libros.

"Mi amigo, pienso que te vendría bien leer estos libros".

En ese momento no sabía la enorme diferencia que este simple acto de
generosidad iba a hacer en mi vida.

Dentro de esa pila de libros estaba *En la presencia de Dios*, escrito por
David Peterson. Mientras lo leía, mi desconcierto crecía. Aquí estaba un
académico que había tomado la Biblia y la adoración a Dios seriamente.
Y, ¡fue capaz de conectarlas! Me di cuenta de cuán poco comprendía la
adoración bíblica.

La iniciativa y la generosidad de C. J. tuvieron una profunda influencia
en mi comprensión y práctica de la adoración. Pero él hizo más que darme
libros. En los siguientes meses y años, C. J. me enseñó más acerca de dirigir la
adoración que lo que cualquier otra persona que conozca. He comprendido la
centralidad del evangelio en nuestra adoración, la importancia de la Palabra
de Dios y nuestra necesidad de la presencia poderosa del Espíritu. El constante
estímulo de C. J. ha hecho mi ministerio como un líder de adoración más
fácil, más eficaz y más productivo. Y él no interpreta ningún instrumento.

¿Por qué te estoy contando acerca de C. J.? Porque espero que tú le
sirvas a tu líder de adoración como C. J. me ha servido a mí durante muchos

233

años. Espero que más pastores lo imiten. Por eso he escrito este capítulo. Los líderes de adoración necesitan pastores que estén más apasionados en glorificar a Jesucristo que lo que ellos están. Ellos necesitan pastores que quieran dirigirlos, que se preocupen por ellos, y que les hablen la verdad.

Durante veinte años, yo he servido como líder de adoración y como pastor. Sé que los pastores tienen mucho que hacer, pero una de las cosas más importantes que ellos pueden hacer es asegurarse de que sus iglesias comprendan y practiquen la adoración bíblica. Quizá tú ya tienes esa convicción, y lo que leas aquí será de afirmación para ti. O quizá le has dado la responsabilidad de la adoración en tu iglesia a alguien más. O quizá no estás seguro de qué pensar.

Cualquiera sea tu situación, te comparto cinco sugerencias sobre cómo puedes servir a tu líder de adoración con más eficacia. Espero que las encuentres útiles.

RECONOCE TU PROPIO ROL EN LA DIRECCIÓN DE LA ADORACIÓN

Desde septiembre hasta mayo, tengo el privilegio de enseñar a los estudiantes de nuestro *Pastors College* [Universidad de pastores] acerca de la adoración. Esta escuela capacita durante diez meses a hombres que servirán como pastores o fundadores de iglesias. Cada miércoles, uno de los estudiantes nos dirige en adoración durante treinta minutos. En los quince minutos siguientes animo al líder y luego le sugiero cosas que podría haber hecho de manera distinta.

Solamente unos pocos pueden interpretar un instrumento, y no todos pueden cantar. ¿Por qué les pido a estos pastores que nos dirijan en adoración a pesar de su falta de talento musical? Porque dirigir la adoración es un rol pastoral antes de ser musical. La música ciertamente tiene un papel, pero sin la participación de un pastor, los cantos que interpretamos pueden hacer más daño que bien.

Puede que no tengas tu propio instrumento o no sepas tocar. Pero tu congregación te mira a ti para saber lo que significa ser un adorador. Tú eres el principal líder de adoración en tu iglesia.

La respuesta de una iglesia a la grandeza y la gracia de Dios difícilmente va más allá del ejemplo de su pastor. Tu congregación está mirándote y escuchándote los domingos, y no solo cuando predicas. ¿Qué están aprendiendo? ¿Qué clase de ejemplo provees para ellos?

Si juegas con las hojas de tu sermón mientras los demás están alabando a Dios, pueden suponer que cantar es opcional. Si ves alrededor ansiosamente para asegurarte de que se han encargado de los detalles técnicos, pueden concluir que la prioridad de la mañana del domingo es el desempeño, no la participación. Si cantas sin entusiasmo, pueden asumir que la pasión por Dios no es tan importante. Puedes estar seguro de esto: tu iglesia te está mirando.

Dios ha llamado a los pastores para que alimenten, guíen, cuiden y protejan a los miembros de la iglesia. Nos inclinamos a pensar que la predicación y el cuidado personal pastoral son las únicas maneras en que nosotros cumplimos nuestras responsabilidades de ministerio. Pero no pasemos por alto cómo la adoración congregacional –reflexiva, apasionada y dirigida hábilmente– puede ser un medio para alcanzar esas metas.

Como pastor, tú puedes alimentar a la iglesia al asegurarte de que tu líder de adoración elige cantos por su contenido teológico, no por su popularidad. Puedes guiar a la iglesia al dirigir su atención a lo que es importante y al explicar el papel de la música en la adoración. Cuidas de la iglesia cuando enfatizas aquellos cantos que le recuerdan las promesas y la fidelidad de Dios en medio de sus pruebas, especialmente reveladas en el evangelio. Tú proteges a la iglesia del mundo al encontrar cantos que le recuerdan de la santidad de Dios y el gozo infinitamente superior que Cristo nos ofrece.

Ser el principal líder de adoración significa además ayudar a las personas a entender lo que la adoración bíblica conlleva. Debido a que la adoración se ha convertido en una palabra en boga en los años recientes, suponemos que la entendemos mejor que nunca. Pienso que lo opuesto podría ser verdad. Pensamos de la adoración como un sentimiento, un estado emocional, o (más a menudo) un estilo de música. Compramos discos de adoración, interpretamos cantos de adoración, vamos a conferencias de adoración, sintonizamos estaciones de radio que transmiten música de adoración y apoyamos a artistas llamados "adoradores". Casi pensarías que somos la primera generación que piensa acerca de la adoración o que adora a Dios auténticamente. ¡Para nada! La iglesia ha luchado con preguntas sobre la adoración por siglos, y, a menudo, ha elaborado respuestas más convincentes que las nuestras. Y el cuadro bíblico de la adoración es mucho más rico, más complejo, más profundo, más gratificante y más amplio que lo que nuestra presente cultura de "adoración" sugiere.

Por eso los pastores necesitan estudiar la teología de la adoración. Tan útil como puede ser la industria de la adoración cristiana, no podemos permitirle que dicte y defina qué es la adoración bíblica.

ENTIENDE QUÉ BUSCAR EN UN LÍDER DE ADORACIÓN

Muchos de nosotros pensamos que un típico líder de adoración es alguien que puede interpretar la guitarra, dirigir las voces, escribir canciones originales, dirigir una banda y planificar la mitad de la reunión del domingo.

Tal vez, algún día, incluso grabar un CD.

Líderes así no son fáciles de encontrar. Y ciertamente no son el modelo que Dios establece.

Aquí te propongo otra lista de requisitos.

Humildad

Un pastor me llamó una vez pidiéndome consejo. Su líder de adoración estaba resistiéndose a entregar con anticipación su lista de cantos para el domingo. Él pensaba que la música le tocaba a él y que predicar era la responsabilidad del pastor. Mi amigo no estaba seguro de si era correcto que él insistiera en que el líder de adoración cumpliera. Él pensaba que podía ser demasiado directo o muy exigente.

En realidad, estaría mal que este pastor no insistiera con gentileza, pero con firmeza. Cada pastor tiene que dar cuenta a Dios por los miembros de su iglesia (Heb. 13:17). Si tu líder de adoración no está dispuesto a presentarte sus planes para tu evaluación y aprobación, él no estará sirviéndote ni a ti ni a la iglesia de manera eficaz. Y hay un mayor riesgo de que él hará cosas que dañen en vez de ayudar a la iglesia.

Junto a estar dispuesto a presentarte sus planes, hay otras evidencias que muestran cuando un líder de adoración está buscando la humildad:
- Él no compite contigo por la lealtad de la congregación.
- Él acoge e incluso solicita que se evalúe su desempeño.
- Él quiere servir a tu visión para la iglesia en vez de la propia.
- Él está contento en cambiar sus planes cuando tú se lo pides.
- Él no ve servir en la iglesia como un mero peldaño para otra posición o una manera de avanzar en su carrera musical.

Tú líder de adoración no será completamente humilde. Tampoco tú. Esa es la razón por la que Dios envió a Su Hijo para ser nuestro Salvador y por la que meditar en el evangelio es un aspecto crucial al buscar la humildad. Es imposible jactarse cuando recordamos lo que tuvo lugar en la cruz.

Carácter piadoso

Me gustaría pensar que esto no hace falta decirlo, pero no es así. En una conferencia reciente un hombre se me acercó y me dijo que sabía de otro líder de adoración en su ciudad que estaba involucrado en inmoralidad sexual. Él no estaba seguro de si el pastor conocía de la situación, pero sí sabía que al líder de adoración no se le había pedido que renunciara. Yo animé al hombre que estaba hablando conmigo a que le dijera a su amigo descarado que si él no hablaba con su pastor en dos semanas, que él lo haría en su lugar. Había una buena posibilidad de que él perdiera a su amigo en el proceso.

Ese consejo podría sonarte duro. Espero que no. Los que dirigen la adoración pública en la iglesia no solo están cumpliendo una labor. Están representando al Salvador, Jesucristo. Cuando los líderes se involucran en un pecado recurrente, traen desgracia a Su nombre, Su iglesia y Su misión.

Si a nosotros realmente nos importa el pueblo de Dios, no podemos valorar más la destreza musical que la santidad. Es mejor tener ambas, pero si tenemos que escoger, el ser semejantes a Cristo gana sin dificultad.

Amor por la buena teología

Tu líder de adoración no necesita una Maestría en Divinidad de un seminario para servir a tu iglesia eficientemente. Pero debería tener apetito y aptitud por la sana doctrina. Debería estar más interesado en la letra de los cantos que en la sensación rítmica. Debería asegurarse de que "la Palabra de Cristo" está habitando en abundancia en nosotros mientras cantamos (Col. 3:16).

La música es una herramienta poderosa. Puede llevar a las personas al gozo o a las lágrimas, a la celebración o a la reflexión. Pero la música es un portador de la verdad de Dios, no la verdad en sí misma. Jesús dijo que la verdad, no las experiencias emocionales, nos hace libres.

El amor por la buena teología se muestra al buscar afectar a las personas con el evangelio y la Palabra de Dios en vez de una progresión musical o un nuevo arreglo. La creatividad y los nuevos tratamientos musicales pueden traer nueva vida a letras muy conocidas. Pero eso es diferente de escoger un canto simplemente porque es más alegre y la melodía en el estribillo te cautiva. Los líderes de adoración más jóvenes que podrían ser propensos a no ver esa distinción necesitan ser orientados paciente y prudentemente en esta área.

Don de liderazgo

Dirigir la adoración implica justo eso: dirigir. Y no podemos asumir que un músico competente es además un líder competente. No se sirve a las congregaciones y Cristo no es honrado cuando el individuo que está al frente no da señales claras, no sabe hacia donde va, o si lo que habla no tiene sentido. Tú no quieres que las personas en la iglesia malgasten su tiempo tratando de descifrar lo que el líder de adoración va a hacer o qué fue lo que dijo. Ellos deben estar centrados en la gracia de Dios en Cristo. Eso requiere un buen liderazgo.

El don de liderazgo también debe ejercerse cuando se trabaja con un equipo de músicos. ¿Qué hará cuando las personas consistentemente no llegan a tiempo? ¿Cómo resolverá un conflicto entre dos miembros del equipo? ¿Qué hará para ayudar en el crecimiento espiritual de aquellos que está sirviendo? ¿Las personas en su equipo lo respetan? Contestar estas preguntas te dará una idea en cuanto al don de liderazgo de tu líder de adoración. Si él no es capaz de manejar bien estas situaciones, tú necesitarás encontrar a alguien que lo ayude a dirigir. Y, si eres parte de una iglesia pequeña, ese alguien lo más probable es que seas tú.

Habilidad musical

Finalmente, es útil cuando tu líder de adoración conoce de música lo suficiente para cumplir con lo que se requiere. Ese estándar varía ampliamente de iglesia a iglesia. Tú puedes querer un arreglo completo para una sección de instrumentos de viento, cada domingo, con una banda y coro completos. O podrías estar satisfecho con escoger de un pequeño repertorio de cantos que son fáciles de interpretar.

Ten en mente que tu líder de adoración puede ser alguien con un don de liderazgo mayor que su habilidad musical. En ese caso, tú necesitas un músico principal sólido que pueda dirigir a otros músicos y seguir al líder de adoración. Además, si tienes un líder de adoración que es débil en sus fundamentos teológicos, no le pidas que haga aquello para lo que no está equipado. Asigna a otros para que hagan comentarios sobre las canciones. Mientras tanto, tú puedes beneficiarte de su talento musical y ayudarlo a crecer en su comprensión de la Escritura.

EQUIPA Y ANIMA A TU LÍDER DE ADORACIÓN

Una de las mejores maneras en que puedes mostrar tu preocupación por tu líder de adoración es proveerle de materiales que le ayuden a crecer.

Puedes comenzar con una asignación de dinero para libros. Aun cuando sea pequeña, le dará el mensaje de que tú esperas que él crezca en su conocimiento sobre la adoración a Dios.

He estado en más de una librería con C. J. y me ha señalado libros en los que podría estar interesado o incluso los ha comprado para mí. Él me ha enviado artículos y me ha llevado libros y mensajes de conferencias a las cuales ha asistido. Con frecuencia le ha dado seguimiento a lo que yo he leído o escuchado.

Enviar a tu líder de adoración a una conferencia es otra manera de equiparlo, y no tiene que ser una conferencia sobre adoración. Yo me he beneficiado grandemente de conferencias que me ayudaron a crecer en mi conocimiento de la Escritura y el liderazgo bíblico. Si tú realmente quieres invertir en su vida y fortalecer tu equipo, vayan juntos. A menudo, Dios ha traído guía y ayuda durante una conversación casual con C. J. mientras viajábamos juntos.

El ánimo y el estímulo permitirán que tu líder de adoración funcione de mejor manera. Hebreos 3:13 nos dice que exhortar y animar a otros los guardará de ser "endurecidos por el engaño del pecado". Si tú no quieres que él luche con hacer comparaciones, con la amargura, el desánimo o la envidia, trata de animarlo. Te sorprenderás de los resultados.

El estímulo tiene un impacto mayor cuando es un estilo de vida. Busca oportunidades para señalar lo que tu líder de adoración está haciendo bien.

Expresa tus palabras de ánimo tanto de manera pública como privada. Dile a la iglesia que estás agradecido por la preparación, la diligencia y el ejemplo de tu líder de adoración. Menciona el talento, pero no lo enfatices. Tú quieres que las personas lo respeten debido a su carácter piadoso, no simplemente por su habilidad musical o porque sabe cantar bien.

El presupuesto habla mucho de tu apoyo. Un líder de adoración no debe sentir que tiene que pelear por lo que quiere comprar. Pídele que te aclare cuáles son las necesidades de la iglesia y que presente una propuesta. Luego, habla con él en un tiempo razonable. Si el presupuesto tiene que ser aprobado por otros, intercede por él. Un equipo con mejor sonido puede mejorar no solo la música sino también cuando se habla. Puesto que la mayoría de lo que hacemos como pastores depende de la comunicación efectiva, tú difícilmente te arrepentirás de invertir dinero en adquisiciones para un equipo de sonido.

SÉ FIEL AL PLANIFICAR Y EVALUAR

El ánimo y el estímulo fiel abrirán la puerta para una evaluación constructiva. Tu líder de adoración necesita de tus observaciones y discernimiento.

Comienza en la planificación de canciones. Asume la responsabilidad ayudando a tu líder de adoración a escoger las canciones que beneficiarán más a la congregación.

La planificación semanal es además un buen tiempo para equipar a tu líder de adoración, al compartirle el porqué ciertas canciones son mejores que otras, qué significan las letras y qué podría él decir en las introducciones o transiciones. C. J. una vez me dijo: "Yo noto la diferencia cuando te has preparado para decir algo y cuando no lo has hecho". Mensaje recibido. Eso es todo lo que él necesitaba decir.

Después de una reunión, es prudente compartir tus pensamientos lo antes posible. Si no puedes hacerlo justo después de la reunión, podría ser un correo electrónico más tarde durante esa semana, una llamada por teléfono, o un encuentro personal.

Durante mis primeros años en nuestra iglesia, C. J. me buscaba después de cada reunión para darme palabras de ánimo y también de crítica. Siempre comenzaba con las palabras de ánimo. Él tomaba nota de todo, desde mi liderazgo hasta el sonido. Entonces él compartiría sus pensamientos en cuanto a lo que podía hacer de manera distinta. Siempre comenzaba: "Ahora, estas son unas pequeñas cosas, y no afectaron de ninguna manera nuestra habilidad de adorar a Dios esta mañana". Sus comentarios consistentes a través del tiempo me han ayudado a crecer de distintas maneras.

Un domingo compartí brevemente sobre Romanos 8:32: "Él que no negó ni a Su propio Hijo, sino que Lo entregó por todos nosotros, ¿cómo no nos dará también junto con Él todas las cosas?". Animé a todos aquellos que estaban dudando de la provisión de Dios a que confiaran en la promesa que Dios hace en este texto: Él les daría todas las cosas. Después C. J. me hizo el comentario puntual que yo no mencioné la lógica de este versículo: Si Dios no negó ni a Su propio Hijo como un sacrificio por nuestros pecados, seguramente nos dará cualquier otra cosa que es buena para nosotros. Este fue su consejo: Nunca menciones la cruz sin hacer referencia a lo que Dios cumplió allí. Nunca lo he olvidado.

Observaciones específicas son las más útiles. Si solo le dices al líder de adoración: "No se sentía al Espíritu Santo" es tan vago que es completamente inútil. "La segunda canción pudo haber sido más rápida" es más útil que "la adoración no despegó esta mañana". Es mejor decir: "Creo que no deberías haber dicho nada después del tercer canto" que "hablas demasiado". Además, señalar patrones es mejor que criticar cada error que tú observas.

Recuerda cómo quisieras que otros te trataran. Ese único pensamiento debería ayudarte a balancear tu evaluación con grandes dosis de ánimo y estímulo.

RESUELVE LOS CONFLICTOS BÍBLICAMENTE

Una de las mejores maneras en que puedes resolver los conflictos es buscando ser humilde desde el principio. Es una buena idea preguntarle con regularidad a tu líder de adoración cómo podrías tú servirle más efectivamente. Estarías sorprendido de las cosas simples que pueden mejorar tu relación y comunicación.

Si estás teniendo dificultades trabajando con tu líder de adoración, no asumas automáticamente que él ha fallado. Puede que no parezca apoyar tu liderazgo, pero quizá tú siempre le estás pidiendo que cambie las cosas al último minuto. Él podría parecer desorganizado, pero tal vez tu preocupación mayor es que esto afecta tu reputación. A menudo, Dios usará los pecados de otros para exponer debilidades en nuestras propias vidas.

Cuando ha habido malentendidos o desacuerdos, toma tiempo para hablar sobre las razones. No es inusual que los líderes de adoración sientan que sus pastores no les hablan con suficiente frecuencia. Tarde o temprano, esa falta de comunicación creará problemas, o más bien los revelará. Sería útil revisar la Parte tres de este libro: "Tensiones saludables" para determinar dónde tienen perspectivas diferentes, pero complementarias.

Hay muchas razones por las cuales los pastores y los líderes de adoración no se llevan bien. Algunas son teológicas, otras metodológicas, otras son las tentaciones comunes al hombre. Cosas como juicio pecaminoso, hacer comparaciones, orgullo e impaciencia. A menudo es una combinación de factores. El pecado es engañoso, y el enemigo trabaja horas extras para traer descontento y división. En algunos casos es útil solicitarle a alguien más en quien tú confías que te ayude a resolver los asuntos. En cada caso es útil que tu relación sea tema de oración regular.

Si tú has pecado contra tu líder de adoración, la confesión específica y el arrepentimiento son vitales para poder trabajar juntos. Reconoce cuando tú has buscado salirte con la tuya o has buscado tu propio reconocimiento. No hagas de la confesión algo de una vez. Mantén las cuentas cortas.

Dios quiere que tu relación con tu líder de adoración sea de gozo, respeto mutuo y productividad. Y, con la confianza de Su Palabra, sumisión a Su Espíritu, y dependencia en el evangelio, será exactamente así.

UNA PALABRA FINAL

Uno de mis deseos al escribir este libro, y específicamente este capítulo, era hablar a los pastores acerca del rol que tienen al dirigir la adoración en sus iglesias. No es algo secundario, y no es opcional. Es crucial. Muchas iglesias hoy son más débiles y más mundanas porque los pastores han abdicado de ese rol. Miles de pastores miran hacia la cultura en vez de mirar hacia la Biblia para determinar cómo su iglesia debe adorar a Dios.

Agradezco a Dios que C. J. no era uno de esos pastores. Él ha tomado seriamente su responsabilidad de capacitar a la iglesia en la adoración bíblica. Él incluso ha tomado con más seriedad su responsabilidad de modelar lo que significa ser un adorador.

Es difícil decir dónde estaría y qué estaría haciendo yo sin su influencia, discernimiento, afecto y guía. Yo sé que sería mucho menos eficaz como líder de adoración. Mucho más importante, pienso que no amaría tanto a mi Salvador.

Eso es porque lo que más me ha afectado acerca de C. J. no ha sido su evaluación, instrucción o dirección, aunque han sido significativos medios de gracia para mí. Lo que más me ha afectado acerca de él ha sido su vida. Simplemente, nunca había conocido a nadie que comunicara más apasionada, consistente o alegremente un deseo genuino de ver a Jesucristo glorificado. Ninguno ha dirigido mis ojos más fielmente al evangelio de la gracia y a la belleza de la cruz. Y yo sé que no soy el único que puede decir eso.

¿Qué diría tu iglesia y el líder de adoración acerca de ti? ¿Cuán seriamente dirían ellos que tomas la responsabilidad de enseñar a la iglesia lo que significa adorar a Dios? ¿Qué dirían acerca de tu ejemplo? ¿Qué diría tu familia?

¿Qué diría Dios?

Al fin y al cabo, Su evaluación es la que cuenta.

Y a Aquel que es poderoso para guardarlos a ustedes sin caída y para presentarlos sin mancha en presencia de Su gloria con gran alegría, al único Dios nuestro Salvador, por medio de Jesucristo nuestro Señor, sea *gloria, majestad, dominio y autoridad, antes de todo tiempo, y ahora y por todos los siglos. Amén.* Judas 24-25

NOTAS Y REFERENCIAS

1. Isaac Watts. *Discourses on the Love of God* [Discursos sobre el amor de Dios], J.Catnach, 1798:12.

2. De un mensaje titulado *More Desirable Than Gifts* [Más deseable que los dones], presentado en la conferencia de líderes de grupos pequeños de Sovereign Grace.

3. Vea 2 Corintios 6:7; Efesios 4:29; Colosenses 4:6; Tito 2:8.

4. Un excelente estudio de porqué usamos las palabras que usamos es el presentado en *War of Words* [La guerra de las palabras] por Paul Tripp (Phillipsburg. NJ: P&R, 2000).

5. Uno de los mejores recursos que he encontrado en la lucha contra la tentación sexual es *Sex is not the Problem (Lust Is)*. [El sexo no es el problema (la lascivia lo es*)*], escrito por Joshua Harris. Sisters, OR:Multnomah, 2005.

6. Gordon MacDonald. *To Find a Worship Leader* [Para encontrar un líder de adoración], *Leadership Journal* [Revista sobre el liderazgo]. Primavera 2002.

7. Entrevista de Tony Payne con D. A. Carson. *The Briefing* [La sesión informativa]. Número 232. Mathias Media, 2000.

8. A través de este libro uso los pronombres masculinos cuando estoy hablando acerca de un particular líder de adoración. Hay varias razones para esto. Primero, creo que la Escritura enseña la postura complementaria de la masculinidad y femineidad. Es decir, que tanto hombre como mujer son creados a la imagen de Dios y tienen la misma dignidad delante de Dios, pero les ha asignado roles diferentes en la familia y en la iglesia. Una fuente útil sobre este tema es *Fifty Crucial Questions* [Cincuenta preguntas cruciales] por John Piper y Wayne Grudem, publicado por el *Council on Biblical Manhood*

and Womanhood [El concilio de la masculinad y feminidad bíblica] y está disponible en el sitio: http://www.cbmw.org/Store/Books/50-Crucial-Questions. Segundo, en las iglesias de Sovereign Grace y en este libro, la tarea de un líder de adoración incluye enseñar y dirigir a la iglesia cuando está reunida. Además, ellos dirigen los corazones, las mentes y las voluntades de las personas hacia las verdades que cantan. Creemos que estos roles de enseñar y dirigir son pastorales en su naturaleza y que la Escritura reserva las funciones pastorales en las reuniones del cuerpo para los hombres.

Por esa razón, todos nuestros líderes de adoración son hombres. Sin embargo, las mujeres tienen una contribución importante en la adoración en la comunidad a través del canto, la interpretación de instrumentos, la lectura de la Escritura, la composición y el arreglo de cantos, siendo la voz principal en un coro, el modelar como deben adorar otros , el contribuir a través de los dones espirituales y más. Tercero, aunque hay ocasiones en que las mujeres podrían dirigir la adoración (como en las reuniones de mujeres), pienso que crearía confusión si fuera y viniera entre pronombres masculinos y femeninos.

9.   Harold Best. *Music through the Eyes of Faith* [La música a través de los ojos de la fe]. San Francisco: HarperOne, 1993:116.

10. J. I. Packer. *Knowing God* [El conocimiento del Dios santo]. Downers Grove, IL: InterVarsity Press, 1993:83.

11. John Owen. *The Glory of Christ* [La gloria de Cristo]. Carlisle, PA: Banner of Truth Trust, 1994:54.

12. John Piper. *Desiring God* [Sed de Dios]. Sisters, OR: Multnomah, 2003:68.

13. Más declaraciones de fe y anhelo se encuentran en los Salmos 52:9, 75:9 y 119:33.

14. Isaac Watts. *A Guide to Prayer* [Una guía para la oración]. Carlisle, PA: Banner of Truth, 2001:28.

15. D. A. Carson. *Worship under the Word* [La adoración bajo la Palabra]; en *La adoración dirigida por el Libro*, ed. D. A. Carson. Grand Rapids, MI:Zondervan, 2002:37.

16. C. J. Mahaney . *Living the Cross Centered Life* [Vivamos centrados en la cruz]. Sisters, OR: Multnomah, 2002:61.

17. Harold Best. *Music through the Eyes of Faith* [La música a través de los ojos de la fe]. San Francisco: HarperOne, 1993:155-156.

18. Jim Elliff, *The Glory of Christ* [La gloria de Cristo], ed. John Armstrong. Wheaton, IL: Crossway Books, 2002:78.

19. *The Collected Essays, Journalism and Letters of George Orwell: In Front of Your Nose* [Ensayos completos, periodismo y letras: En frente de su nariz], Sonia Orwell e Ian Angus, eds. New York: Harcourt Brace Jovanovich, 1968:125.

20. Frederick Leahy, *The Cross He Bore* [La cruz que él cargó]. Carlisle, PA:Banner of Truth, 1996:45.

21. Robert Rayburn. *O Come Let Us Worship* [Venid adoremos]. Grand Rapids, MI:Baker, 1980:22.

22. D. Martyn Loyd-Jones from the sermon *The Living God* [El Dios vivien- te]. Junio 1971. http://www.mlj.org.uk/emw_mag/article4.htm.

23. Gordon Fee. *Paul, The Spirit, and the People of God* [Pablo, el Espíritu y el pueblo de Dios]. Peabody, MA: Hendrickson Publishers, 1996:188.

24. John Stott. *The Contemporary Christian: Applying God´s Word to To- day´s World* [El Cristiano contemporáneo: Un llamado urgente a escuchar con los dos oídos]. Downers Grove, IL: InterVarsity, 1995:174.

25. *The Gospel Song* [El canto del evangelio]. Letra por Drew Jones. Música por Bob Kauflin, © 2002 por Sovereign Grace Worship (ASCAP); Sovereign Grace Praise (BMI), Sovereign Grace Music, una division de Sovereign Grace Ministries. Disponible en http://www.sovereigngracestore.com/ProductInfo. aspx?productid =M4055-15-51?

26. En su libro *Simplify your Spiritual* Life [Simplifique su vida espiritual] (Colorado Springs: NavPress, 2003), Donald Whitney trata sobre este asunto en un capítulo titulado "Ore la Escritura".

27. Tomado del prefacio que escribió Martín Lutero para las *Symphoniae iucundae* de Georg Rhau, publicado en 1538, una colección de cincuenta y dos motetes corales y motetes en latín de viejos maestros, probablemente hecho para cantantes aficionados.

28. Como lo cita John Piper en *A God-Entranced Vision of All Things* (Wheaton, IL: Crossway Books, 2004:242).

29. Michael S. Hamilton. *The Triumph of the Praise Songs* [El triunfo de los cantos de alabanza], *Christianity Today* [Cristianismo hoy]. 12 de julio, 1999

30. Un ejemplo de una confesión como comunidad se encuentra en http:// www.worshipmatters.com /2006/08/corporate-confession-at-the-worship-god-conference.

31. D. A. Carson. *Worship under the Word* [La adoración bajo la Palabra]; en *La adoración dirigida por el Libro*, ed. D. A. Carson. Grand Rapids, MI:Zondervan, 2002:59.

32. David Peterson. *Engaging with God: A Biblical Theology of Worship* [En la presencia de Dios: Una teología bíblica de la adoración]. IL: InterVarsity Press. 2002:21.

33. Tomado de *Before the Throne of God Above* [Ante el trono celestial], letra de Charitie Lees Bancroft, música por Vikki Cook. © 1997 Sovereign Grace Worship (ASCAP), Sovereign Grace Music, una division de Sovereign Grace Ministries.

34. C. J. Mahaney. *Living the Cross Centered Life* [Vivamos centrados en la cruz]. Sisters, OR: Multnomah, 2006:112.

35. D. A. Carson. *Worship under the Word* [La adoración bajo la Palabra]; en *La adoración dirigida por el Libro*, ed. D. A. Carson. Grand Rapids, MI:Zondervan, 2002:50-51.

36. Harold Best. *Music Through the Eyes of Faith* [La música a través de los ojos de la fe]. San Francisco: HarperOne, 1993:153.

37. Wayne Grudem. *Systematic Theology* [Teología sistemática]. Grand Rapids, MI: Zondervan, 1994:641.

38. Gordon Fee. *Paul, The Spirit, and the People of God* [Pablo, el Espíritu y el pueblo de Dios]. Peabody, MA: Hendrickson Publishers, 1996:xiii.

39. No busco persuadir a nadie en cuanto a que ciertos dones espirituales siguen vigentes. Otros han hecho un mejor trabajo acerca de esto de lo que yo podría. Algunos recursos que he encontrado especialmente útiles son *Showing the Spirit* [Manifestaciones del Espíritu] por D. A. Carson, Grand Rapids, MI: Baker, 1996; *Paul, The Spirit, and the People of God* [Pablo, el Espíritu y el pueblo de Dios] por Gordon Fee, Peabody, MA: Hendrickson Publishers, 1996; y *Who is Afraid of the Holy Spirit?* [¿Quién le teme al Espíritu Santo?] ed. por Daniel Wallace y M. James Sawyer, Dallas: Biblical Studies Press, 2004. Además, Jeff Purswell ha dado dos mensajes útiles, *Understanding and Experiencing the Holy Spirit* [Entender y experimentar al Espíritu Santo] y *Non-Spectacular Gifts* [Los dones no espectaculares], los cuales están disponibles en http://www.sovereigngracestore.com/ Productinfo.aspx?productid=A2240-05-51 y http://www.sovereigngracestore.com/Productinfo.aspx?Productid =A1235-04-51. Pienso que mucho del desacuerdo y a veces animosidad entre los carismáticos y los que piensan que ciertos dones ya no están vigentes es porque hay personas que han usado los dones del Espíritu Santo arrogantemente. Considero que conocidos carismáticos han recibido dones genuinos de Dios, pero su eficacia es limitada o nula debido a la promoción de sí mismos, fraude financiero o error teológico. Las obras de poder no son excusas para desobedecer.

40. Cuando comencé a interpretar cantos espontáneos, luché con el fundamento bíblico para el don. Aprendí que la profecía en el Antiguo Testamento a menudo tenía acompañamiento musical (1 Crón. 25:1; 1 Sam. 10:5; 2 Rey. 3:14-16). Efesios 5:18-19 conecta el ser lleno del Espíritu con cantar. Y los efectos de la profecía enumerados en 1 Corintios 14:3, edificación, exhortación y consolación, a menudo fueron los efectos de este don. Así que, le dije al Señor que si sentía que debía cantar en una reunión, lo haría y dejaría que Él se ocupara de los resultados. Yo me enfocaría en estar preparado, humilde y fiel. Desde esa vez he visto a Dios usándome en

muchas ocasiones para animar y hablar tanto a grupos como a individuos, incluyendo madres solteras, otros que están sufriendo, hombres jóvenes, viudas e hijos adoptados.

41. C. S. Lewis. *The Last Battle* [La última batalla]. New York: Collier, 1956:183.

42. Tomado de *All I have is Christ* [Mi vida es Cristo] . Música y letra original por Jordan Kauflin. © 2008 por Sovereign Grace Praise (BMI), Sovereign Grace Music, una division de Sovereign Grace Ministries. De *El Dios que adoramos.*

43. Tomado de *Nothing in All the Earth* [Nada en la tierra] . Música y letra original por Joel Sczebel. © 2013 por Sovereign Grace Praise (BMI), Sovereign Grace Music, una division de Sovereign Grace Ministries. De *La salvación es del Señor.*

44. Tomado de *Jesus, Thank You* [Gracias, Cristo] por Pat Sczebel. © 2003 por Integrity´s Hossana! Music (ASCAP)/Sovereign Grace Worship (ASCAP), Sovereign Grace Music, una division de Sovereign Grace Ministries. De *Eres Dios.*

45. Tomado de *I Bow Down* [Me postro] por Steve y Vicky Cook. © 1999 por Sovereign Grace Music, una division de Sovereign Grace Ministries. De *El Dios que adoramos.*

46. Tomado de *Let Your Kingdom Come* [Venga Tu reino] por Bob Kauflin. © 2006 por Sovereign Grace Praise (BMI), Sovereign Grace Music, una division de Sovereign Grace Ministries. De *El Dios que adoramos.*

47. Allen P. Ross. *Recalling the Hope of Glory: Biblical Worship from the Garden to the New Creation* [Recordando la esperanza de la gloria: Adoración bíblica del Jardín a la Nueva Creación]. Grand Rapids, MI: Kregel, 2006:60.

48. Puedes encontrar una útil presentación y defensa del principio regulador en los capítulos 2-4 de *Give Praise to God: A Vision for Reforming Worship* [Glorifiquemos a Dios: Una visión para reformar la adoración], ed. Philip Ryken, Derek Thomas y J. Ligon Duncan. Phillipsburg, NJ: P&R, 2003.

49. Charles H. Spurgeon. *The Power of the Cross of Christ* [El poder de la cruz de Cristo], ed. Lance Wubbels. Lynnwood, WA: Emerald Books, 1995:66.

50. Jonathan Edwards. *Some Thoughts Concerning the Revival* [Algunos pensamientos concernientes al avivamiento]; en *The Works of Jonathan Edwards* [Las obras de Jonathan Edwards], Vol 4, *The Great Awakening* [El gran despertar], ed. C. C. Goen. New Haven, CT: Yale University Press, 1972:387.

51. Estos principios son una adaptación de Mark Alderton, un pastor de Sovereign Grace Fellowship en Bloomington, Minnesota.

52. Tomado del sermón *Why Expositional Preaching Is Particularly Glorifying to God* [Por qué la predicación expositiva especialmente glorifica a Dios] por John Piper. http://www.desiringgod.org/ Resource Library/ ConferenceMessages/ByDate/1756_Why_Expositional_Preaching_is_Particularly_Glorifying_to_God/.

53. David Peterson. *Engaging with God: A Biblical Theology of Worship* [En la presencia de Dios: Una teología bíblica de la adoración]. IL: InterVarsity Press. 2002: 215, 221. El capítulo 7 del libro de Peterson específicamente se explaya sobre la conexión entre el aspecto vertical y horizontal de la adoración.

54. Como lo cita Tony Sargent en *The Sacred Anointing* [La unción sagrada]. Wheaton, IL: Crossway Books, 1994:57.

55. Del sermón #878, *A Well-Ordered Life* [Una vida ordenada]. http:// spurgeongems.org/vols13-15/chs878.pdf.

56. Donald Whitney. *Spiritual Disciplines Within the Church: Participating Fully in the Body of Christ* [Las disciplinas espirituales dentro de la iglesia: Paricipar plenamente en el cuerpo de Cristo]. Chicago: Moody Publishing, 1996:77

57. Tomado de "Mi vida es Cristo" [*All I have is Christ*]. Música y letra original por Jordan Kauflin. © 2008 por Sovereign Grace Praise (BMI), Sovereign Grace Music, una división de Sovereign Grace Ministries. De *El Dios que adoramos.*

58. Alfred Poirier. "The Cross and Criticism" ["La cruz y la crítica"], *The Journal of Biblical Counseling* [*La revista sobre consejería bíblica*], Vol. 17, Número 3, primavera de 1999:19.

59. *Desiring God* and *When I Don't Desire God* by John Piper, *The Joy of Fearing God* by Jerry Bridges, *Living the Cross Centered Life* and *Humility: True Greatness* by C. J. Mahaney, *Knowing God* by J. I. Packer, *The Holiness of God* by R. C. Sproul, and *The Knowledge of the Holy* by A. W. Tozer.

60. Muchos mensajes están disponibles en la página de Sovereign Grace (www.sovereigngracestore.com/category.aspx?CatagoryID=1732), al igual que en la página de Desiring God (www.desiringgod.org/ResourceLibrary/Sermon/ByTopic/60).

61. Los dos programas, al momento, más populares de notación musical son *Finale* y Sibelius. Habiendo usado ambos programas, yo prefiero Sibelius (www.sibelius.com) por su facilidad de uso y flexibilidad. Otra página en la web para cifrados preescritos es www.praisecharts.com.

62. C. J. Mahaney en su libro Humility: True Greatness [Humildad, grandeza verdadera] aborda eficazmente temas que enfrentan los músicos.